Fünf hoch X

Wege in der Welt zu sein

Human Design Geschichten aus der Praxis

Von Christiane Tietze M.A.

Weitere Bücher der Autorin:

Im Kontakt mit Spirit, Ehlers Verlag 2008

Spirit und Design, Bookmundo 2020 und 2021

Autorin: Christiane Tietze M.A.

Coverdesign: Jan-Niclas Gerhards

ISBN: 978-9403 672502

© Christiane Tietze

Erschienen November 2022

8

Inhalt

Vorwort 11

1 5 Typen aus dem Leben 13

2 Was bitte ist eine Körpergrafik? 30

3 Sarah – ein Rückblick 43

4 64 Tore und viele Wege – Geschichten aus der Praxis 72

5 Dream-Team oder Chaos-Crew – das Penta 177

6 Die Reise unter die Linie 189

7 Die Welt der Linien und Profile 214

8 Innere Führung – wer ist hier der Chef? 238

9 Ein Kessel Buntes 260

10 Kinder, Kinder 279

Vorwort

Vieles in diesem Buch ist genau so passiert. Anderes hätte so oder ein wenig anders geschehen sein können – die Geschichten sind eine Mischung aus Erlebtem, Gehörtem und Beobachtetem.

Eines haben sie alle gemeinsam: sie wollen gern dienen, damit wir einander besser verstehen. Und da meine Schüler und Klienten immer wieder mal sagen: „Du hast immer die passende Beispielgeschichte aus all deinen Beratungen" – hier sind welche zum Ausleihen. Ein Angebot wie alles im Human Design, mit der Einladung: Nimm, was für dich passt.

Warum ein Buch mit Human Design Geschichten?

Ich habe schon immer Geschichten geliebt und bin davon überzeugt, dass es manchmal möglich ist, zu lernen, ohne selbst alles erleben zu müssen. Spiegelneuronen nennt es die Wissenschaft. Und oft reicht es schon aus, uns bewusst zu werden, dass ein anderer mit einem völlig anderen Blick auf die Dinge schaut. Ich bemühe hier das Bild der acht Blinden, die einen Elefanten beschreiben – je nachdem, welchen Teil sie berühren, fällt die Beschreibung sehr unterschiedlich aus.

Mein innigstes Anliegen ist es, Frieden zu bringen, Verständnis für sich und den anderen. Und in ein Ehren und Staunen über diese Verschiedenheit zu kommen, anstatt sich zu ärgern, dass der andere nicht „funktioniert" wie ich es erwarte.

Es gibt im Human Design fünf verschiedene Energie-Typen, daher kommt auch der Titel dieses Buches – das „hoch x" soll zeigen, dass es unendlich viele Varianten dieser fünf Grundenergien gibt. Das Wissen aus deinem Design kann dir helfen, deine Energie so zu nutzen, wie es dir am besten entspricht, um immer mehr du selbst zu sein und deine Einzigartigkeit zu leben.

Für einen besseren Lesefluss habe ich die kürzere (männliche) Variante sowie die Du-Form gewählt und hoffe, es ist okay für euch.

Mein Angebot an dich, lieber Leser: Falls du dein Human Design Chart noch nicht kennst, schreibe mir einfach eine Email (Adresse hinten im Buch) mit deinen Daten (Tag-Monat-Jahr-Uhrzeit-Ort und deinem Namen), dann bekommst du es von mir zugeschickt. Der persönliche Bezug macht die Lektüre des vorliegenden Buches sicherlich noch interessanter.

Und wer sich beim Lesen fragt, wie biografisch Sarah Freiland, die verbindende Figur, ist: Nein, das bin nicht ich. Aber auch sie ist eine Mischung aus Eigenem und Gehörtem, Gesammeltem und Erlebtem, und vielleicht findet auch ihr ein Stück von eurem Leben in ihren Geschichten. Alle anderen Personen tauchen nur in ihrer Geschichte auf, ihr müsst sie euch also nicht für den weiteren Verlauf merken.

Viel Freude beim Lesen!

Fünf Typen aus dem Leben

Claudia – Generatorin

Seufzend beugte Claudia sich wieder über die Klassenarbeiten. Noch dreißig Hefte lagen vor ihr und sie kam überhaupt nicht voran. Wie Kaugummi zog sich die Arbeit in der Schule in der letzten Zeit, und sie war immer nur müde. Frustriert – ja, genau das war das Gefühl, das sich immer mehr breit machte, der ganze Verwaltungskram nahm einfach überhand, dabei war ihr das Unterrichten immer so eine Freude gewesen.

Das Handy summte, eine willkommene Ablenkung. „Hast du Lust, mit zu Rufus zu fahren? Nina braucht jemand, der heute Lady reitet, wir könnten ja zusammen…". Mit einem Mal wurde alles in ihr wach, vibrierte vor Bereitschaft – ausreiten mit Martina, und noch dazu auf Lady, ihrem absoluten Liebling. Begeistert schrieb sie zurück: „fliege, 20 min da". In Windeseile packte sie ihre Reitklamotten, gab beschwingt nebenbei schnell noch der Katze Futter, griff den Müllsack und das Leergut – alles Aufgaben, die sie schon eine Weile vor sich hergeschoben hatte – und flog geradezu zum Auto. Von ihrer vorherigen Müdigkeit und Frustration war nichts mehr zu spüren. Und auch die Korrekturen waren fast vergessen. „Ich bin ja schlimmer als meine Schüler", dachte sie grinsend, „egal, mach ich später."

„Yes, das hab ich gebraucht, so gut habe ich mich seit Wochen nicht gefühlt", strahlte Claudia zufrieden, während sie Lady abrieb und in die Box führte. „Uhm, schön für dich", feixte Martina und rieb sich demonstrativ ihre Beine, „ich wollte ein bissl ausreiten, aber doch keinen Marathon. So zum Bach und zurück, hatte ich gedacht, und dann ist gut". „Waren doch nur ein paar Stunden", entgegnete Claudia verwundert, „ich hätte noch ewig weiterreiten können." „Ja du immer, sobald du für was brennst, brauchst du nix anderes mehr."

Der Satz blieb Claudia noch lange im Kopf. Es stimmte - wenn sie begeistert war, hatte sie unendliche Energien. Grinsend dachte sie an das Wochenende neulich Anfang Mai. Freitagmittag hatte Jason gemailt, dass er ganz früh am nächsten Morgen um die Küste Schottlands segeln wolle, nonstop von Thruso im Norden nach Fort William im Westen. Ob sie mitwollte, er habe das Boot eines Kumpels, der dort oben wohnt. Und wie sie mitwollte! Nach dem Unterricht war sie sofort zum Flughafen gefahren und um 17 Uhr in Glasgow gelandet. Dann herauf nach Thurso im Mietwagen in unter sechs Stunden, und erst, als Jason sie bei der Ankunft fragte, ob sie etwas essen möchte, fiel ihr auf, dass sie seit dem Croissant morgens vor der Schule nichts zu sich genommen hatte. „Oops, gar nicht gemerkt, mein Bauch war voll von Segeln", lachte sie. „Meine Güte, da wäre ich ja schon zweimal verhungert", meinte Jason und stellte eine Schale Suppe vor sie hin. Morgens um drei waren sie dann gestartet – und sind ohne Unterbrechung gesegelt, bis Sonntagabend, hatten sich abgewechselt mit kurzen Schlafpausen. „Cat nap" nannte Jason das, darin hatten sie beide Erfahrung. Zum Glück fuhr ein Überlandbus bis Glasgow herunter, Claudia hatte die Maschine morgens um 5:30 Uhr genommen und war pünktlich zum Schulbeginn im Unterricht gewesen. „Ohne zu schlafen?" fragte ihre Deutsch-Kollegin und Freundin Mona entsetzt. „Ach, Schlaf wird überbewertet, weißte doch", grinste Claudia, „aber im Ernst, das war so geil, ich bin überhaupt nicht müde."

Wenn es doch immer so sein könnte. Nicht, dass sie es nicht versucht hatte umzusetzen. Aber diesen Traum hatte sie aufgeben müssen... seufzend dachte Claudia zurück an ihren Beinahe-Ruin vor ein paar Jahren. Dabei hatte alles so gut ausgesehen. Sie hatte kurzerhand das Ruder ihres Lebens selbst in die Hand genommen und eine Segelschule eröffnet. Und weil ein Freund der Meinung war, dass das Geld über Angestellte käme, hatte sie direkt zwei Mitarbeiter eingestellt. Doch vom ersten Moment an hatte nichts gestimmt, alles war anstrengend, mühsam gewesen, als hätte sie ständig Gegenwind. Sie versuchte, alles allein zu machen, denn mit den Angestellten gab es nur Ärger: der eine meldete sich recht bald dauerhaft krank (ein Freund meinte, sie sei einfach nicht zur Chefin geboren – vielleicht war da ja was dran, jemandem etwas aufzutragen war auch echt nicht ihr Ding, und Kunden waren auch kaum gekommen, obwohl die anderen Segelschulen oft mehr als genug zu tun hatten.

Die Wende kam, als Jason zu Besuch kam und sie kurzerhand fragte, ob sie denn überhaupt Freude hätte, so eine Segelschule zu betreiben. „Mh-mh[1]", kam es aus ihr heraus, noch bevor sie über die Frage nachdenken konnte. Nein? Krass, so bewusst war ihr das nicht gewesen, aber es stimmte. Die Freude war weg. „Willst du verkaufen?" Und wieder – noch bevor sie überlegen konnte, kam ein „Uhum" aus ihrem Bauch. „Na siehste, geht doch", grinste Jason. Und als das entschieden war, lief alles wie von selbst. Sie hatte sogar noch drei Monate beim neuen Besitzer gejobbt und echt Spaß gehabt. Einfach mit den Leuten raussegeln und ihnen zeigen, wie es geht – herrlich!

Mia – Manifestierende Generatorin

„Du machst mich echt wahnsinnig!" Paps platzte mal wieder der Kragen und er schlug aufs Lenkrad. „Das kann doch nicht sein, Mia. Ich hab dich doch extra gefragt, ob du ins Kino willst." „Ja, ich weiß. Da wollte ich auch, ehrlich. Aber jetzt hab ich keine Lust mehr, ich würde lieber mit Sofia skaten gehen, ich brauch Bewegung." „Aber das hättest du doch vorhin sagen können", stöhnte ihr Vater, „jaja, ich weiß was jetzt kommt: Da wusste ich das doch noch nicht, Papa… Ehrlich Mia, das kann doch nicht so schwer sein: du sagst ja oder nein und dann bleibst du dabei." Doch, ist es, dachte sich Mia. Ihr war wohl bewusst, dass sich ihre Entscheidungen ändern konnten, aber doch immer nur, weil sie merkte, dass es sich nicht mehr gut anfühlte. Das hatte ihr schon viel Ärger mit ihrem Vater eingebracht. Mama war da einfacher, die konnte das verstehen. Wenn es sich Mia recht überlegte, war Mama sogar recht ähnlich. Sie hatte nur

---

[1] mh-mh ist ein Nein aus der sakralen Bauchstimme des Generators, Uhum ein Ja.

irgendwie einen Weg gefunden, dass sich Papa bei ihr nicht so aufregte. „Ich muss sie echt fragen, wie sie das macht", dachte sie.

Dabei konnte Papa auch voll nerven: denn wenn sie dann wusste, was sie wollte und es dann ihrerseits direkt losgehen sollte, brauchte er noch Stunden. Erst noch ein Anruf, dann bestimmt noch Proviant einpacken – ätzend. Warten war mindestens genauso blöd wie sein doofes „bei der Sache bleiben können", wie er es immer so schön oberlehrerhaft nannte.

Überhaupt konnte er sie echt rasend machen. Und dann hatte er auch noch das Supergedächtnis für ihre Fehler. Er wurde nie müde, sie ihr aufzuzählen: „Weißt du noch, Mia, als du einfach diese Nachbar-Tierpatenschaft unterzeichnet hast, ohne mit uns darüber zu reden? Weil der kleine Rambo von nebenan ja sooo niedlich ist und du dir gar nicht vorstellen konntest, wie man nicht täglich mit ihm spazieren gehen wollen könnte, während Müllers ein halbes Jahr in Neuseeland sind. Und du schon in der zweiten Woche keine Lust mehr hattest, „jeden Tag mit dem Hund die Scheißrunde durch den Wald zu gehen". Weil du dann nämlich Torben, dem sooo süßen Jungen aus dem Tennisteam, jeden Nachmittag beim Training zuschauen wolltest. Wirklich, Mia, denk doch mal nach, bevor du dich zu etwas verpflichtest. Zum Tennistraining bist du – wegen Torben – ja auch nur zweimal gegangen. Dann war Torben nämlich uninteressant, weil du ja Unterschriften gesammelt hast gegen Plastikmüll, weil Thomas da so engagiert war. Wie oft warst du dann dabei? Einmal? Oder weißt du noch, wo du dir in der Stadt spontan den Roller gekauft hast, der dann schon ein paar Tage später in der Garage lag? Sei doch mal konsequent! Und überhaupt, bleib doch einfach mal still sitzen."

Zum Schreien war das – und manchmal war sie so wütend, dass sie am liebsten ausgewandert wäre. Schade, dass das mit 14 noch nicht ging. Nach Australien, das wäre cool. Diese Doku neulich, über Surfers Paradise und Byron Bay … genau, surfen wollte sie immer schon. Mal schauen, was es da für Austauschmöglichkeiten gibt.

„Mama, sag mal, wann kann ich mich für ein Auslandsjahr anmelden? Ich will nach Australien, jetzt weiß ich genau, was ich werden will. Surferin, ehrlich Mama, dabei bleib ich dann. Bestimmt."

Zeitsprung. Zehn Jahre später. Mia ist Fotografin geworden. Sie hat ein riesiges Atelier mit mehreren Bereichen, die sie je nach Kunde und Auftrag neu dekoriert. Das Fotografieren ist nun seit Jahren ihre große Liebe. Vor allem die Abwechslung macht ihr Spaß, und da sie sehr genau prüft, ob sie einen Auftrag annimmt (es zählt erst als Deal, wenn sie tatsächlich im Flieger sitzt, das wissen ihre Auftraggeber), ist sie heiß begehrt – es gilt als todsicherer Erfolgsgarant, wenn Mia Dängler einen Auftrag angenommen hat.

Carl – Manifestor

Ja, viel besser so. Carl wischte sich die Stirn ab. Mit der Couch auf der anderen Seite wirkte der Raum wesentlich größer. „Dann kann ich ja auch direkt die Fotos neu machen", dachte er. Schon holte er den Strahler aus der Kammer, passte das Licht an und fotografierte seinen Praxisraum. Jetzt noch kurz hochladen – ja, so war die Seite gut. „Ich könnte auch gleich ein paar Flyer neu drucken. Verflixt, schon wieder kein Papier."

Zum Glück hatte Linda das Selbstgespräch ihres Mannes noch gehört, ansonsten hätte höchstens die zufallende Wohnungstür ihr angezeigt, dass Carl wieder mal irgendwie „weg" ist. Eine halbe Stunde später kam er höchst zufrieden wieder, das Papier für den Flyer und ein Pfund Kaffee unter dem Arm. „Wo warst du?" begrüßte ihn Linda schon an der Tür. „Na Papier holen. Und Kaffee. Du hattest doch morgens gesagt, dass er alle ist." Linda seufzte. „Mein Gott, ist das wirklich so schwer? Warum sagst du nicht: Schatz, ich fahre Papier kaufen?" Versöhnlicher fügte sie hinzu: „Für den Kaffee liebe ich dich natürlich, willst du auch 'ne Tasse?"

Auch Carl seufzte. Erklären, sagen, was er machen will – Gott wie das nervt. Dabei ist Linda wirklich klasse und lässt ihn (meistens) in Ruhe, wenn er „sein Ding macht", wie sie es nennt. Da hatte er ganz andere Beziehungen erlebt – und war nicht umsonst in den acht Jahren, bevor er Linda kennenlernte, jeder Verbindung aus dem Weg gegangen. Er hatte sogar einmal fast ein Jahr in Nepal gelebt, in einer Höhle, wo nur selten ein Besucher vorbeikam. Carl musste grinsen bei der Erinnerung – was hatten sich alle aufgeregt, als er einfach in der Redaktion gekündigt hatte und Köln den Rücken zuwandte. Dabei hatte er doch von Kathmandu aus eine Mail an seine Eltern geschickt. Und schließlich war er doch keine 15 mehr gewesen, sondern 37. Eine gute Zeit, aber irgendwie war auch das nicht ganz richtig gewesen, dazu machte ihm das Bewegen in der Welt viel zu viel Spaß.

Immerhin hatte es ihn zu seiner Berufung geführt – schräges Wort, aber es stimmte einfach. Die Natur-Coachings waren für ihn einfach perfekt, er verbrachte jeweils ein paar Stunden mit seinen Klienten, konnte beobachten, wie intensiv sie aufnahmen, was er vermittelte, und dann war er wieder frei. „Was du gesagt hast, hat mir so geholfen", schrieben viele ein paar Wochen nach der gemeinsamen Arbeit. Und für ihn selbst war es so leicht. Als würde ich dafür bezahlt, zu tun, was ich liebe, einfach für das, was ich bin, dachte er. Das war sein liebster Menschenkontakt, so erfüllend.

Die regelmäßigen Familienfeiern und Partys, wie sie seine Eltern und Geschwister liebten, waren ihm schon immer ein Graus gewesen. Nicht nur die endlosen langweiligen Gespräche, sondern vor allem dieses Gefühl, nie wirklich dazuzugehören – wie durch eine unsichtbare Wand getrennt. Ganz schlimm war es, als er noch jünger war und sie alle Vorschläge hatten, was er machen soll. Manchmal war er so wütend geworden, dass er mit der Faust gegen die Wand geschlagen hatte. Warum hatten sie ihn nicht einfach in Ruhe lassen können? Gottseidank war diese Zeit vorbei.

Gut, dass er Linda getroffen hatte, sie war meist so beschäftigt, dass sie gar nicht auf die Idee kam, ihm hinterherzurennen und zu klammern. Ich sollte ihr das Fahrrad kaufen, von dem sie erzählt hat, und sprang auf. Und fast fiel schon wieder die Tür ins Schloss – bevor ihm einfiel, noch schnell „Ah Süße, bin nochmal kurz weg" zu rufen.

Ann und die falsche Welt – noch eine Manifestorin

Ann stöhnte. „Was wollt ihr nur alle immer von mir, lasst mich doch einfach in Ruhe", dachte sie. Ihr war ja klar, dass es nett gemeint war von Beatrice, sie zum Kaffee mit den alten Freundinnen einzuladen. Danach Essen gehen, dann ins Katzengold, so wie damals halt. Irgendwas stimmte eben doch nicht mit ihr – musste ja so sein, wenn alle anderen das schön fanden. Ann fand es anstrengend. Danach war sie jedes Mal todmüde und die anderen offensichtlich erfüllt und beglückt. Warum also konnte sie nicht einfach genießen, was normale Menschen schön fanden? Aber nein, sie war danach so erschöpft, dass sie tagelang niemanden sehen wollte und sich auch körperlich wie nach einem Marathon fühlte. Da war arbeiten leichter. Denn das konnte sie genau in ihrer Façon tun: eine Stunde, dann war wieder Pause. Und es hatte eine Wirkung, half den Menschen und gab auch ihr ein Gefühl von Sinnhaftigkeit. Behilflich zur Selbsthilfe sein, das war schön.

Und umgekehrt konnten die anderen nicht verstehen, warum es für sie zum Beispiel ein Leichtes war, alleine ihre Wohnung umzuräumen oder eine Couch alleine zwei Etagen hoch zu bewegen, oder einfach mit dem Taxi zum Abholen ihres Autos aus der Werkstatt zu fahren. „Warum hast du mich denn nicht gefragt, ich hätte doch geholfen?" kam dann immer. Niemand verstand, dass es ihr einfach angenehmer war, es zu ihren Bedingungen zu tun. Alleine, ohne dass ihr jemand vor den Füssen stand und dauernd fragte, was er denn jetzt tun solle, oder sie in Kontakt treten musste, gesellig sein musste, wenn es gerade für sie nicht stimmte. Das hatte nichts mit „Hilfe nicht annehmen können" zu tun. Am schlimmsten war es, wenn alle mit Fragen auf sie einstürmten, dann wollte sie nur noch weg. Am liebsten losbrüllen: „Kümmert euch doch verdammt nochmal um euren eigenen Scheiß und macht euch selbst ein schönes Leben, aber lasst mich in Ruhe!"

Dabei mochte Ann Menschen. Sie liebte ihre Arbeit als Psychologin. Dieses intensive mit-jemandem-sein, wunderbar. Und das Gefühl, wirklich behilflich sein zu können, meistens zumindest. Und – sie schmunzelte – auch, dass es dann nach einer Stunde fertig war. Sie musste an Rena denken, eine gute Bekannte, die eine so erfolgreiche Heilpraxis hatte, dass sie auf ein halbes Jahr hin ausgebucht war und sich dennoch erlaubte, kürzlich von ohnehin nur vier Praxistagen auf vier halbe Tage umzustellen. „Mir reicht das einfach, ich brauche mehr Pausen", hatte Rena gesagt. Und Ann hatte einen Stich in der Brust gespürt – ja, genau das war, was es in ihr rief. Pausen, viel mehr Pausen, das wäre wunderbar. Vielleicht könnte sie ja einfach die Zahl ihrer Klienten reduzieren … morgens zwei, nachmittags zwei, und fertig? „Dann wäre mein Leben ein Traum", dachte sie lächelnd und griff zum Kalender. Nach einer halben Stunde war der neue Plan manifestiert, ihre Sekretärin per Mail angewiesen, die Termine umzulegen, und Ann war frei. Ein großartiges Gefühl.

Carmen und Jack – Projektoren

Seufzend rieb sie sich den schmerzenden Rücken. Schon wieder fast acht. Wie so oft war sie die letzte im Büro. Aber wann sonst sollte sie die Konferenz vorbereiten, es war ja einfach immer viel zu viel zu tun. Und auf Katja konnte sie sich nun wirklich nicht verlassen, da konnte es passieren, dass die Sachen nur halb fertig waren, weil ja „Feierabend" war. Außerdem konnte sie mit der improvisierten Herangehensweise ihrer Mitarbeiterin wirklich nicht arbeiten - dann war es schon leichter, es selbst zu machen. Nicht, dass es ihr jemand gedankt hätte; ihr Chef übersah mit beeindruckender Ignoranz wirklich alles, was Carmen tat.

Manchmal erlaubte sie sich Fantasien, wie alles zusammenbrechen würde, wenn sie nicht mehr da wäre. Und er dann mit Blumen und tiefster Zerknirschung vor ihr stünde und sie anbetteln würde, zurückzukommen. „Ohne Sie ist die Abteilung aufgeschmissen. Bitte, würden Sie die Leitung übernehmen, seien Sie meine persönliche Beraterin." Und sie würde dann (nach einer für ihn nervenzerreibenden Pause) sagen: „Na gut, aber ich hätte gerne einen eigenen Firmenwagen, der mich abholt. Und ein Mittagscatering von Planos." Carmen seufzte. Das wär's! Aber mich sieht ja einfach keiner. Und der bittere Zug um ihren Mund vertiefte sich ein kleines bisschen mehr.

Müde schloss sie ihr Büro ab. Jetzt einfach nur noch auf die Couch. Und wie immer, viel zu wenig Zeit für all das, was eigentlich zuhause noch an Erledigungen auf sie wartete. Eigentlich wäre heute auch noch das Beintraining im Studio dran, viermal die Woche war eigentlich Minimum. Sie seufzte. „Das mach ich morgen, definitiv." Zuhause angekommen dachte Carmen: „Nur kurz einmal hinlegen", und ging zur Couch. Mit schlechtem Gewissen, denn meist war es so, dass nichts mehr ging, wenn sie einmal lag. „Was ist nur mit mir los?", fragte sie sich, „vielleicht sollte ich doch mal die Vitamin-Aufbaukur machen, von der ich gelesen habe."

Anders ihr Zwillingsbruder Jack, eigentlich Jakob Carl Hackmann, den aber seit seinem dritten Lebensjahr alle nur Jack nannten. Er hatte den Bogen raus. Als Kind war er zwar eher zurückhaltend, hatte sich oft in sein Zimmer zurückgezogen und stundenlang Lego gebaut. Aber irgendwie dennoch alle dazu gebracht, seinen Vorschlägen zu folgen. Wenn man einen Rat brauchte, fragte man ihn, das war immer schon so gewesen. Mama zur Geburtstagsplanung für seinen Vater („Du weißt einfach, was Papa freut und was die Leute mögen") genauso wie sein Vater, der ihm oft Situationen aus der Firma erzählt hatte (obwohl Jack gerade mal 10 Jahre alt war) und seinem Rat großen Wert beimaß. Und jetzt als Berater für Konzerneffizienz war das Ganze noch besser: er bekam ein beeindruckendes Honorar, einfach dafür, dass er den anderen sagte, wie sie es machen – oder noch öfter, nicht machen sollten. Und er arbeitete höchstens vier

Stunden pro Tag, wenn überhaupt. Trotzdem war seine Agentur so erfolgreich, dass Jack schon zum vierten Mal expandieren würde.

Nina – Reflektorin

„Idiotisch", stöhnte Nina und warf frustriert auch das letzte Kleid aufs Bett, „wer kauft so einen Scheiß?" „Ähm, na du, Mama", wagte Nellie einzuwerfen. Nina musste lachen. „Hast ja recht. Ich versteh mich selbst nicht. Ich kaufe was, weil ich's schön finde, und zwei Wochen später frag ich mich, ob ich nicht ganz dicht bin." „Na ja, Mam, du bist eben viele, das wissen wir doch", grinste Nellie. Und irgendwie stimmte das – wo andere Menschen klare Konturen hatten, kam sich Nina oft wie ein Chamäleon vor, immer irgendwie anders. Wenn es nur wirklich für die jeweilige Situation passen würde, wäre ja alles cool, dachte sie. Aber das tat es nicht, zumindest viel zu oft nicht. Dabei gab sie sich solche Mühe, alles unter einen Hut zu bringen, ihre Familie glücklich zu machen. Aber irgendeiner war immer unzufrieden, und immer häufiger war Nina von einer tiefen Enttäuschung erfüllt.

„Erzählen Sie doch mal von den ersten Jahren Ihrer Ehe, Nina", forderte die Therapeutin sie auf. Nina überlegte. „Da war es noch ganz anders, wir haben auf einem alten Bauerhof gelebt, das war einfach perfekt. Es war so eine WG, lauter „Ökos", aber einfach schön, alle waren so engagiert und gut drauf, wir hatten viel Spaß. Da war ein See auf dem Grundstück und wir haben oft zusammen am Lagerfeuer gesessen. Ich war einfach Teil vom Ganzen, so eins." „Und warum ist das geendet?" „Na ja, Sebastian und Charlie zogen auf den Hof. Aber sie passten einfach nicht in unsere Gemeinschaft, obwohl das am Anfang irgendwie keiner außer mir wahrhaben wollte. Mir war das sofort klar. Die anderen haben es erst geglaubt, als die Polizei kam – und sie wegen terroristischer Aktivitäten verhaftet wurden. Danach war es einfach nicht mehr dasselbe."

Nina machte eine kurze Pause. „Na, und dann sind mein Mann und ich ja ins Haus der Schwiegereltern gezogen, weil die

Schwiegermutter Pflege brauchte – und ich hatte grade keine Arbeit. Das Haus ist ja schön, und eigentlich auch groß genug, aber selbst jetzt noch, nachdem meine Schwiegermutter gestorben ist, fühle ich mich dort nicht wohl. Unsere Kinder mögen es. Seit wir dann die beiden Töchter meiner Schwägerin, die tragischerweise plötzlich an einem Unfall verstarb, aufgenommen haben, wird es für mich immer unerträglicher, egal, wie ich mich anstrenge. Die Kinder streiten viel, aber ich muss ehrlich sagen, ich bin auch nicht die Friedlichste. Obwohl ich es mir immer wieder vornehme. Eigentlich komme ich nie wirklich zur Ruhe, ich finde meinen Platz da nicht. Und das belastet auch die Beziehung zwischen Klaus und mir. Kann ich ja auch verstehen, er ist so ein Friedensmensch, der liebt Großfamilien-Flair, und am Ende komme ich mir immer total falsch vor. Undankbar, denn er gibt sich ja solche Mühe. Aber für mich ist es einfach nicht der richtige Ort, und wegziehen kommt für ihn nicht in Frage. Manchmal denke ich, das wäre das Einzige, was mir wirklich helfen würde – einfach weg da. Etwas Neues. Der Gedanke, dass ich das so für die nächsten Jahre tagein, tagaus durchstehen soll – grauenvoll. Ich sehne mich so sehr nach …", sie brach ab, „ich weiß es ja selbst nicht genau."

„Haben Sie schon mal vom Human Design gehört?" fragte die Therapeutin. „Was soll das sein? Wissen Sie, Frau Gehring, ehrlich gesagt hab ich wirklich die Nase voll von noch mehr Therapien, ich …" Rosa Gehring hob beschwichtigend die Hände: „Entschuldigung, wenn ich Sie unterbreche. Ich kann Sie absolut verstehen, daher wollte ich Ihnen auch etwas völlig anderes vorschlagen. Eine Methode, mit der Sie sich selbst kennenlernen können, so wie Sie sind. In Ihrer Einzigartigkeit. Und die Ihnen eine Art Handwerkszeug gibt, wie Sie leichter mit anderen kommunizieren können. Und auch besser erfassen können, was im Umgang mit anderen mit Ihnen passiert." Nina verzog skeptisch das Gesicht. „Okay, und wie soll das gehen? Erkenne dich selbst und dann klappt`s auch mit dem Nachbarn? Das ist doch Werbeschwachsinn." Rosa Gehring schmunzelte. „Ja, das ist das Merkwürdige, es basiert auf Ihren Geburtsdaten, aber dann wird das in Korrelation gesetzt zu ´zig anderen Weisheitsmethoden, Astrologie über I Ging und Kabbala. Es hat sogar irgendwas mit Neutrinos und der Genetik zu tun, aber den Teil habe ich mir noch aufgespart. Ich will ehrlich sein, Nina, ich habe das Human Design selbst erst vor ein paar Monaten kennengelernt, und es hat mir derartig geholfen … ich meine, ich bin zwar, was Beziehungen angeht, „eigentlich" vom Fach, aber dennoch gab es so ein paar Punkte, an denen mein Mann und ich immer wieder aneinander gerasselt sind. Und seit ich unsere beiden Designs kenne, haben sich viele der Probleme aufgelöst." Frau Gehring sah Nina offen ins Gesicht und lachte. „Ja, ich weiß, wie das klingt. Nehmen Sie das Zaubermittel und alles wird gut. Aber ich schwöre Ihnen, es hat uns so geholfen. Zum einen habe ich einfach verstanden, an welchen Stellen ich unabsichtlich immer auf die Knöpfe meines Mannes gedrückt habe – gerade bei Sachen, die bei mir eben so anders sind. Zusammen sind wir offensichtlich ein sehr kreatives, aber auch explosives Gespann. Aber auch da versteh ich vieles besser – zum Beispiel, warum er sich in Planungsfragen immer durchsetzt, und auch noch ganz unschuldig schaut. Alles Mechanik." „Was soll das denn bedeuten, Mechanik?" fragte Nina verwundert. „Na ja, manches ist gar nicht so persönlich, wie wir immer glauben, sondern sozusagen „eingebaut" und nicht böse gemeint. Aber ich will Ihnen da gar nichts aufdrängen, ich hab noch so einen Flyer – wenn Sie mögen, schauen Sie doch einfach mal rein. Und ansonsten sehen wir uns ja dann nach meinem Urlaub in drei Wochen wieder. Alles Gute bis dahin."

Toll, in drei Wochen erst. Die regelmäßigen Gespräche mit Frau Gehring taten Nina gut. Auch wenn sie nicht viel an ihrer Situation geändert hatten, war das endlich einmal ihre Zeit – da war sie wichtig, und das war schon mal was. Denn bei allen anderen Begegnungen, auch bei den meisten Freundschaften, endete es immer damit, dass sie irgendwie die Gefühle der anderen ausdrückte. Wie bei der Beerdigung von Anka, der Schäferhündin ihrer Tochter. Sie hatte das Vieh noch nicht mal gemocht, weil Anka fast jede Lebensregung anderer mit Jaulen, Bellen und Sabbern begrüßt hatte. Doch als der Hund tot war, hatte Nina sich am Grab neben Nellie kaum noch halten können vor lauter Weinen. Dabei war es sicherlich Nellie gewesen, die so traurig war.

„Menschen", seufzte Nina, „am liebsten würde ich mal ganz allein auf einer Insel sein. Einfach nur mich spüren und sonst keinen."

März 2017 − Kurs 1.

„Ist es okay für euch, wenn wir uns duzen?" eröffnete Sarah Freiland freundlich lächelnd die Seminarrunde. Alle nickten. Carmen schaute mit gerunzelter Stirn auf die erste Seite der Powerpoint. „Lernen wir das ganze System an diesem Wochenende kennen?" Sarah schmunzelte, die Frage kannte sie nur zu gut. „Schön wär's, aber keine Chance. Was ich euch jedoch versprechen kann, ist, dass ihr den Rahmen und die wichtigsten ersten Unterscheidungen - zum Beispiel zwischen den einzelnen Energietypen - kennenlernen werdet. Das Ganze ist so komplex, dass selbst ich nach zwölf Jahren immer noch so viele neue Bereiche vor mir habe. Aber es ist vom ersten Augenblick an hilfreich, das kann ich euch versprechen. Und auch der Prozess, den ihr sicher erleben werdet, ist normal: es wechselt immer wieder von „wow, jetzt weiß ich Bescheid, wie die Welt funktioniert" hin zu „oh mein Gott, das lern ich nie, ich sollte besser gar nichts darüber erzählen". Und dann wieder weiter zu „okay, ich erklär einfach das, was ich verstanden habe". Das finde ich am gesündesten, weil es uns offen hält und ein bisschen demütiger werden lässt. Keiner ist allwissend, was wir aber tun können, ist einen Dienst anzubieten. Human Design gibt uns ein Werkzeug, eine Sprache, um Wirkungen zu benennen und uns und andere besser kennenzulernen."

Sarah blickte in die Runde. „Na dann lasst uns starten, okay? Am besten gebe ich jedem erst einmal sein Chart", lächelte sie und reichte Claudia, Mia, Carl und Ann, Carmen und Nina jeweils einen bunten Ordner.

„Ihr fragt euch sicher, was diese ganzen bunten Kästchen und Striche bedeuten, und ich garantiere euch, bis zum Ende unseres Kurses werdet ihr damit eine Menge anfangen können", versprach Sarah, „nun aber erst einmal zu den Energietypen. Ich habe mich total gefreut, als ich die Ausarbeitung für unseren Kurs gemacht habe, ihr seid tatsächlich von jedem Typus ein Vertreter, das ist wunderbar, so haben wir gleich Anschauungsobjekte. Und damit jeder die Begriffe mal gehört hat, die ich gleich erläutern werde, ordne ich sie euch direkt zu:

Claudia ist ein so genannter Generator. Sie wird glücklich, wenn sie tut, worauf sie wirklich Bock hat. Und bei Mia ist das ähnlich, auch für dich gilt, dass du wirklich auf etwas anspringen und Bock auf eine Sache haben musst. Aber dann musst du vielleicht nochmal schauen, ob es denn wirklich passt, fast wie kurz Anprobieren. Und du magst es gern, wenn es schnell geht. Du bist ein „Manifestierender Generator". Wenn ihr Generatoren keine Lust auf das habt, was ihr tun sollt, kann sich das sehr frustrierend anfühlen, dann seid ihr gar nicht aktiv, sondern hängt vielleicht sogar müde und erschöpft herum." Sarah grinste. „Oder noch ein Beispiel: Stellt euch mal vor, ihr wärt bei mir zum Kaffee eingeladen. Und ich frage euch, ob ihr Lust habt, mit mir ´ne Runde um den See spazieren zu gehen. Wir tun jetzt einfach mal so, als hättet ihr Lust."

Sarah schaute aufmunternd zu Claudia und Mia. Mia nickte: „Okay, und dann?" „Na, dann merkt man den Unterschied. Mit Claudia gehen wir dann die ganze Runde, egal, wie das Wetter ist. Vorher kein Stress, sie sitzt einfach da und wartet, bis es losgeht. Und für Mia… erstens muss es sofort losgehen." Mia lachte. „Natürlich, was denn sonst?" „Na ja, es könnte ja sein, dass ich vorher noch einen Anruf machen muss oder noch zur Toilette gehe." „Oh, das hasse ich," meinte Mia, „dann ist bei mir schnell die Luft raus." „Genau," sagte Sarah, „darauf wollte ich hinaus. Und dann kann es auch noch sein, dass du, wenn wir unten zur Tür rauskommen, plötzlich sagst: „Och, das ist ja so ungemütlich (alternativ: warm, kalt, stürmisch, nass), wollen wir nicht lieber irgendwo einen Kaffee trinken?" „Lol, woher weißt du das? Das hat meine Eltern immer schon wahnsinnig gemacht: „Liebe Mia, kannst du denn nicht EINMAL bei dem bleiben, was wir verabredet haben…" das war der Standardspruch von meinem Dad."

„Klar", nickte Sarah, „nur: für dich ist das genau so richtig. Manifestierende Generatoren sind die kraftvollsten Wesen überhaupt, aber nur, wenn das, was du entschieden hast, auch das wirklich Richtige ist. Und dafür musst du es eben manchmal erst ausprobieren. So wie beim Klamotten kaufen. Du siehst ein Kleid, das dir gefällt, aber kaufen wirst du es sicher erst, nachdem du es anprobiert hast, denn manchmal passt es dann eben doch nicht."

Die beiden schauten völlig verblüfft und berührt. Das „woher weiß sie das?" war ihren Gesichtern deutlich abzulesen. Innerlich schmunzelte Sarah – so war es meistens. „Wow", meinte Mia, „das hätte mein Vater mal wissen sollen."

„Weiter geht's mit Carl. Lass mich raten: Carl, du liebst deine Freiheit und machst gern dein Ding, am liebsten ganz ungestört, und freust dich total, wenn es dann eine gute Wirkung für andere hat. Und es macht dich wütend, wenn dir einer im Weg steht oder sagen will, wie du's machen sollst? Du bist ein Manifestor. Für dich wird das Wichtigste sein, zu lernen, dass du Bescheid sagst, wenn deine Handlungen andere betreffen. Und ich garantiere dir: das kann Wunder wirken – und dein Level des „von anderen genervt zu sein" drastisch senken."

Und Carmen – du schuftest für zwei, keiner sieht dich oder will deine Verbesserungsvorschläge hören? Und nach der Arbeit bist du einfach nur erschöpft? Und verbittert, weil es ja doch am Ende keinen interessiert? Dabei wüsstest du genau, wie man es machen sollte? Du bist der Führungstyp der neuen Zeit, ein Projektor. Wobei ich das mit dem Führen eher wie ein Guiden, ein Begleiten meine. Du kannst beeindruckend gut wahrnehmen, was andere gut können, bist aber nicht zum Selber-schuften auf der Welt. Ganz viele Manager sind Projektoren." „Super", entfuhr es Carmen, „damit sagst du also, dass mein Zwillingsbruder wieder mal alles richtig gemacht hat". Sie seufzte, schaute aber interessiert hinüber zu Sarah.

„Ich verrate dir direkt mal ein Geheimnis, Carmen", antwortete Sarah, „eigentlich hast du in gewisser Weise noch viel mehr Power als ein Generator. Denn du bist nicht auf deine eigene Energie beschränkt. Eigentlich ist es nämlich so gedacht, dass du – natürlich im gegenseitigen Einverständnis und zum gegenseitigen Vorteil – die Energie anderer lenken kannst und auf diese Weise weit mehr Wirkung hast. Ein bissl so wie der Kranführer, der auf den Knopf drückt und der Kran hebt ein Auto hoch. Die Intelligenz der Projektoren liegt eben darin, diesen Knopf zu nutzen." „Weißt du, meine Eltern haben anfangs gedacht, dass mein Bruder Jack irgendwie krank ist", fiel Carmen ein, „weil er noch bis zum Alter von fünf Jahren seinen Mittagsschlaf gehalten hat. Und dabei hat er nur von Anfang an seinem Typ gemäß gelebt? Das muss ich wirklich erst einmal verdauen", sagte Carmen kopfschüttelnd.

„Und du, Nina, weißt eigentlich gar nicht, wer du dauerhaft bist? Doch wenn du am richtigen Ort bist, passt alles? Du machst nicht gern langfristige Versprechen, weil du nie weißt, ob du sie, wenn es so weit ist, halten kannst und magst? Und du bist wie ein Radar für die Atmosphäre in deiner Umgebung? Hast zum Beispiel ein Auge für Leute, die irgendwo nicht hineinpassen? Du bist etwas sehr Besonders: ein Reflektor, davon gibt's nur wenige, nur ein Prozent der Weltbevölkerung sind Reflektoren."

Sarah machte eine kurze Pause. „Wenn es mir gelingt, Euch allen ein Gefühl für euch selbst und den Anderen zu vermitteln, geht ihr mit Sicherheit am Sonntagabend schon ganz anders in euer Leben und eure Beziehungen zurück. Manche der Umgangstipps sind echt einfach – und extrem wirkungsvoll. Hier ein kleines Beispiel: Beim letzten Kurs eröffnte eine Projektorin abends ihrem Mann, einem Manifestor: „Heute habe ich gelernt, dass ich dich mal in Ruhe lassen soll, wenn du gerade mit etwas beschäftigt bist." Der war so begeistert und dankbar, dass er mir beim nächsten Kurs sogar Blumen schenkte."

Die Fünf schauten einander prüfend an – so unterschiedlich sollten sie sein? „Passt das bei dir auch so gut?" fragte Mia Claudia interessiert. „Echt erstaunlich", bestätigte Claudia, „sie hat sogar Formulierungen benutzt, die ich selber immer wieder so sage."

Carmen aber wirkte irritiert: „Wie, ich bin nicht zum Arbeiten auf der Welt? Ich mache doch den ganzen Tag nichts anderes. Das war schon immer so." „Ja, das glaube ich dir sofort, Carmen. Aber die Frage ist, ob es dich glücklich macht Bist du wirklich erfolgreich? Geht es dir gut damit? Denn das ist das Geniale am Human Design: wenn du dir gemäß lebst, wird vieles so viel leichter, klarer. Mehr du selbst."

„Darf ich euch, bevor es weitergeht, fragen, was euch dazu bewogen hat, diesen Kurs zu besuchen?" fragte Sarah nach der Mittagspause in die Runde. „Claudia, magst du anfangen?" „Das ist ja witzig, wenn du mich so direkt fragst, weiß ich sofort, ob ich will. Ja, echt gerne. Also bei mir war es meine Cousine, die mir davon erzählt hat. Sie meinte, das würde in der Beziehung helfen."

„Und bei mir war es meine Mutter", sagte Carmen, „krass, oder? Sie hat so ein Interview mit dir gesehen, Sarah, und meinte, das wäre genau, was ich brauche." Alle lachten. „Sie ist bestimmt ebenfalls ein Projektor", meinte Carmen und schmunzelte. Vielleicht war es ja doch ganz interessant, mehr über den Projektor zu erfahren.

„Eins versteh ich nicht, Sarah. Warum ist bei Jack und mir alles so anders, wenn wir doch als Zwillinge genau gleiche Charts haben?" fragte Carmen.

Sarah lächelte, diese Frage kam häufiger vor. „Gute Frage. Ra meinte mal, dass selbst, wenn du zwei völlig identische Menschen hast und einer nach links und der andere nach rechts schaut – danach sind sie nicht mehr identisch. Denn das, was wir sehen, formt unser Gehirn, verändert es nachhaltig. Und im Laufe der Zeit erleben auch Zwillinge ganz andere Dinge und machen unterschiedliche Erfahrungen. Erst recht, wenn man davon ausgeht, dass jeder Mensch seinen eigenen Lebensplan hat. Auch das Familiensystem hat einen Einfluss – somit macht es schon einen Riesenunterschied, ob du zum Beispiel der oder die Erst- oder Zweitgeborene bist. Mit jedem neuen Familienmitglied ändert sich die gesamte Konstellation in einer Weise, wie ich es mir vor Kenntnis des Human Design nicht hätte vorstellen können. Aber auf solche Details kommen wir noch zu sprechen. Ich denke, es ist genug für heute, mein offenes Sakral ruft nach der Couch," schmunzelte sie. „Für euch Generatoren hoffe ich, dass es noch viele andere schöne Dinge gibt, auf die ihr heute reagieren könnt. Wer mag: in zwei Monaten findet Kurs 2 statt."

„Eine Frage noch, Sarah: warum bietest du alle deine Kurse so offen an?" fragte Claudia. „Ich kenn das nur so, dass man immer die ganze Ausbildung buchen muss." „Ich mag es halt frei", erwiderte Sarah, „und offensichtlich passt das auch, denn ich mache gute Erfahrungen damit. Das hab ich echt in den Jahren gelernt – wenn etwas für dich selbst und mit dir stimmig ist, wird es meistens auch gut funktionieren. Und wenn nicht, hat man halt noch was zu üben. Ich glaube, es hat immer ganz viel mit unserer echten Ausstrahlung, dem, was wir eben wirklich sind, zu tun." Sarah schmunzelte bei der Erinnerung an all die Kurse, die sie im Laufe der Jahre ausgeschrieben hatte. Zustande gekommen waren die meisten nicht – sie hatte lange gebraucht, bis sie den roten Faden entdeckte und anerkennen konnte, dass es eigentlich ganz einfach war: nur das, was sie wirklich liebte, lief auch gut. Kompromisse waren nichts für sie, auch wenn sie vor Human Design sehr viele davon gemacht hatte.

Was bitte ist eine Körpergrafik?

Mai 2017, Kurs 2. Die Seminarteilnehmer standen um zwei Flip-Charts: auf einem befand sich ein Beispiel-Chart, auf dem anderen eine Grafik mit den neun Energiezentren. Eine Teilnehmerin war am letzten Ausbildungstag krank gewesen, daher wiederholte Sarah kurz einige wichtige Inhalte des gestrigen Tages.

„Wir haben uns gestern die neun Energiezentren angesehen. Seid nicht irritiert, wenn die Bezeichnungen nicht in jedem Lehrbuch oder

Online-Programm gleich sind. Ihr kennt das schon von den Energietypen: Die reinen Generatoren werden im "64keys"-Programm als Umsetzer bezeichnet, die Manifestierenden Generatoren als Spezialisten, die Projektoren als Koordinatoren, die Manifestoren als Initiatoren und die Reflektoren als Beobachter. So sind hier auch die Begriffe der Energiezentren abweichend von den ursprünglichen aus dem Human Design, dafür lassen sie sich den Themen oder Funktionen der Zentren leichter zuordnen. Ich werde nun beide Bezeichnungen nennen, wenn wir die Zentren noch einmal kurz durchgehen. "

Alle nickten und Sarah zeigte auf das Schaubild[2] im Flip-Chart:

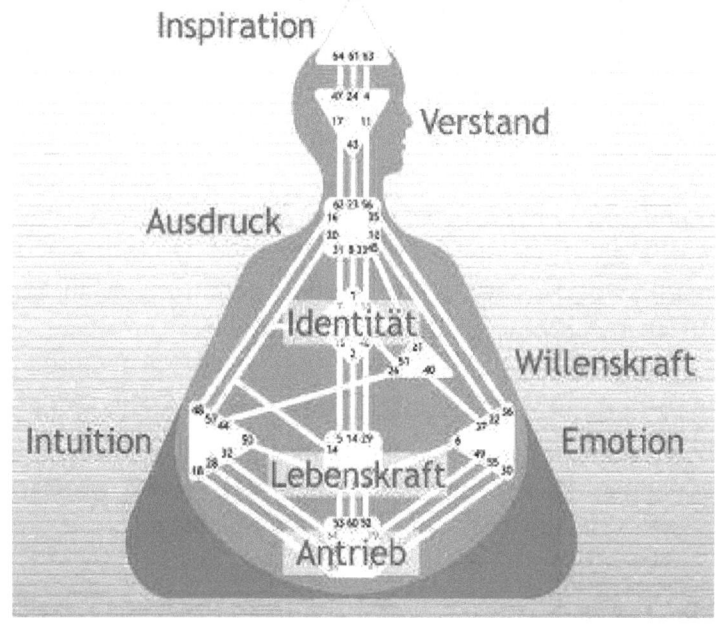

„Ganz unten ist das Wurzel- oder Antriebs-Zentrum, hier geht es um die Bewältigung der Lebensnotwendigkeiten, daher ist das auch der Bereich, wo Druck und Stress entsteht. Darüber das Sakral-Zentrum, es generiert die Lebenskraft. Links davon seht ihr das in der Evolution älteste Energiezentrum, in dem es um das Überleben geht – im klasssichen Human Design als Milz-Zentrum bezeichnet. Hier sitzen Instinkt und Intuition, auch im Sinne von Gesundheit, es ist das Zentrum intuitiver Körperbewusstheit. Rechts neben dem Sakralzentrum befindet sich das Emotional-Zentrum, auch Solar-Plexus genannt, die Themen sind Gefühle in ihrer ganzen Bandbreite. Das kleine Dreieck weiter oben steht für das Ego-Herz-Willenszentrum, unsere Willenskraft. Mittig das Identitäts-Zentrum, auch Selbst genannt, hier geht es um unsere innere Richtung und Liebe. Das Kehl-Zentrum steht für Ausdruck und Handlung, darüber unser Verstand, auch als Ajna bezeichnet, und ganz oben schließlich das Kopf-Zentrum, das für geistige Inspiration steht."

„Und was bedeuten die Zahlen in den Zentren?" fragte Martina, die am Vortag nicht dabei war.

„Das sind die 64 Tore, sie haben in den Energiezentren eine feste Position, sind also in jedem Chart an der gleichen Stelle. Ihr habt ja in eurem Skript die einzelnen Bedeutungen und wir werden das am nächsten Kurswochenende noch genauer erläutern. Man kann die Tore auch als Genschlüssel bezeichnen, denn sie sind nicht nur mit den 64 Hexagrammen des I Ging, sondern auch mit den 64 genetischen Codons verbunden," erklärte Sarah. Sie zeigte kurz auf ein anderes Schaubild, hielt aber inne, als sie in sehr fragende Gesichter schaute. „Keine Sorge, das wird jetzt kein wissenschaftlicher Vortrag," fügte sie schnell hinzu. „Wir kommen jetzt zu den Charts, hier seht ihr ein Beispiel:

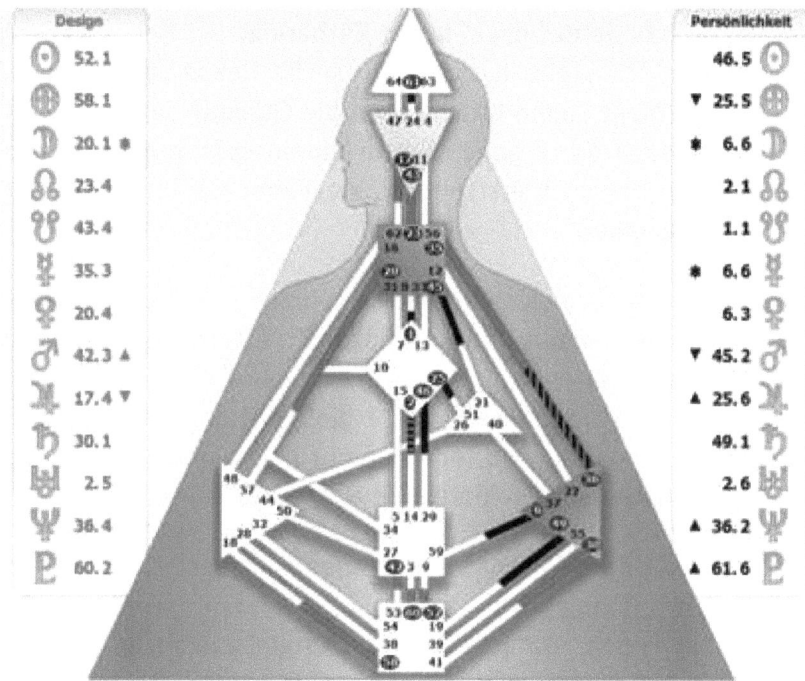

Design		Persönlichkeit	
☉	52.1	46.5	☉
⊕	58.1	▼ 25.5	⊕
☽	20.1 ✴	✴ 6.6	☽
☊	23.4	2.1	☊
☋	43.4	1.1	☋
☿	35.3	✴ 6.6	☿
♀	20.4	6.3	♀
♂	42.3 ▲	▼ 45.2	♂
♃	17.4 ▼	▲ 25.6	♃
♄	30.1	49.1	♄
♅	2.5	2.6	♅
♆	36.4	▲ 36.2	♆
♇	60.2	▲ 61.6	♇

(www.jovianarchive.com)

„Ausgangsbasis für die Berechnung sind ja eure exakten Geburtsdaten inklusive Uhrzeit. Ihr seht in diesem Chart die neun Energiezentren mit den durch Planeteneinflüsse aktivierten Toren. Diese Tore sind in der Körpergrafik lila umkreist und rechts und links in einer Kolonne mit den jeweiligen Planetensymbolen aufgelistet: links in rot auf der Design-Seite, wo es um das Unbewusste und Körperliche geht (in der Grafik dargestellt durch die roten Linien), und rechts in schwarz auf der Persönlichkeits-Seite (in der Grafik dargestellt durch die schwarzen Linien). Also auf jeder Seite 13 Tore, zusammen 26, wobei manche Tore durch mehrere Planeten geprägt sind, wie zum Beispiel in diesem Chart hier Tor 6 durch Mond, Merkur und Venus."

„Da stehen noch Zahlen hinter den Toren, zum Beispiel in Tor 6 steht 6.6 oder 6.3, was bedeutet das?" fragte Katharina.

„Jedes aktivierte Tor steht in einer von sechs Hexagramm-Linien", erklärte Sarah. „Diese Linien beschreiben die Qualität der Tore noch differenzierter, auch daruf gehen wir in einem späteren Kurs noch näher ein. Lasst uns jetzt erst einmal die Elemente innerhalb der Körpergrafik anschauen."

„Habt ihr das schon mit den roten und schwarzen Linien besprochen, die an diesen aktivierten Toren hängen?" fragte Martina und zögerte, bevor sie weiter sprach. „Sorry, ich kann das nicht anders ausdrücken, so viele neue Begriffe und dieses Chart sieht für mich ziemlich kryptisch aus. Da sind teilweise nur halbe Linien und einige sind von einem zum anderen Zentrum durchgezogen."

Sarah nickte. „Genau, Martina, im Human Design spricht man tatsächlich von „hängenden" oder „schlafenden" Toren, dazu komme ich gleich noch. Zunächst zu den Energiekanälen, ihr erkennt sie an den durchgezogenen Linien zwischen zwei Zentren. Sie entstehen durch die Verbindung von zwei gegenüber liegenden aktivierten Toren in benachbarten Energiezentren. Dadurch werden genau diese Zentren aktiviert – beziehungsweise definiert, wie man im Human Design sagt. In diesem Chart gibt es zwei Energiekanäle: einer verbindet den Verstand mit der Kehle, der andere die Emotionen mit der Kehle."

Sarah zeigte auf das Schaubild und fuhr fort: „Die durch diese Verbindungen definierten Zentren werden farbig dargestellt, wie hier in der Abbildung Ajna, Kehle und Emotionen. Die Kanäle sind lebendig, wie eigene Wesen, immer aktiv, immer wirksam, es sind sozusagen eure Spezialisierungen. Ausdruck eurer selbst, ob ihr sie nun beachtet oder nicht. Denn wie alles, was immer da ist, sind wir uns dessen oft gar nicht bewusst. Ihr werdet, wenn ihr diese Kanäle im einzelnen kennenlernt, verstehen, was mit dieser Eigendynamik gemeint ist, die sie entwickeln. Sie lässt sich nicht einfach aus der

Formel 1 + 1 = 2, also die Summe der beiden Tore, die den Kanal bilden, herleiten, also eigentlich auch hier ein "hoch X"."

Sarah blickte in die Runde. „Ich weiß, es ist mühselig, dem so abstrakt zu folgen, es hört sich so technisch an, und tatsächlich hat es auch viel mit einer – energetischen – Mechanik zu tun. Je mehr wir aber auf die Wirkungen zu sprechen kommen und jeder sie für sich überprüfen kann, umso verständlicher, lebendiger und spannender wird es."

„Ihr fragt euch sicherlich, wie sich der Unterschied zwischen den definierten und offenen Zentren auswirkt", fuhr Sarah fort. „Die definierten Energie-Zentren repräsentieren etwas, das euch vertraut ist und sich verlässlich anfühlt, ihr aber auch in gewisser Weise festgelegt seid. Anders ist es bei den sogenannten offenen Energiezentren, diese sind nicht durch Energie-Kanäle verbunden. Das sind in unserem Beispiel sechs offene Zentren, sie bleiben in der Körpergrafik weiß. Hier seid ihr flexibel und durchlässig für alles, was von außen kommt, und somit auch konditionierbar durch die Einflüsse anderer. Man könnte auch sagen: hier ist euer Abenteuerspielplatz. In den definierten Zentren seid ihr eher wirkend und sendend, während ihr durch die offenen Zentren eher wahrnehmend und empfänglich seid. Mit einem offenen Emotionalzentrum zum Beispiel ist man sehr empfänglich für die Gefühle der anderen. Die man unter Umständen nicht nur absorbiert, sondern sogar ausagiert – ohne zu ahnen, dass es sich dabei nicht um die eigenen Gefühle handelt."

„Ohje, das klingt heftig, ist man da nicht irgendwie ausgeliefert?" fragte Mia. „Nun ja, wenn dir das nicht bewusst ist, kann das sehr verwirrend für alle Beteiligten sein", antwortete Sarah. „Letztes Jahr in einem Intensivkurs habe ich ein Experiment gemacht. Ich habe die fünfundzwanzig Teilnehmer in drei Gruppen aufgeteilt, ohne dass sie wussten, auf welcher Basis. Die emotional Offenen zusammen, die emotional Definierten in der anderen Ecke, und eine Wahrnehmungsgruppe. Dann habe ich die Wahrnehmungsgruppe gefragt, welche der beiden anderen Gruppen ihrem Eindruck nach die emotional Definierten seien. Sie waren, bis auf eine Projektorin" – Sarah grinste zu Carmen herüber – „alle der Meinung, dass es die emotional offene Gruppe sei. So stark kann also das wirken, was wir eben *nicht* sind. Daher kommt Im Human Design übrigens der Begriff des Nicht-Selbst." Sarah sah in fragende Gesichter und erklärte weiter: „Die Dynamik des sogenannten Nicht-Selbst besteht ja darin, dass wir paradoxerweise gern dem nachjagen, was wir eigentlich nicht sind – statt das zu leben, was uns entspricht, denn nur so können wir die in uns angelegten Potentiale entfalten. Stark betont wird im Human Design in diesem Zusammenhang die Notwendigkeit eines Dekonditionierungsprozesses, der sich bei den meisten von uns ganz schön lange hinziehen kann, je nachdem wie verfestigt unsere konditionierten Muster sind. Daher ist es so schön, wenn Eltern zum Beispiel so früh wie möglich die energetische Grundstruktur ihrer Kinder kennenlernen, um sie in ihrer Entwicklung bestmöglich unterstützen zu können."

„Ich glaube, mir dämmert da gerade etwas, Sarah … was du vorhin zum offenen Emotionalzentrum gesagt hast, da muss ich an meinen Sohn denken", sagte Johanna nachdenklich. „Er ist eigentlich ein sehr ausgeglichenes Kind, aber neulich abends war er ohne ersichtlichen Grund total unruhig, gereizt, fast aggressiv. Als ich später mit meinem Mann darüber sprach, wurde uns klar, dass wir beide einen emotional sehr angespannten Tag hatten und uns abends beim Essen krampfhaft bemühten, es uns nicht anmerken zu lassen. Da hat unser Sohn wohl den ganzen Stress energetisch aufgenommen und, wie du uns neulich erklärt hast, möglicherweise verzerrt ausagiert. Wie kann man das denn vermeiden? Wir haben uns doch so bemüht, ihn nicht drunter leiden zu lassen."

„Tja, Kinder haben feine Antennen", erwiderte Sarah. „Am besten ist es wohl, ehrlich zu sein und zu erzählen, dass man einen super anstrengenden Tag hatte und froh ist, sich nun zu Hause ausruhen zu können. Unterdrückte Gefühle richten sich eben nicht nur nach innen – die anderen spüren den ganzen Krampf ja auch. Wenn du einfach ehrlich sagst was los ist, entspannt sich die Situation meist viel schneller. Es kann erleichternd sein, sich selbst einzugestehen, wie gestresst man ist, auch um zu schauen, was es zur Abhilfe braucht – oder auch: sich bewusst zu werden, dass man über einen Konflikt, der schon lange schwelt, reden muss."

„Sagst du uns noch was zu den Auswirkungen von Offenheit oder Definition in den anderen Zentren?" fragte Mia.

„Wir haben noch ungefähr zwanzig Minuten bis zur Mittagspause", erwiderte Sarah mit einem Blick auf die Uhr. „Ich könnte euch jetzt noch einen kurzen Überblick dazu geben, bevor wir es morgen vertiefen und uns darüber austauschen, okay? Heute Nachmittag wollen wir ja die Aufstellungen machen, damit ihr nach all der Theorie die Energien der Zentren auch mal spüren könnt."

Die Gruppe war sich einig, vor der Pause noch einige Infos über die Zentren hören zu wollen. „Dann fangen wir diesmal von oben an", begann Sarah. „Mit einem definierten **Kopf** inspiriert man andere, hat also eine Wirkung auf sie, während man mit einem offenen Kopf – hört sich lustig an, oder? – empfänglich für die Gedanken und Inspirationen anderer ist, da ist man zum Beispiel an vielerlei Perspektiven interessiert und kann daher sehr viele Möglichkeiten sehen. Beides sehr kostbar also. Im Stress-Modus der Offenheit kann es passieren, dass man nach Antworten für die Probleme anderer sucht. Da gerade die Offenheit uns anfällig für ein ungesundes Übertreiben macht, gebe ich euch zu jedem Zentrum ein paar Stichworte über den Stress-Modus dazu mit", erklärte Sarah.

„Weiter geht es mit dem definiertem **Verstand**, meist Ajna genannt. Hier bringst du deine Ideen ein und entwickelst mentale Konzepte. Das offene Ajna hingegen kann sehr gut prüfen, ob diese Ideen und Konzepte Sinn machen. Im Stress-Modus des offenen Verstandes möchte man sich sicher sein und auch nach außen so wirken; man neigt dann dazu, an Vorstellungen festzuhalten. Die definierte **Kehle** kann sich normalerweise klar und präzise ausdrücken und jederzeit handeln. Die offene Kehle passt sich wiederum gut an Situationen und Kontexte an, sie versteht und spricht die Sprache des Gegenübers. Im Stress-Modus sucht sie Aufmerksamkeit, sie will gesehen werden, möchte etwas bewirken und redet viel. Mit einem definierten **Selbst** hast du eine irgendwie stabile Identität und ein Gefühl für deine innere Richtung, gibst eventuell auch anderen Orientierung. Das offene Selbst hat eine extrem gute Wahrnehmung von Orten – dieser Mensch sollte so viel wie möglich an Orten sein, wo er sich gut fühlt, andernfalls schaden die „falschen" Orte ihm mehr als jemandem mit definierten Selbst. Die Gabe der Offenheit ist hier, dass man sich sehr gut auf sein jeweiliges Gegenüber einstimmen kann, bissl wie ein Chamäleon. Im Stress-Modus sucht das offene Selbst krampfhaft nach Liebe und Richtung, statt offen zu bleiben und sich vom Leben führen zu lassen. Wie gesagt, das ist jetzt stark verkürzt, könnt ihr dennoch folgen?" fragte Sarah in die Runde.

„Ja, auf jeden Fall", antwortete Claudia direkt, „gerade das mit der offenen Kehle passt zu meinem kleinen Bruder." „Wie schön", freute sich Sarah, „es hilft immer sehr, wenn man ein Beispiel aus der Familie hat. Okay, dann weiter zum nächsten Zentrum, dem Ego- bzw. Willenskraftzentrum. Menschen mit definiertem **Ego** haben von ihrer Veranlagung her eine starke Durchsetzungskraft und ein eher selbstbewusstes, selbstbestimmtes Auftreten. Mit einem offenen Ego wiederum kannst du gut wahrnehmen, was andere beizutragen haben und welchen Wert etwas hat – wobei der Wert der eigenen Leistungen dem offenen Ego leider weniger bewusst ist, daher neigt es im Stress-Modus dazu, seinen Wert beweisen zu wollen."

„Das definierte **Emotional**zentrum ist mitreißend und wirkungsvoll", fuhr Sarah fort, "hier gibt es ein Auf und Ab der emotionalen Wellen und dadurch entsteht schließlich eine große Tiefe.Das offene Emotionalzentrum nimmt die Gefühle der anderen sehr stark wahr und kann sie oftmals nicht von den eigenen unterscheiden. Im Stress-Modus möchte es Harmonie um jeden Preis herstellen.

Während es dem definierten **Sakral**zentrum darum geht, seine eigene Lebenskraft zu entfalten, indem es auf das Leben reagiert, nimmt das offene Sakralzentrum wahr, wie es um die Energie, Lebensfreude und Schaffenskraft anderer steht. Im Stress-Modus weiß das offene Sakral nicht, wann es genug ist, übertreibt und überanstrengt sich. Nun zur Wurzel, unserem Antriebszentrum: Die definierte **Wurzel** ist im gesunden Zustand relativ resistent gegen Druck von außen und funktioniert am besten, wenn sie im eigenen Rhythmus agiert. Die offene Wurzel dagegen spürt äußeren Druck und den Stress anderer Menschen sehr intensiv und ist meist bestrebt, sich dem anzupassen. Im Stress-Modus versuchen Menschen mit offener Wurzel dann, alles schnell zu erledigen, nur um den Druck loszuwerden. Bleibt noch die Milz: Mit einer definierten **Milz** wirkt deine − von der Veranlagung meist recht stabile − körperliche Befindlichkeit wie eine gesunde Führung für dich und wirkt auch für andere stärkend. Eine offene Milz ist sehr feinfühlig, spürt auch physisch, wie es dem Anderen geht. Sie fühlt sich meist weniger sicher in der Welt, daher besteht die Gefahr, im Stress-Modus an Situationen und Menschen festzuhalten, die ihr nicht gut tun. Ich sage dann immer: „Du hast hier die Lizenz, Prinzessin oder Prinz auf der Erbse zu sein."

Sarah sah sich aufmerksam im Raum um. „So, das war die Kurzversion. Ihr könnt das, wenn ihr mögt, zuhause anhand eurer eigenen Charts mal reflektieren, im Skript findet ihr mehr Infos dazu, und morgen tauschen wir uns darüber aus."

Nach der Mittagspause ging Sarah noch einmal hinüber zur Beispielgrafik. „Lasst mich noch etwas zur Körpergrafik ergänzen, bevor wir mit den Aufstellungen starten, es sind ja vorhin noch ein paar Fragen aufgetaucht", sagte sie und schaute lächelnd hinüber zu den beiden Projektorinnen. „Wenn ihr euch die einzelnen Tore in der

Körpergrafik anschaut, könnt ihr erkennen, dass es neben der Unterscheidung zwischen bewusst (Persönlichkeit = schwarz) und unbewusst (Design = rot) noch weitere Unterschiede in der Art der Aktivierung gibt. Die aktivierten Tore in euren definierten Zentren wirken als eine Art "Adjektiv" zum Thema des Zentrums, man könnte sagen, sie färben die Wirkkraft des jeweiligen Energiezentrums mit ihren spezifischen Themen und Qualitäten ein. In offenen Zentren dagegen bezeichnet man sie als „schlafende Tore"; sie schlafen, solange sie nicht durch ein Gegenüber, also einen Menschen – oder auch durch einen Planetentransit – "geweckt" werden."

Sarah registrierte Claudias fragenden Gesichtsausdruck. „Okay, ein Beispiel: Matthias hat Tor 6 im offenen Emotionalzentrum aktiviert, Anne das gegenüberliegende Tor 59 im offenen Sakral. In der Begegnung zwischen ihnen schließt sich der Energiekanal und wird so zu einer elektromagnetischen Verbindung, die gerade in diesem Kanal, der mit Intimität, Nähe und Fruchtbarkeit zu tun hat, sehr spürbar ist. Gleichzeitig wird Annes offenes Sakralzentrum und Matthias offenes Emotionalzentrum definiert. Immer nur für die Dauer der Begegnung, versteht sich. Aus den Einzelberatungen kennen einige von euch diese elektromagnetischen, wenn wir uns das Komposit, also das gemeinsame Chart von zwei Menschen, ansehen."

Alle sahen Sarah erwartungsvoll an, doch sie schüttelte lächelnd den Kopf. „Ich weiß, das ist spannend", sagte sie, „nicht selten kommen Menschen direkt mit Beziehungsfragen in die Human-Design-Beratung. Doch auch hier gilt: es ist wichtig, erst einmal die Basics über sich selbst zu erfahren. Beziehungsweise bei Partnern, Familien usw. ist es optimal, zunächst zu verstehen, wie jeder einzeln tickt, und dann die gemeinsame Dynamik zu erkennen, auch das sogenannte Triggerpotential. Um mit der Zeit immer mehr Verständnis füreinander aufzubringen und neue Wege des Umgangs miteinander zu finden. So, dann starten wir jetzt mal mit den

Auftstellungen, damit ihr erst einmal ins Spüren eurer eigenen Energien kommt."

Am nächsten Tag in der Pause. „Sarah, darf ich dich mal etwas fragen?" Irritiert blickte Sarah, die noch kurz an ihrem PC etwas vorzubereiten hatte, auf. Michaela – natürlich. Trotz allem Wissen aus den letzten Kursen konnte sich die junge Projektorin noch nicht wirklich vorstellen, dass es nicht jeden freute, jederzeit angesprochen zu werden. Zumal Sarah ja klargestellt hatte, dass die Pausen wichtig für sie waren. Andererseits hatte Michaela diese entzückend aufmerksame Art, mit der sie es schaffte, Sarahs Unmut über die Störung direkt aufzulösen. Und schon fuhr sie fort: „Ja ich weiß, ich soll ja eigentlich warten, bis ich eingeladen oder angesprochen werde, und du hast ja gerade auch Pause... aber ich wollte schon immer wissen, wie du eigentlich zu dieser Arbeit gekommen bist. Kannst du dir vorstellen, uns mal deine Geschichte zu erzählen?" Sarah sah Michaela erstaunt an. „Ihr wollt meine Geschichte hören? Wozu? Es geht doch um euch, ihr seid die Hauptpersonen." „Ja aber es ist doch interessant, wie dein Weg ausgesehen hat", erwiderte Michaela, „ist dir das nicht klar?"

Mit ihrer scharfen Wahrnehmung hatte Michaela den Nagel auf den Kopf getroffen: es war Sarah keineswegs klar – sie kam ja gar nicht darauf, dass sich andere für ihr Leben und ihren Weg interessieren könnten. Gleichzeitig musste sie schmunzeln, typisch 2/4 – ihr Persönlichkeitsprofil.[3] Sie vergaß wirklich immer wieder, dass ihre Kursteilnehmer sich natürlich Gedanken über sie machten, sich austauschten über sie. Lustige Vorstellung.

„Na ja ...", Sarah dachte kurz nach. „Es gibt da etwas. Ich habe, angestoßen durch einen Rat aus der Geistigen Welt, neulich mal angefangen ein wenig aufzuschreiben." Sie zögerte. Einerseits widerstrebte ihr der Gedanke, ihre Suche und all die Irrwege

---

[3] wird in Kapitel 7 erläutert (Linien und Profile)

öffentlich zu machen, andererseits hatte sie selbst so sehr von Biografien und authentischen Erlebnisgeschichten profitiert. „Mein Weg durchs Feuer" (Irina Tweedy) hatte sie in alle Höhen und Tiefen mitgenommen, auch von den Erlebnissen Bernd Küsters, einem von ihr sehr geschätzten Heilpraktiker und Lehrer, so vieles gelernt, als hätte sie es selbst erlebt. War es dann nicht mehr als fair, auch das Ihre zu teilen? Andererseits hatte das Human Design sie deutlich gelehrt, dass eben gerade die „scheue Zwei" nicht alles teilen mag, weil sie ihre Geheimnisse braucht.

Sarah seufzte. „Liebste Michaela, gib mir ein bissl Zeit", bat sie schließlich. „Auch wenn ich eine spontane Milz-Manifestorin bin ... hier muss ich erst schauen, wie sich das innen so anfühlt, wenn ich ganz alleine bin, denn sonst spüre ich natürlich auch eure Bedürfnisse sehr stark." „Klar, Sarah, tausend Dank fürs Erwägen. Ich frage ja auch nur, weil ich es so kostbar finde, was du uns vermittelst. Da würde ich einfach gerne immer mehr wissen und hören."

Das war – wie immer – schwer für Sarah zu hören und anzunehmen. Eigentlich reichte es ihr, wenn es den anderen half. Aber gut, auch ihre Therapeutin und Freundin Elisabeth hatte ihr immer wieder empfohlen, sich mehr schätzen zu lernen – was für ein seltsamer Rat. Aber da Elisabeths Tipps meist wirklich gut waren, bemühte sich Sarah seitdem, nicht jedes freundliche Lob sofort abzuwürgen. „Ich melde mich, Michaela, versprochen", lächelte sie und wandte sich wieder dem Rechner zu. Jetzt waren erst einmal die Beziehungsanalysen der Teilnehmer dran, das würde besonders für Mia und ihren neuen Freund interessant werden, dachte Sarah und druckte deren gemeinsames Chart aus.

Sarah – ein Rückblick

Michaelas Idee ließ Sarah nicht mehr los. Schon auf dem Heimweg musste sie daran denken, wie sie sich gefühlt hatte, als sie zum Human Design kam. Was für eine Offenbarung das gewesen war – und gleichzeitig fast ein Bedauern, das alles nicht viel früher gewusst zu haben, sie hatte sich bis dahin doch lange Zeit so falsch gefühlt.

Kurz entschlossen bog sie auf die Landstraße nach Kisslegg ab. Wie gut sie diese Strecke kannte, jahrelang war sie manchmal jede Woche zu Elisabeth gefahren. Ein kurzer Blick auf die Uhr – ja, das war noch im Rahmen. Sarah griff nach dem Telefon in ihrer Handtasche, zögerte kurz, ob sie anhalten sollte, aber die Macht der Gewohnheit siegte und sie tippte die Kurzwahl für Elisabeth ein. Und – wie immer, wenn es richtig war, das hatte sie in all den Jahren immer wieder staunend beobachten dürfen – sie ging ran. „Maibach, hallo?" Gott, wie liebte sie diese Frau, die sie in ein neues Leben begleitet hatte, ein Leben, das endlich ihres war. „Hi Süße, ich bin`s, bescheuerte Idee, aber hast du vielleicht gerade Zeit? Und Lust auf einen Burger von Joes?" Elisabeth liebte Burger, das war ein guter Köder, aber Sarah war genauso klar, dass es nicht um den Burger ging. Er war nur eine nette Zutat. „Unbedingt, was für eine schöne Idee. Mit extra Chillis bitte, wie immer." „Bin in zwanzig Minuten bei dir", lächelte Sarah ins Telefon. Danke, danke, dachte sie. Das Leben war gut.

Das allerdings hatte Sarah früher nie gefühlt. Anstrengend war es, mühsam, verantwortungsvoll. Die Leichtigkeit, die ihr von außen immer alle bescheinigt hatten, war eigentlich nur eine Mischung aus Geschwindigkeit und Anstrengung, die aber natürlich niemand merken sollte. Ein Nein hatte es nicht gegeben in ihrem Leben, schließlich ging es ja immer – irgendwie. Was für eine Offenbarung, über ihr offenes Sakralzentrum zu lernen, und welchen Missbrauch sie über Jahrzehnte damit getrieben hatte! Gefüllt durch die Generator-Energie ihrer Eltern, Partner und Freunde war es immer Sarah gewesen, die „mal eben" aufsprang und Essen oder Getränke holte, schnell noch etwas erledigte – und dabei nicht mal spürte, wie erschöpft sie oft war. „Deine Energie möchte ich haben, du bist doch unkaputtbar", diese vermeintlichen Komplimente hatte Sarah oft gehört und gern genommen, auch wenn sie selbst ahnte, dass irgendetwas daran nicht ganz stimmte. „Ich habe auf Pump gelebt", dachte Sarah, „alles schnell-schnell erledigt in der Hoffnung, dass dann Zeit für mich bleibt. Aber Pustekuchen, die kommt nicht, außer man nimmt sie sich."

Geburtstage – da war es besonders deutlich gewesen. Vor allem die ersten, mit der Schwiegerfamilie dabei. Tagelang hatte sie eingekauft, gekocht, gebacken. Damit auch ja alles perfekt vorbereitet ist. Wenn dann alle da waren, war Sarah pausenlos beschäftigt gewesen mit bedienen, Kaffee einschenken, neuen kochen, Sahne nachschlagen. Keine Zeit für Gespräche, so schade - damals zum Beispiel, als Christoph kam, der Freund aus der Schulzeit. Aber für mehr als Bewirten hatte sie keine Ruhe gehabt. Später reden wir ... aber später war nie gekommen, denn nach dem Essen hat sie schon mal weggeräumt, und erst als alles fertig war, schaute sie hoffnungsvoll zu ihren Gästen ... jetzt plaudern wir. Doch genau dann waren sie aufgebrochen, der Abend vorbei.

Inzwischen war Sarah beim Burgerladen angekommen, die telefonisch aufgegebene Bestellung stand bereit. Zum Glück war es nicht weit zu Elisabeth, es ging doch nichts über heiße Burger. Nur noch klingeln und dem Genuss stand nichts mehr im Wege. „Du bist ein Schatz", begrüßte Elisabeth sie, „ich hatte so einen Hunger und wusste nicht, was ich essen will. Als du „Burger" sagtest, sprang mein Sakral bis zur Decke." Elisabeth war Generatorin, und das perfekte Vorbild für Geschichten über sakrale Autorität, die Sarah immer gern im Kurs verwandte. „Dann mal los", grinste Sarah und verteilte die Burger auf dem Couchtisch.

Eine genussvolle Viertelstunde später wandte sich Elisabeth ihr zu. „So, und nun raus damit: was hat dich Mittwochabends um halb neun auf die Straße zu mir gebracht?" „Michaela, meine Projektor-Klientin. Mit einer Frage, die mich irgendwie gepackt hat." Elisabeth sah sie erwartungsvoll an. „Sie wollte meine Geschichte hören, meinen Weg, wie ich zu allem gekommen bin." „Wunderbare Idee", lächelte Elisabeth. „Wie? Meinst du wirklich, ich soll das machen?" „Unbedingt, was glaubst du, wie gut dir das tun wird." „Mir? Ich dachte jetzt, du sagst, wie sehr das den Leuten helfen wird, auch mich mit den Herausforderungen umgehen zu sehen, weil sie ja dann wissen, was am Ende daraus geworden ist." Elisabeth seufzte. „Mausi, hast du denn gar nichts dazu gelernt? Natürlich wird auch ihnen das helfen. Aber nicht nur dafür wirst du es tun. Auch du brauchst das bitte schön. Um zu ehren, wie weit dein Weg war. Und wie mutig du ihn gegangen bist", lächelte sie in Erinnerung an alte Zeiten. „Als ich dich damals in dem Café habe sitzen sehen mit deiner Zitronenrolle und den Büchern … so ein besonderes Wesen, das war mein erster Gedanke. Und mein zweiter war sofort: meine Güte, was für eine Anspannung!" Auch Sarah musste lachen. „Oh mein Gott, erinnere mich nicht daran. Ich war Stress pur. Und dann auch noch diese Besessenheit, das bisschen Zeit, das ich hatte, effektiv zu nutzen, um möglichst sofort erleuchtet zu sein. Niedlich."

„Genau das meine ich. In Liebe auf dich schauen, nochmal die ganze Reise würdigen."

Es wurde ein langer Abend, wie meist, wenn sie zusammensaßen. Beide lebten allein und genossen ihre Unabhängigkeit – wenngleich Sarah den Verdacht hatte, dass Elisabeth sich schon hin und wieder nach einem Gefährten sehnte. Dass sie sich immer als Witwe bezeichnete, obwohl sie ihren Klaus nur zwei Jahre gekannt hatte und sie nie zusammen gelebt hatten, war schon ein bisschen seltsam. Vor allem, weil es mehr als zwanzig Jahre her war, dass Klaus überraschend einen Herzinfarkt gehabt hatte. Aber über diesen Teil ihres Lebens sprach Elisabeth nicht gern. Und sicherlich war es wahr, dass ihre Seminare sie erfüllten und dass die vielen Freunde, die es liebten, mit ihr zusammen zu sein, ein Gefühl von Einsamkeit nicht so schnell aufkommen ließen. „Tief innen drin bist du ein scheues Huhn", hatte Sarah ihrer Freundin mal gesagt und damit den Nagel auf den Kopf getroffen. „Ach weißt du, ich sehe Klaus da oben wieder, das reicht mir", hatte Elisabeth darauf erwidert, „was soll ich hier noch meinen inneren Frieden aufs Spiel setzen, mir geht's doch gut." Elisabeth gehörte zu den Menschen, die Anderen unendlich gute Hilfestellungen geben konnte, ohne dass sie selbst alles erlebt haben musste - sie machte ihrem Sonnentor 48, dem Tor der Tiefe, wirklich alle Ehre.

Sommer 1997. Sie war allein zu Hause. „Ein ganzes Wochenende nur für mich, endlich, das wird so gut", freute Sarah sich. Ihr Mann und ihr zehnjähriger Sohn waren zum Zelten gefahren, eine echte Männertour. Natürlich war es gestern später geworden - aus dem locker geplanten Aufbruch am Nachmittag war fast Abend geworden, und das Vollmundige: „Ach, die paar Sachen packen wir schnell nach der Arbeit in den Wagen" hatte natürlich nicht funktioniert. Ohne Sarahs Hilfe in letzter Sekunde säßen die beiden das Wochenende auf dem nackten Zeltboden ohne Gas für den Kocher und ohne Essen, das für den Campingkocher geeignet war. Und das alles für ein: „Mein Gott Mama, sei doch nicht so kompliziert!" von Robin und ein liebevoll-herablassendes „Mutterglucke – aber-danke" von Tom. Der natürlich eigentlich Thomas hieß, aber Tom war eben cooler, und je älter ihr Mann wurde, desto wichtiger war es ihm, lässig und cool zu sein. „Fehlt nur noch der Sportwagen", dachte Sarah, „dann wäre das Klischee komplett. Aber egal, dies ist mein Wochenende, sollen sie doch machen, was sie wollen." Schließlich hatte sie sich seit Wochen darauf gefreut, endlich mal Zeit für sich zu haben. Und dieses kostbare Geschenk immer wieder geistig hervorgeholt - nichts erledigen müssen, niemand versorgen, unvorstellbar wundervoll, nur Zeit für mich!

Na gut, gestern Abend war nichts mehr passiert außer Fernsehen, aber das war okay, schließlich war es spät und sie müde. Umso größer die Vorfreude heute, am Samstag. Und der Anfang war ja auch leicht: duschen, anziehen, frühstücken – mit ihrem Buch - herrlich, lesen, so lange sie mag... Doch nach wenigen Minuten stand Sarah auf. „Die Fenster, die hätten es echt mal nötig, da komme ich ja sonst nie zu", dachte sie, rief sich aber direkt wieder zur Ordnung: „Meine Güte, bist du bescheuert? Das ist dein Wochenende, das kann doch nicht so schwer sein, endlich mal wieder nur zu tun, wozu du Lust hast. Lächerlich. Jetzt überleg doch mal, wozu du Lust hast." Aber ihr fiel nichts ein. „Wenigstens mal in den Buchladen könnte ich gehen, da war ich ewig nicht", schoss es ihr durch den Kopf. Wunderbar, ein Plan, das war tausendmal besser als hier herumzusitzen und nichts zu tun. Im Handumdrehen war sie fertig angezogen und los ging's.

Bei Johansens angekommen genoss Sarah den vertrauten Geruch der vielen Bücher; daran hatte sich seit ihrer Kindheit nichts geändert, sie liebte Bücher. Viele Jahre waren sie ihre Zuflucht gewesen. Sie spürte ein zartes Kribbeln in der Brust, eine lange nicht gefühlte Heiterkeit. „Plötzlich glücklich", dachte sie und staunte über ihren Gedanken. Es war, als würden sich ihre Zellen für diesen Moment an einen anderen Zustand erinnern, an die echte Sarah, so, wie sie eigentlich war. Entspannt wie lange nicht schlenderte sie an den Regalen entlang, sammelte mehrere Bücher schon einmal an der

Kasse und kam schließlich zu der neu eingerichteten „Eso-Ecke". „Was für ein bescheuerter Name", dachte sie, blieb aber dennoch stehen. „Reiki – dein Weg zu dir selbst" fiel ihr ins Auge. Selbstheilung, Handauflegen, eigentlich mochte sie diese Begriffe nicht besonders, vor allem, weil Ute neulich beim Klassentreffen davon geschwafelt hatte, wie sie nun „Heilerin" für eine bessere Welt sei. So ein Blödsinn, Ute war schon immer merkwürdig gewesen – erst mit ihrer radikalen Antihaltung gegen jeden Konsum, oh Gott, diese selbstgehäkelten Pullis immer – und jetzt dann also Heilerin. Aber das Buch sah eigentlich ganz okay aus, war sogar von einer Ärztin mit herausgegeben. Sarah legte es zu den anderen, warum eigentlich nicht.

Angeregt durch den Einkauf ging Sarah weiter durch die Fußgängerzone hinüber zu Café Martens. „Perfekt, ich kann's ja doch noch mit dem Genießen", grinste sie zufrieden, setzte sich an einen Tisch und bestellte sich eine Zitronenrolle und Kaffee. Gerade als sie ihre Bücher vor sich ausbreiten und sich für eines entscheiden wollte, fragte eine weibliche Stimme: „Ist hier noch frei?" In Sekundenschnelle krampfte sich Sarahs Magen zusammen. „Nein!" wollte sie schreien, „setz dich woanders hin, ich will allein sein" - aber so etwas tat man ja nicht. Und während sie angestrengt überlegte, was sie antworten könnte, hörte sie sich schon sagen: „Aber natürlich, gerne." „Blöde, blöde Kuh, ja gerne", fauchte sie sich selbst in Gedanken an. Warum konnte sie nur nie Nein sagen, einfach ein „Tut mir leid, ich wäre gern ein bisschen alleine, würde es Ihnen etwas ausmachen, sich an den Nachbartisch zu setzen", das dürfte doch nicht so schwer sein. Aber nein, Sarah war brav, immer schon gewesen. Sie arrangierte sich. So sehr, dass es ihr meist gar nicht mehr auffiel. Dieses Aufflackern des Zorns eben, das hatte sie lange nicht mehr gespürt, so geübt war sie, sich sofort auf die Bedürfnisse der anderen einzustellen.

„Ach, du bist immer so schön flexibel", hörte sie dann von Freundinnen, die im gleichen Atemzug meinten: „Ich hätte ja keine Lust dazu, immer zurückzustecken." „Na ja", dachte Sarah, „zum Zurückstecken müsste man ja wissen, was man will. Ich hab meist keine Ahnung, und wenn ich mal was möchte, passt das eh nicht. Also ist es einfacher, zu machen was die anderen wollen. Ist ja meist auch ganz okay. Obwohl... ganz schön arm eigentlich - wessen Leben lebe ich denn dann? Und wie sähe mein wirklich eigenes Leben wohl aus?"

Sarah unterbrach sich selbst. Wohin sollten solche Gedanken auch führen? Sie hatte ihre Familie, ihre Arbeit, wann sollte sie sich denn dann noch „ausleben". So viele Stunden hat ja kein Tag, dachte sie und griff nach ihrer Tasche, um aufzustehen.

„Habe ich Sie jetzt vertrieben, junge Frau?" fragte die ältere Dame. Eigentlich wollte Sarah schon verneinend den Kopf schütteln und so tun, als hätte sie eh losgemusst. Aber irgendetwas an der Frau ihr gegenüber ließ sie innehalten. Bisher hatte sie sie noch gar nicht wirklich wahrgenommen. Eine ungewöhnliche Erscheinung war sie, irgendwie anders. Wodurch genau dieser Eindruck entstand, konnte Sarah gar nicht sagen, äußerlich war sie recht normal: gut gekleidet, ein beiger Trenchcoat, ein grünes Seidentuch und ein flotter kinnlanger pfiffige-ältere-Dame-Haarschnitt. Vielleicht waren es ihre Augen, sehr blau, sehr klar. Sehr durchdringend, ohne kalt zu sein. Faszinierende Augen irgendwie. Sarah fühlte sich durchschaut, aber ohne ein Urteil zu spüren, da war nur ehrliches Interesse an ihr. Wirklich an ihr. Sarah räusperte sich, ließ sich noch einmal in den Stuhl sinken und schaute ihr Gegenüber an. „Ehrlich gesagt übe ich gerade, eine gute Zeit mit mir zu haben. Und wollte endlich mal alleine im Café sitzen und meine Bücher lesen. Na ja, und dann ...", sie brach ab. „Dann kommt so eine aufdringliche alte Schachtel und setzt sich dazu", vervollständigte die Dame ihren Satz lächelnd. „Wie wunderbar, dass Sie diese Reise beginnen. Nichts auf der Welt ist so lohnend wie zu sich selbst zu finden."

Immer noch 1997, später im Jahr. Sarah schnaubte. Enjoy the ride? Genieße die Fahrt? Auf dem Fahrrad vielleicht, das macht wenigstens, was ich sage, und fährt, wohin ich lenke. Was dachte sich dieser Typ eigentlich? Schließlich ging sie zu diesem Therapeuten, damit er ihr half, wieder klarzukommen in der Firma. (Dieses grauenvolle Gefühl der Sinnlosigkeit loszuwerden, das ihr den Boden unter den Füssen wegzog, sie verschlang, ohne dass es ein Bewusstsein gab, jemals wieder sie selbst zu sein. Doch das behielt sie für sich.)

Sarah liebte Kontrolle. Also etwas unter Kontrolle zu haben. Nicht etwa kontrolliert zu werden, das rief intensivste Abwehr in ihr hervor. Ein klares Ausbrechen und ein inneres Nein. Und irgendwie wagte es ja auch niemand, zu versuchen, ihr seinen Willen so direkt aufzudrängen. Manchmal ahnte sie, dass sie dennoch öfter kontrolliert wurde, als sie es mitbekam, denn kaum, dass jemand ihre Hilfe brauchte oder anscheinend etwas nicht allein konnte, war sie zur Stelle. Weil – das war ja freiwillig. Vermeintlich. Und wieder einmal spürte sie, wie sie eigentlich gar nicht weiter darüber nachdenken wollte.

„Sarah, wo sind Sie gerade?" unterbrach Sebastian Wagner ihre Gedankengänge. „Wie wollen Sie je an einem guten Ort ankommen, wenn Sie nicht bereit sind, auch mal loszulassen?" Sarah verdrehte die Augen - unsichtbar natürlich, nach außen hin sah niemand, was sie wirklich dachte, darauf war sie immer schon stolz gewesen. „Loslassen, das ist doch nur so ein Trendwort", antwortete sie. „Ganz ehrlich – wenn ich nicht für die Dinge sorge, passiert doch nichts. Zum Beispiel der Ausflug meines Mannes mit unserem Sohn vor ein paar Wochen, das ist doch das beste Beispiel. Nichts hatte er vorgeplant, keinen Zeltplatz gebucht, den Kocher vergessen, den ich ihm rausgestellt habe, so dass es nur kalte Dosengerichte gab. Robin war total erkältet danach, weil der Schlafsack nass geworden war, und was glauben Sie, wer durfte dann mit ihm zum Arzt und sich um alles kümmern?" Sarah schäumte vor Wut bei der Erinnerung. „Versuchen Sie doch mal, all diese Dinge dann beim anderen zu lassen. Das Leben ist ein prima Lehrer, Sie müssen sich nicht immer dazwischen werfen und alles abfedern", versuchte der Therapeut ihr zu vermitteln. Doch da war schon der Blick auf die Uhr (Sarah war die einzige seiner Klientinnen, die von sich aus die Zeit im Auge behielt, sie wollte schließlich nicht lästig werden. Niemandem die Energie rauben – schließlich kannte sie das anstrengende Gefühl von so etwas ja selbst nur zu gut). „Dann bis zum nächsten Mal", sagte er freundlich. Sarah wand sich. „Ähm, also es tut mir leid, ich bin in den nächsten Wochen einfach so eingespannt, da klappt das nicht", platzte sie schließlich heraus. „Die Rechnung schicken Sie mir ja wie immer, danke für alles", und weg war sie.

Im Auto angekommen brachen die Tränen hervor. „Du dumme Kuh", beschimpfte sie sich selbst, „reiß dich zusammen." Doch das half nicht. Natürlich war sie an allem selber schuld, das müsste sie doch besser können, bei so vielen psychologischen Ratgebern, die sie schon studiert hatte. Aber der Schmerz war gerade einfach überwältigend. Sarah schluchzte. „Ich bin einfach immer so alleine. Mich kann keiner aushalten", dachte sie in einer Anwandlung von Verzweiflung.

Wochen vergingen wie in einer Art Trance.

„Du bist gar nicht richtig da", beschwerte sich Sarahs Mutter in einer Mischung aus echter mütterlicher Besorgnis und einer Portion Eigeninteresse, waren doch die wöchentlichen Besuche der Tochter mit Cafébesuch und Shopping immer ein Highlight ihrer Woche. Sie war, wie alle, gewohnt, dass Sarah präsent war, aufmerksam, lächelnd, fürsorglich, gut drauf halt.

„Ninchen...", (so nannte Mama sie in den liebevollen Momenten, weil sie mit vier Jahren mal davon überzeugt gewesen war, ein Kaninchen werden zu können, wenn sie groß wäre), „du gefällst mir heute gar nicht. Was ist denn los?" Für sie selbst völlig überraschend brach Sarah in Tränen aus. „Ich weiß nicht mehr, wer ich eigentlich bin oder was ich eigentlich will", entfuhr es ihr. Auch wenn sie eigentlich wusste, dass dies die falsche Adresse war – meist wechselte Mama noch mitten in ihren Sätzen über ihr eigenes Befinden das Thema und erzählte von ihren Cousinen oder von einer Nachbarin.

Doch diesmal nichts derlei. Nur ein liebevoller Blick ihrer Mutter, begleitet von den Worten: „Das kenne ich. So habe ich mich damals gefühlt, als ich schließlich in die Abendschule gewechselt bin." Sarah blickte ihre Mutter erstaunt an. „Da war ich zwölf, dann musst du..." „Ich war schon über Vierzig", ergänzte ihre Mutter, „damals war Midlife Crisis ja noch kein Begriff, aber später habe ich dann gedacht, genau das war es vielleicht." „Spannend", entgegnete Sarah und dachte an ihre astrologische Beratung kürzlich, in der die Rede von der Uranus-Opposition, war, die bei ihr gerade stattfand – eine Zeit, in der vieles überprüft wird, und was nicht stimmt, im besten Fall freiwillig verändert oder eben vom Leben auf den Kopf gestellt wird.

Und mit einmal schoss ganz viel Energie durch sie hindurch. „Das ist es, danke Mama, du weißt gar nicht, wie sehr du mir gerade geholfen hast." Ihre Mutter sah seltsam berührt und gleichzeitig verwirrt aus. „Wie meinst du das, ich hab doch gar nichts weiter gesagt?" „Doch, du hast mir den Schlüssel gegeben. Ich hab das doch theoretisch alles gehört, aber bin überhaupt nicht darauf gekommen, dass diese Sinn-Suche, die mich gerade wahnsinnig macht, vielleicht sogar etwas Gutes und Richtiges ist. Vielleicht sollte ich ja gerade in dieser Phase alles nochmal neu überdenken."

„Aber du bist doch glücklich in der Kanzlei, du kommst doch prima voran und deine Kollegen mögen dich doch so", wandte ihre Mutter ein, die immer bestens über Sarahs berufliche Situation im Bilde war, denn sie war mit der Sekretärin von Sarahs Chef befreundet. Und wer in der Pause das Goldene Blatt liest, lässt natürlich keine noch so kleine Information ungenutzt, darüber war sich Sarah klar. „Ja, aber genau darum geht's doch. Neu gucken." Sarah fühlte sich auf einmal viel klarer, innerlich stärker. „Mama, ich muss jetzt, danke dir sehr", sagte sie im Aufstehen, küsste ihre verblüffte Mutter herzlich auf die Wange und zog sich im Gehen den Mantel an.

An der Tür blieb Sarah dann noch einmal stehen und drehte sich um. „Sorry, Ma, ich Esel, jetzt hab ich doch gar nicht zu Ende gehört. Warum bist du damals eigentlich aus dem Gymnasium weg und an die Abendrealschule?" Doch schon beim Fragen merkte sie, dass der Moment vorüber war – ihre Mutter hatte schon den Fernseher angeschaltet und die Titelmusik von „In aller Freundschaft" lief. Dennoch kam mit halber Aufmerksamkeit noch eine Antwort: „Ach, mit den Kollegen passte es nicht mehr und ich wollte ja auch mittags da sein, wenn du aus der Schule kamst." „Tut mir leid, Mama, ich würde die ganze Geschichte total gern hören, vielleicht ein anderes Mal?" bat Sarah und hätte sich innerlich in den Hintern treten können – da redet sie endlich einmal und ich höre nicht zu. Aber andererseits wollte sie ja milder mit sich werden, und der eigene Erkenntnissprung hatte wahrlich ihre Aufmerksamkeit verdient. Und mit Mama würde es sicher andere Momente geben. Besser dankbar sein. „Also nochmal danke, Mama, und: ich hab dich lieb." So ein Ausspruch war selten bei ihnen, fast unanständig kam sie sich vor. So was sagte man eigentlich nicht bei den Habecks. „Aber vielleicht darf ich mich ja auch davon befreien", dachte Sarah schmunzelnd, „und sein, wie ich bin, einfach so."

Was danach kam, war eine echte Wandlungszeit gewesen. Sarah hatte ein paar „alternative" Methoden ausprobiert – eine Reiki-Behandlung und Massagen, sogar an einer schamanischen Schwitzhütte teilgenommen (ihr gruselte noch bei der Erinnerung an den fetten Olaf, der wohl gemeint hatte, Schwitzhütte wäre ein Tantra-Code für schleim-dich-an-mich-ran) und einige andere mal gute, mal groteske Erlebnisse. Doch nichts davon war wirklich „ihres", auch wenn sie danach jedes Mal ein wenig klarer war. „Na wissen, was ich *nicht* will, ist ja auch schon gut", schmunzelte sie.

Und dann war sie beim Einkaufen in Elisabeth Maibach gestolpert. Im wahrsten Sinne des Wortes. Beide hatten sich wohl im gleichen Moment umgedreht und standen plötzlich voreinander. „Sie kenne ich doch", kam es gleichzeitig aus zwei Mündern und hatte sie beide zum Lachen gebracht. Und zu einem Kaffee und noch einem. Als Sarah hörte, dass Elisabeth sogenannte energetische Beratungen anbot, hatte sie ohne Zögern gefragt, ob das wohl etwas für sie wäre. Nie würde sie die so behutsame Antwort ihrer späteren Freundin vergessen: „Nun ja, ich glaube, du wirst einmal vielen Menschen sehr behilflich sein. Da wäre es doch schön, wenn du vorher ein wenig Aufmerksamkeit für dich selbst in Anspruch nehmen würdest." Wie wertschätzend das geklungen hatte, auch wenn Sarah sich damals noch nicht vorstellen konnte, was Elisabeth damit meinte.

Am Anfang war sie jede Woche hingegangen, später dann alle zwei. Hatte gelernt, sich diese Zeit zu erlauben, und mit den Monaten war es ein geliebtes Ritual geworden. Balsam für Wunden, von denen sie gar nichts gewusst hatte. Elisabeth hatte sie auch begleitet, als klar wurde, dass ihre Ehe zu Ende ging, hatte ihr Mut gemacht und Beistand in Fragen der Erziehung ihres Sohnes sowie beim Aufbau ihrer Praxis geleistet.

Sarah erinnerte sich an eine Situation, als Elisabeth sie eingeladen hatte, sich an ihre Kindheit zu erinnern. Es war irgendwie mühsam, lange war ihr nichts eingefallen, doch dann kam ein Bild auf: Sarah stand am Rand des Schulhofs und schaute den anderen beim Spielen zu. Das war ganz angenehm, solange man sie in Ruhe ließ, was meistens der Fall war. Leider schien gerade die nervigste ihrer Klassenkameradinnen, Janine, nicht mitzubekommen, dass Sarah alleine sein wollte – sobald sie sie entdeckte, kam sie und begann, Sarah mit ihren bescheuerten Fragen zu löchern. „Janine ist wirklich komplett schmerzbefreit", meinte sie am Tag darauf zu ihrer einzigen Freundin Susanne, „die rafft einfach nicht, dass ich mit allem, was geht, signalisiere, dass ich keinen Bock habe, ihr zuzuhören." „Naja", meinte Susanne schulterzuckend, „vielleicht reicht ihr dein Signal nicht, sag´s ihr doch einfach." Davor scheute Sarah seltsamerweise zurück. So sehr sie ihre Ruhe haben wollte, so wenig mochte sie andere verletzen. Eine Mischung, die ihr Leben nicht unbedingt leichter machte.

„Warum warst du auch nicht da", grinste sie, „dann wäre mir das erspart geblieben." Doch Susanne fehlte häufig, irgendetwas mit ihrem Rücken, da musste sie oft zur Therapie. Mit Susanne war es leicht, sie verstand sie, sie nervten einander nicht und beide konnten meist kaum den Nachmittag erwarten, um sich zu verabreden. Oft ging Sarah einfach mit, wenn Susanne ihre Physiotherapiestunden hatte. „Du bist der einzige Mensch, den ich aushalten kann", sagte Sarah einmal, plötzlich von Gefühl erfüllt, zu Susanne. „Alle anderen brauch ich wirklich nicht." Susanne knuffte Sarah liebevoll in die Seite. „Dito", erwiderte sie. Doch beiden war klar, dass es anders war. Susanne hatte vier Geschwister, dazu noch unzählige Cousinen und Kindergartenfreunde. Warum sie sich gerade die Außenseiterin Sarah als Freundin ausgesucht hatte, verstand von denen ohnehin niemand. Nur das erzählte sie Sarah nicht.

„Das kann nicht sein!" Sarah hatte ihre Tränen nur mit Mühe unterdrücken können. „Ihr könnt doch nicht einfach wegziehen?" Sie war fassungslos. Auch Susanne kämpfte mit ihren Gefühlen. „Wir besuchen uns, bestimmt." Susannes Eltern hatten das Weingut ihrer

Eltern übernommen und würden schon in zwei Wochen nach Frankreich umsiedeln.

Sarah schaute von ihrem PC hoch – ja, das war eine wirklich harte Zeit gewesen damals. Zum ersten Mal verspürte sie Mitgefühl mit dem Mädchen, das sie gewesen war. Arme kleine Sarah. Da hatte sie sich mal geöffnet für eine Freundin – und verlor sie. Die Zeit danach war irgendwie diffus in ihrer Erinnerung, irgendwie hatte sie sich mit der Schule abgelenkt, war wirklich gut geworden.

„Ich glaube, im Jahr darauf schon habe ich mit Karate angefangen", dachte sie. Ja genau, das war ein wahrer Wendepunkt in ihrem Leben gewesen. Inspiriert durch ihren Lieblingshelden Kwai Chang Caine aus der Serie Kung Fu, den immer souveränen und gerechten Mönch, wollte Sarah nichts lieber als genau so sein. Und da es in ihrem Dorf natürlich keine Kung-Fu-Schule gab, hatte sie zunächst mit Karate vorlieb genommen. Aber auch dafür hatte sie dreimal die Woche je eineinhalb Stunden mit dem Bus fahren müssen. Gott, war das ein Kampf mit den Eltern gewesen. Ein Mädchen – und so ein brutaler Sport! Die Erklärung, dass es eben um körperliche und geistige Beherrschung ging, hörte niemand. Aber – und darauf war Sarah selbst heute noch stolz – sie hatte sich durchgesetzt. Einen Deal vorgeschlagen (schließlich kannte sie ihre Eltern und wusste, was ihnen wichtig war). Sie hatte versprochen, dass die Schule nicht leiden würde und dass sie, ohne zu murren, Weihnachten mit zur Vater-Oma kommen würde (die sie nicht ausstehen konnte, da diese die Angewohnheit hatte, Sarah in die Wangen zu kneifen und zu fragen, ob sie denn auch ein braves Mädchen sei. Am liebsten hätte Sarah jedes Mal die Hand weggeschlagen und wäre gegangen). Dafür würde ihr niemand beim Sport reinreden. Vor allem kein: „Ach Kind, das ist doch viel zu viel, und viel zu anstrengend für dich." Wenn die wüssten. „Euer Gelaber, das sei zu anstrengend, statt mich einfach nur in Ruhe zu lassen...", dachte sie und ließ manche Szene Revue passieren. Spannend, wie lebendig die Erinnerungen hochkamen.

Was als therapeutische Übung von Elisabeth begonnen hatte, war inzwischen zu einem Selbstläufer geworden. „Wahnsinn, ich arbeite mit Elisabeth erst ein paar Jahre, und doch fühlt es sich an wie in einem anderen Leben." Damals hatte Sarah gerade angefangen, sich überhaupt als Person wahrzunehmen. Was natürlich absurd klang, aber irgendwie auch stimmte. Denn rückblickend sah sie, dass sie sich immer so anders gefühlt hatte, dass das Gefühl, falsch zu sein, alles dominierte. Schrecklich ... zu leben, ohne bei sich zu sein, ohne das Gefühl, ein Anrecht zu haben auf die eigenen Bedürfnisse und Wünsche. Sofort mischte sich ihr Denken ein: „Das kannst du doch so nicht schreiben, das klingt ja, als hättest du dich aufgeopfert, das stimmt doch nicht, du hattest es doch gut." Sarah schmunzelte, sie kannte diese Stimme schon gut. Mittlerweile waren sie fast Freunde geworden, da sie der Stimme zwar zuhörte, ihr aber nicht mehr automatisch glaubte. „Ja, da hast du recht. Von außen gesehen war mein Leben fein. Eltern, die mich liebhatten, genug Geld für alles da, sogar ein eigenes Haus und eine Katze."

Aber eben auch Streit, viel Streit der Eltern. Der Vater, der zu viel trank, die Mutter mit Depressionen. Eltern, die am besten mit Hilfe ihrer Tochter kommunizierten. Am Anfang hatte es Sarah stolz gemacht, dass die Eltern sie um Rat fragten, um Vermittlung bei Streit baten. Doch mit der Zeit hatte sie die Belastung immer mehr gespürt. Und dank Elisabeth natürlich inzwischen zu erkennen gelernt, dass das für ein Kind nicht gesund war, die Vertraute der Eltern zu sein. Künstlich erhöht ohne jeden echten Rückhalt. Es hatte viele Sitzungen gebraucht, bis Sarah überhaupt ihre Verletztheit spüren konnte; und noch viele weitere, bis sie ihren Schmerz und Zorn zulassen konnte. Systemische Familienaufstellungen, um Ordnung zu finden für diese Liebe und freier zu werden für ihren eigenen Weg. „Wenn ich das alles nur vorher gewusst hätte...", dachte sie manchmal, aber auch hier kommentierte eine innere Stimme sofort: „... hättest du es dennoch getan, du konntest ja gar nicht anders." (Stimmt. Sarah hat Kanal 54-32, und Tor 54 in der 4.

Linie, da geht es um das Thema Hingabe. Um das „sich-weiterentwickeln".) Aber dieses Wissen würde erst später kommen.

Sarah setzte sich mit einer Tasse Tee in ihren Lieblingssessel und schaute zum Fenster hinaus in die Natur. Nahtlos gingen ihre Erinnerungen nun in eine andere Lebensphase über. Da war die Beziehung mit Christian. Kennengelernt hatten sie sich in einem Lomi-Lomi-Massagekurs 2001. Sarah hatte sich dort angemeldet, weil sie ein weiteres Standbein für ihre Praxis haben wollte. Und er, weil ihn das kräftezehrende reine Massieren in seinem Beruf nicht mehr erfüllte, er suchte noch etwas anderes. Eigentlich hätte er am liebsten einen Tantra-Massagekurs besucht, hatte sich aber nicht getraut - zu fremd schien ihm diese Form. Lomi Lomi klang ausreichend harmlos und versprach doch eine Menge.

Sie waren Paar Nummer drei und blieben es, auch wenn an dem Wochenende eigentlich nach jeder Session die Partner gewechselt werden sollten. Sarah war von den ersten Berührungen an hingerissen. So lebendig, prickelnd, lustvoll hatte sich ihr Körper seit Jahren nicht mehr angefühlt. Es war wie damals nach dem Abi mit Sebastian am Anfang ihrer Beziehung.

Und Christian war so charmant. Wenn es Liebe auf den ersten Blick (oder besser auf die erste Berührung) gab – so musste sie sich anfühlen. (Er hat Tor 46, siehe Kapitel Tore). Als sie nach zwei Stunden Ekstase ihre Positionen tauschten, war Sarah so erfüllt, dass sie gar nicht klar denken konnte. Fast wie in Trance begann sie, seinen Rücken mit Öl einzureiben und ließ sich führen. Von den am Vormittag gelernten Griffen der Methode nutzte sie nur wenig, irgendwie schien es von selbst klar zu sein, wohin die nächste Bewegung sie führen würde. Und sie hatten Glück, die Leiterin schien sie beide gar nicht wahrzunehmen und verbrachte die Zeit korrigierend und erklärend bei den anderen Teilnehmern.

„Unglaublich", murmelte Christian genussvoll, „woher weißt du denn, wo und wie ich am liebsten massiert werde? Das ist wirklich ein dream-come-true, du massierst wie ich." Sarah lachte. „Keine Ahnung, es fühlt sich einfach richtig an, es so und nicht anders zu tun." (Kanal 19-49 trägt eine besondere Gabe des feinen Berührens und Kanal 57-20 eine sehr feinfühlige Intuition.)

Von da an waren sie zusammen. Zumindest dachte Sarah das. Denn wie sonst sollte sie sich erklären, dass er jeden Tag vorbeikam und Zeit mit ihr verbringen wollte. Ihr kaum, dass er aus dem Haus war, Nachrichten und Mails schickte und voller Begeisterung über die Begegnung mit ihr und ihre Wirkung auf ihn schrieb. (Er ist offensichtlich ein angesprungener Manifestierender Generator).

Sarah träumte von einem gemeinsamen Leben und Arbeiten. (Sarahs Tor 30, das Tor der Sehnsucht, leistete ganze Arbeit.) Und tatsächlich begannen sie bald – als wäre es unausweichlich – sich zusammen zu tun, und gemeinsam zu arbeiten. Sie hatte so viel dafür getan, nahm so vieles hin, glich so vieles aus – denn mit der Zeit wurde klar, dass er sich vieler Zusammenhänge in der Arbeit mit Menschen gar nicht bewusst war. Mal waren sie sich ganz nah und wie verschmolzen, dann war er wieder weit weg, hungrig nach Erfahrung, suchend. Und Sarah glaubte immer, sie müsse sich einfach noch mehr anstrengen, um richtig für ihn zu sein.

Sarah schüttelte beim Schreiben den Kopf, rückblickend voller Mitgefühl mit diesen beiden so verletzten Menschen. Mit sich selbst, all ihrem Sehnen und ihrer Bereitschaft, so viel zu geben und sich so sehr anzustrengen, anstatt sich selbst zu lieben und wertzuschätzen. Und auch mit ihm, dem so traumatisierten Einwandererkind (seine Eltern waren mit ihm aus Rumänien nach Deutschland gekommen, da ihre Vorfahren deutsche Wurzeln hatten), der so viel Gewalt und Missbrauch erlebt hatte. Beziehungsfähig waren sie letztendlich beide nicht gewesen, das sah sie jetzt.

Ihre Geschichte war noch jahrelang weitergegangen, es war sogar immer näher und intimer zwischen ihnen geworden, denn nach jeder Trennung ging es ein Stück tiefer, tat aber somit auch wieder noch mehr weh. Er berührte sie, tief innen, erreichte sie. Und sie gab ihm Halt, Sicherheit, gab Heilung. Bot eine Basis, damit er mit ihr gemeinsam die Traumata der Kindheit aufarbeiten konnte und sich auch physisch erholte. Dass Beziehung und Therapie nicht gut zusammenpassen, hatte sie zwar theoretisch gewusst, aber ignoriert.

Dann war Christian bei ihr eingezogen, was es nicht leichter machte. „Wahrscheinlich konnten wir nur so die ganzen alten Verletzungen ans Tageslicht holen", dachte Sarah in Erinnerung an diese Zeit. Und ein Entwicklungsbeschleuniger war diese Verbindung in der Tat gewesen. Was hatte sie sich an Hilfe geholt (sie – Hilfe? Auch das hatte sie damals lernen müssen). Denn wenn es ihr nicht gut ging, war er eben gerade nicht da. Warf sie mit einem „du machst das schon" auf sich selbst zurück oder ging wortlos weg. (Hier zeigte sich sein Kanal 34-10 in der eher angespannten Form – er schaut auf seines, ohne den anderen zu berücksichtigen.) Erst viel später hatte sie verstanden, dass in solchen Momenten sein Kindheitstrauma wieder aktiviert wurde.

Und wie viel sie über sich selbst gelernt hatte im Ringen um und mit diesem so besonderen Mann, der gleichzeitig so hingegeben einfühlsam und so abgewandt kühl sein konnte. Da gab es andere Frauen, er war dann hin und weg – meist nur für eine Nacht und höchstens für ein paar Wochen – und auch hier verstand er nicht, was Sarah denn wollte. Es habe doch nichts mit ihr zu tun. Er wolle Erfahrungen machen, weiter nichts. (Christian hat Kanal 36-35, den Kanal der Krise und des himmelhochjauchzend-begeistert-für-etwas-sein, und dann zu Tode betrübt am anderen Ende der Welle, der oft mit vielfältigen sexuellen Erfahrungen einher geht. Für eine Ehe nicht so einfach; Ra gab den Rat, dass es dann besser „sehr offen" gehalten sein möge[4]).

Für die Sarah von damals hatte es immer nur bedeutet, dass sie nicht richtig, nicht gut genug war, was für ein Schmerz (offenes Selbst, offene Emotionen, offene Wurzel, offenes Ego - sie kannte wahrlich ihren Wert nicht).

---

[4] Wichtig: das kann der Fall sein, muss es aber nicht!

Arme Sarah, dachte sie zu ihrem jüngeren Selbst gewandt. So blind und rührend zugleich, und so wenig Liebe zu dir selbst. Na ja, am Ende war es ihr ja gelungen. Das letzte gemeinsame Jahr war gut gewesen für Sarah, da sie immer selbstbewusster wurde und immer klarere Haltungen für sich fand. „Beinahe, als hätte ich von seinem Kanal 10-34 gelernt", schmunzelte sie im Rückblick. Anfangs hatte sie natürlich das Human Design System noch nicht gekannt. „Na ja, dann wäre ich aber auch so viel klüger gewesen, wer weiß, ob ich das alles so lange mitgemacht hätte."

Als sie sich dann endgültig getrennt hatte, war es gut. Richtig. schmerzhaft, aber abgeschlossen, als hätten sie beide alle Runden dieser gemeinsamen Lektion nun erfüllt. Sie sei der wichtigste Mensch in seinem Leben, sie habe ihn gerettet, einen neuen Weg gezeigt. Er habe so viel von ihr gelernt und werde auf immer dankbar sein. Diese Worte, so lange ersehnt, hatte sie am Ende oft gehört. Sarah begann zu verstehen, dass Christians Suche wirklich nichts mit ihr zu tun hatte. Einmal hatte er ihr erklärt: „Das ist absurd, dass du immer glaubst, du müsstest besser werden, noch perfekter. Du bist doch schon so viel weiter als ich. Ich brauche all diese Erlebnisse, du nicht." Ja, damit hatte er recht gehabt – und dennoch hatte sie all das gebraucht. Um sich selbst sehen zu lernen. Um sich so wichtig zu sein, wie es der andere immer gewesen war. Und auch, um ihre so besondere Kraft zu verstehen.

„Learning to love yourself is the greatest love of all", ging es ihr durch den Kopf. Sarah lächelte, die gute alte Whitney, hätte ich ja auch früher verstehen können. (Er mit Tor 46, sie mit der 29 gegenüber, dieser Kanal bringt die Fähigkeit, aufs Ganze zu gehen in einer Erfahrung, sich komplett einzulassen – sofern es dieses sakrale, stimmige Ja gegeben hat – und dann möglicherweise etwas zu schaffen, woran andere scheitern würden. Durchzuhalten um jeden Preis und möglicherweise dann am Ende das Glück zu finden.) Und wenn sie ehrlich war, sie hatte das Glück gefunden. Nur eben nicht mit ihm, sondern mit sich, was sie niemals für möglich gehalten hätte. „Freiwillig hätte ich diese Reise zu mir nie begonnen", dachte Sarah kopfschüttelnd.

Juni 2005. „Nun komm doch mit", hatte Elisabeth ihr geraten, „ich glaube wirklich, das tut uns beiden gut." „Human Design, das ist doch wieder so eine neue Heilslehre, das nervt mich schon bei meinen Klienten, wenn dauernd eine neue Erleuchtungsmethode „das Richtige" sein soll", zweifelte Sarah. Andererseits – wann hatte ihr Elisabeth je etwas geraten? Vorsichtig nachgefragt ja, aber eindringlich geraten? Das tat niemand bei Sarah, und so wurde sie hellhörig. „Okay, also nochmal langsam: es ist ein System, das gechannelt wurde?" (Da Sarah ja selbst Informationen aus der Geistigen Welt übermittelte, war das nichts, was sie abgeschreckt hätte, im Gegenteil, der Rat von ihrem Team dort oben war ihr stets die kostbarste Hilfe.) „Und es besteht quasi aus einer Mischung von Astrologie, dem I-Ging, der Kabbala und der Quantenphysik? Das klingt ja schon sehr abgefahren. Aber du weißt schon, dass ich nicht besonders drauf stehe, in irgendwelche Schubladen gepackt zu werden?"

Elisabeth schmunzelte, sie kannte Sarahs Freiheitsliebe nur zu gut. „Nein, gerade das Gegenteil soll es sein, es gibt wohl Aufschluss über die eigene Einzigartigkeit. Damit man wirklich leben kann als man selbst und die Konditionierungen besser erkennen und loslassen kann."

Sarah musste zugeben, das klang wirklich interessant. „Na gut, was soll´s, selbst wenn es nichts für mich ist, machen wir uns in jedem Fall endlich mal wieder ein schönes Wochenende. Und Bayern liebe ich eh. Okay, ich bin dabei. Dann buch ich uns mal die Zimmer." Sobald sie sich einmal entschieden hatte, ging bei Sarah alles sehr schnell – eine Gabe, die nicht nur Elisabeth an ihr bewunderte, für die Sarah selbst aber gar keine Wahrnehmung zu haben schien.

Zwei köstliche Picknickpausen später und aufs freundlichste vom bayrischen Wettergott begleitet, erreichten sie ihr Ziel, ein Dorf im tiefsten Oberbayern, wo der Kurs in einem kleinen Seminarhaus stattfinden sollte. „Das ist ja wirklich am Arsch der Welt", meinte Sarah grinsend, „nur gut, dass wir vorhin noch was einkaufen waren, hier gibt's ja nix." „Eigentlich doch toll, dass es so eine Idylle noch gibt", meinte Elisabeth, „wenngleich ich so ein bisschen Zivilisation ja schon mag." Sarah kicherte, Elisabeth liebte die Stadt, den Milchkaffee mit Croissant, die kleinen Mittagsrestaurants in ihrem Stadtviertel. Wenn sie je eine Stadtpflanze gekannte hatte, dann war es Elisabeth. „Tapfer, tapfer", grinste sie, „du schaffst das. In drei Tagen sitzt du schon wieder bei deinem Lieblings-Italiener."

„Zum Glück haben wir die beiden Einzelzimmer", flüsterte Sarah Elisabeth zu, als sie in den Gästetrakt geführt wurden, in dem ansonsten nur Mehrbettzimmer zu sein schienen. Nichts war für Sarah schlimmer als die Vorstellung, keinen Rückzugsort zu haben, und hierin war auch Elisabeth ihr ähnlich. „Ich will mal eben Christian anrufen", meinte Sarah, „ich melde mich später, gibt ja hoffentlich noch Abendbrot hier."

Elisabeth seufzte. Diese Beziehung war auch aus der Beobachterposition wirklich eine Herausforderung für sie; oft konnte sie kaum ertragen, wie Sarah sich verbog, nur um mit diesem Mann zu sein. Unzählige Male hatte sie ihre Freundin trösten müssen. Sie hasste es, zuzusehen, wie diese so strahlende Frau an sich zweifelte und litt. Andererseits – wer weiß schon, was es für einen Menschen braucht, um heil werden zu können? Und dass die beiden sich ordentlich Feuer unter den Hintern machten für ihre Entwicklung war nicht zu übersehen. „Nur ob er den Sprung wagen wird, Sarah, das sehe ich noch nicht", murmelte sie laut, „ich glaube, so weit ist er einfach noch nicht." Ändern würde sie ohnehin nichts können – wenn sich Sarah mal etwas in den Kopf gesetzt hatte, dann würde nichts sie davon abbringen, außer ihrer eigenen Erkenntnis. Sarah ging jeden Weg zu Ende – eine Eigenart, die Elisabeth einerseits zutiefst bewunderte, deren hohen Preis sie aber dennoch deutlich sah.

Als es eine Stunde später klopfte und Sarah sie zum Abendessen abholte, sah Elisabeth sofort, dass das Telefonat wohl nicht so gut gelaufen war, Sarah hatte geweint. „Süße, was ist denn los, komm, lass uns erst noch ein paar Schritte gehen", schlug Elisabeth sofort vor. „Ach wozu", seufzte Sarah, „damit ich dir wieder die Ohren vollheule mit dem Üblichen? Die Geschichte kennen wir beide, da ist es doch egal, ob es nun Susi vom Tanzen oder die Gruppe vom privaten Tantrakreis ist. Ich hab es so satt!" Sarah putzte sich die Nase. „Komm, lass uns einfach mal nicht drüber reden. Wir genießen jetzt unser Essen."

Skeptisch betrachtete Elisabeth ihre Freundin. Entweder das „dicke Ende" käme dann später, in der Nacht (auch damit hatten sie Erfahrung) oder aber – und sie wagte kaum zu hoffen, dass dieser Moment gekommen sein könnte – Sarah wäre langsam dabei, Klarheit zu finden und aus dieser so belastenden Beziehung auszusteigen.

Am nächsten Morgen. Vierzehn Teilnehmer waren sie, ein bunter Haufen aller Altersgruppen, das war schon mal gut. Sarah fühlte sich wohl, der Raum war groß und man saß nicht zu eng, perfekt. Sie hasste die Angewohnheit der meisten Menschen, sich ganz nah an anderen zu platzieren. Nachdem alle ihren Stuhl gefunden hatten, musste sie grinsend feststellen, dass neben ihr auf der rechten Seite zwei Plätze freiblieben, links saß natürlich Elisabeth. Sie schmunzelte, cool, es fängt ja schon mal passend an.

Auf dem Boden lagen im Kreis sehr künstlerisch gestaltete Karten, und noch vor der offiziellen Begrüßungsrunde lud der Seminarleiter sie alle ein, sich eine auszuwählen. Sarah liebte das Kartenziehen, es war immer so, als würde die richtige sie rufen, und auch diesmal war klar, welche es sein musste. Als sie auf das Bild und den kurzen Text schaute, schossen ihr die Tränen in die Augen. 54.4. Alpha und Omega. Hingabe in ihrer reinsten Form. Sarah schloss die Augen. Sie war richtig hier. Sie atmete tief. Dieses Gefühl kannte sie.

Wie damals, als sie völlig unbedarft mit ihrem Kollegen zu einer buddhistischen Zeremonie gegangen war. Als der Mönch auf der Bühne dann nach dem Vortrag etwas von „Zuflucht nehmen" gesagt hatte, waren ihre Beine einfach mit ihr aufgestanden und hatten sich in die Reihe gestellt, ohne dass sie auch nur ansatzweise eine Ahnung gehabt hätte, was Zuflucht denn sein soll. Auch ihr Kollege war vollkommen vergessen gewesen, später stellte sich zum Glück heraus, dass er gewartet hatte. Als sie nach einer halben Stunde an der Reihe war, hatte der Mönch ihr tief in die Augen geschaut und eine Art Segen gemurmelt; sie wusste später nicht mehr, wie lange sie dort gestanden hatte. Als er ihre Stirn berührte, war sie in Tränen ausgebrochen. Und hatte nicht mehr aufgehört. Zunächst hatte sie sich noch versucht, auf der Toilette wieder „in Ordnung" zu bringen, jedoch ohne Erfolg.

Ihr Kollege hatte sie dann gefunden und sie ein wenig hilflos zum Auto geführt, so kannte er sie nicht. So kannte sie niemand, soviel war sicher. Sie hatte die gesamte Heimfahrt über geweint, war weinend nach Hause gekommen, hatte ihrem Mann nur kurz gesagt, es sei alles in Ordnung, sie würde es ihm am Morgen erzählen, und war ins Bett gegangen. Die Nacht war anders, als sie es je erlebt hatte, ihr Körper schmerzte und glühte, dann wieder war es, als würden Freudenwellen durch sie hindurchfließen. Erst gegen Morgen war sie eingeschlafen und als der Wecker schellte, hatte sie sich gefühlt, als habe sie einen Kater. Zum Glück war Thomas schon zur Arbeit gefahren und hatte ihren Sohn mit zur Schule genommen. In der Küche stand sogar ein Frühstück für sie bereit – alles Dinge, die sie erst nach Stunden in ihrer Ungewöhnlichkeit erfasste. (Normalerweise war sie für all diese Aufgaben zuständig, das letzte Mal Frühstück gemacht bekommen hatte sie als Kind.) Immer noch war diese Leere in ihr, eine gute Leere, still und friedlich. Als wäre alles da und alles gut. Sarah saß am Tisch. Dankbar. Sie war einfach so unendlich dankbar. Für das Licht, das seitlich auf ihr Brettchen schien. Für den Kaffee, extra für sie auf dem Tisch, die Tasse.

Überhaupt, wie schön diese Tasse war, mit dem blau und grün… Sarah versank in der Schönheit dieser Welt.

Wie lange sie dort gesessen hatte konnte sie später nicht sagen. Lange wahrscheinlich, denn als sie schließlich den ersten Schluck Kaffee nahm, war er eiskalt. Aber auch das störte sie nicht. Erst das Telefon riss sie ein wenig aus ihrer Friedlichkeit. Der Klingelton für die Arbeit, oh. Als würde sie gerade erst aufwachen, griff Sarah nach dem Telefon. „Jah?" „Was ist los Sarah, verdammt, wo bist du?" schlug ihr die Stimme ihres Chefs entgegen. „Die Präsentation, du wolltest sie doch noch binden lassen, die Leute kommen in zwanzig Minuten." Das war das Ende der Friedlichkeit gewesen damals. Wie ein Eimer kaltes Wasser hatte sie der Stress ihres Chefs aufgeschreckt. So, wie sie vorher friedlich, leer und irgendwie echt gewesen war, so war sie jetzt gefüllt. Mit Druck, Erwartung und Eile.

Herausgefallen. Dieses Wort kam ihr in den Kopf. Sie war aus der Welt herausgefallen und mitten in ihrem Herzen gelandet. Und dann rannte sie doch wieder los, wie so viele Male zuvor. Holte die Präsentation, lächelte, funktionierte. Die Maske war noch da. Aber sie hatte einen Blick dahinter getan. Den würde sie nie vergessen.

Es hatte lange gedauert, bis der nächste Blick möglich wurde. Sarah war 1999 nach Holland gefahren, zum Dalai Lama. Zusammen mit fünftausend anderen Menschen hatte sie an einer Zeremonie teilnehmen wollen. Wie genau es dann passiert war, dass sie im Foyer stand, als seine Heiligkeit, wie ihn dort alle nannten, durch die Tür kam, konnte sie hinterher nicht mehr rekonstruieren, denn eigentlich war doch alles abgesperrt gewesen. Aber da stand er plötzlich, direkt vor ihr. Und hatte sie angeschaut, wirklich gesehen, bis ins Tiefste ihres Wesens hinein. Sarah hatte geglaubt, sie würde ohnmächtig durch die Ausstrahlung seiner Gegenwart, aber gleichzeitig fühlte sie sich völlig gehalten. Einfach da. Als wäre alles immer schon eins. Wie sie die zwei Tage dort verbracht hatte, konnte sie hinterher kaum rekonstruieren. Eine Weile war sie einfach entrückt, beobachtend, irgendwie neben der „realen Welt" und dennoch da, wie auf einer Parallelspur, in der alles einfach gut war. So, wie es ist.

Auch dieses Erlebnis war bald wieder nach hinten gerutscht in ihrem Bewusstsein, verdrängt worden durch den Alltag. Die Scheidung von Tom war einige Wochen darauf gewesen — eine seltsame Mischung aus Liebe, Trauer und Stimmigkeit.

Danach war sie in eine Art Marathon des „Ich-muss-für-uns-sorgen-und-mit-meiner-Selbständigkeit-Geld-verdienen"gefallen. Tom war mit seiner neuen Beziehung beschäftigt und zog nach Frankfurt, es musste viel organisiert werden.

Sarah schaltete Werbungen für ihre Massagen, machte Sonderaktionen, arbeitete von morgens um sechs bis tief in die Nacht. Job, Haushalt, Kind beschäftigen, nichts durfte zu kurz kommen. Und natürlich Fitness, das war die Zeit, in der sie zwar nicht mehr das heiß geliebte Karate, aber doch Krafttraining, Jogging und Yoga (Power Yoga, versteht sich) betrieb.

Durch das Human Design lernte Sarah jetzt, dass sie als Milz-Manifestorin ein offenes Sakral-Zentrum hat — und dass all dieses Übertreiben hier einer der größten Schatten war. Denn dann versucht das offene Zentrum durch ein „mehr" den vermeintlichen „Mangel" an Energie auszugleichen. Erschöpft sich und kann ausbrennen. Und verpasst dabei die Einzigartigkeit der Gabe, die in dieser Offenheit ja liegt.

„Ich würde dann gerne kurz die Charts der Teilnehmer besprechen", riss die Stimme des Seminarleiters Sarah aus ihrer Reise in die Vergangenheit. „Und da die meisten von euch eher Erfahrungsmenschen sind, habe ich mir vorgenommen, heute mal ganz anders zu beginnen. Wir werden eure Charts aufstellen und ihr dürft fühlen, wie das wirkt. Ich habe ja in euren Anmeldeinfos gesehen, dass einige von euch" - und er schaute erwartungsvoll zu Elisabeth und Sarah — „sich mit dem Aufstellen gut auskennen. Das dürfte interessant werden. Wer mag zuerst?" Keiner der

Anwesenden hob die Hand. Das kannte Sarah schon. "Kein Problem", dachte sie, „dann mach ich es eben. Bin ja öfter der Eisbrecher."

Sie würde nie vergessen, wie sie das erste Mal auf „ihrem Chart" gestanden hatte. Tränenüberströmt. „Das bin ich, das bin wirklich ich?" hatte sie immer wieder geschluchzt. Und in das liebevoll zugewandte Gesicht von Roland geschaut, der sie durch die Aufstellung ihrer Körpergrafik führte.

Danach war es um sie geschehen gewesen. „Mehr als frisch verliebt", neckte ihr Umfeld sie, aber da war wirklich etwas dran, gestand Sarah sich ein. Das Human Design hatte ihr damals etwas gegeben, was sie gar nicht für möglich gehalten hätte: die Erlaubnis, wirklich so zu sein, wie sie es tief in sich immer gefühlt hatte – aber gedacht hatte, sie sei „irgendwie falsch", weil sie so anders empfand und so anders war als die anderen.

Nicht, dass sie nicht funktioniert hätte; Sarah war eine Meisterin der Anpassung an die Wünsche und Anforderungen ihrer Welt gewesen. Aber es hatte sich nie einfach, nie erfüllend angefühlt. Sie hatte immer gespürt, dass die Welt für die meisten Menschen, die sie kannte, irgendwie anders war. Sie passte nicht hinein, egal, wie viel Mühe sie sich gab. Allein mein Alleinsein-wollen ... sie lachte bei dem Wortspiel und dachte: „Armer Papa, da hast du dir so viel Mühe mit meinem Studium gegeben, und deine Tochter stammelt mit den Worten herum." Aber es passte ja. Das Alleinsein – so köstlich, beglückend, erfüllend für sie, Freiheit pur. Und doch wie verboten, wie selten erlaubt. Und nun quasi abgesegnet durch ihr Human Design.

„Das möchte ich richtig lernen, bietest du noch weiterführende Kurse an, Roland?" fragte sie in der Pause. Roland lachte. Deutete eine kleine, spielerische Verbeugung an. „Natürlich, eure Majestät, sehr gerne unterweise ich Euch in dieser Kunst. Der zweite Kurs ist in einem halben Jahr." „Das kann nicht dein Ernst sein, ich kann doch jetzt kein halbes Jahr warten", empörte sich Sarah. Roland zögerte, schaute sie an. Überlegte. „Na ja, ich habe in zwei Wochen einen

Ferienkurs in England. Immersion, zwei Wochen Intensivtraining. In Englisch natürlich." „Wunderbar, gebucht", strahlte Sarah und griff zum Handy, um die Vorkehrungen für ihre Reise zu treffen. Kopfschüttelnd ging Roland zum Buffet. „Milz-Manifestoren", murmelte er lächelnd vor sich hin.

Immersion, England. Sarah zögerte. Wie sollte sie ihren Seminarteilnehmern später von diesem Erlebnis berichten? Denn für sie schrieb sie ja schließlich – wobei sie allmählich zu ahnen begann, dass der Wunsch von Michaela letztendlich auch ihr selbst ein Geschenk gemacht hatte. Wie eine lang vergessene Kiste öffneten sich so viele Erinnerungen – und unter dem Licht des Human Design machten sie alle noch viel mehr Sinn, sie konnte sich selbst Verstehen schenken. Und das tat unendlich gut.

„Auch dir komme ich endlich nah, kleine Sarah", dachte sie, und sah das Bild ihres inneren kleinen Mädchens vor sich, das sie so lange verdrängt hatte. In der Zeit, als sie jede Woche bei Elisabeth war, hatte Sarah viel meditiert – und einmal hatte sie ein kleines Kind vor sich gesehen. Nackt und frierend, hinten auf dem Autositz. Und ihr war sofort klar gewesen, das war ihr inneres Kind. Doch in der Meditation war ihr das Kind lästig gewesen, sie erinnerte sich ganz klar an ihr Gefühl: Bitte nicht noch jemand, um den ich mich kümmern muss. (Rückblickend war ihr klar, es war viel zu viel gewesen, um das sich die junge Sarah gekümmert hatte, Kind und Mann, Beruf und alkoholkranker Vater, die Mutter mehr in der Klink als daheim, der extreme Sport und die perfekte Maske, und vor allem: keinerlei Mitgefühl mit sich selbst - kein Wunder, dass da jeder Tropfen das Fass zum Überlaufen gebracht hätte.) In der Meditation hatte sie das Kind behelfsmäßig in eine Decke gewickelt. Es hatte nicht gejammert, kein Wort gesagt. Sich nicht beschwert, nichts gefordert, das war irgendwie schrecklich gewesen. Sie hatte das Kind dann ihrer Schwiegermutter übergeben, doch die hatte es überhaupt nicht beachtet und sich abgewandt. Nach der Meditation hatte Sarah für mehrere Monate nicht mehr frei meditiert, um kein Risiko einzugehen, dem Kind wieder zu begegnen.

Auch ein Weg, mit Problemen umzugehen, grinste sie bei der Erinnerung. Und lächelte, als ihr wieder einfiel, wie es weitergegangen war. Ungefähr ein Jahr später war das Kind wieder erschienen. Diesmal jedoch leicht, leuchtend. Eher wie ein Engel von der Energie her. Und sagte nur: „Liebe Sarah, ich brauche dich nicht. Aber du brauchst mich." Das hatte sie zutiefst erschüttert, wie aufgebrochen, weil sie die Wahrheit in diesen Worten spürte. Und dann, langsam, hatte es zu heilen begonnen in ihr.

Nach England war alles anders geworden in ihrem Leben. Normalerweise bringt ja so ein Durchschütteln Chaos, dachte sie. Aber in ihrem Fall war genau das Gegenteil geschehen. Sie wurde endlich klar.

Nachdem sie nun wusste, dass diese leise innere Stimme (ihrer Milz-Autorität[5]) ihre echte Führung war, dass sie sich auf ihren Instinkt verlassen konnte, um für sich gute Entscheidungen zu treffen, war alles ganz einfach geworden. Sarah schmunzelte beim Schreiben. Meine Superkraft, genau so hatte es sich damals angefühlt. Als würde alles beleuchtet mit „gut für mich" und „nicht gut für mich", und so hatte sie ihr Leben neu sortiert. Sie lachte. „Klingt ja fast wie Marie Kondo, dachte sie. Und so ähnlich, wie es in dem Bestseller mit den Aufräum-Tipps beschrieben war, ist es auch gewesen: berühren – prüfen – entscheiden.

Ihr war damals auch klar geworden, dass sie sich von Christian vollständig trennen musste, um ihren eigenen Weg zu erspüren und die Kraft zu finden, dies auch umzusetzen. Sie hatte ihr berufliches Angebot überarbeitet, nahm sich mehr Zeit für Pausen (was nach einiger Übung auch leichter wurde) und achtete darauf, nicht mehr so lange zu arbeiten, bis sie diese Vibration der Erschöpfung im ganzen Körper spürte – was früher normal für sie gewesen war.

---

[5] Die „inneren Autoritäten" werden in Kapitel 8 erläutert.

„Und doch, liebe Michaela", fügte Sarah in ihre Aufzeichnungen ein „es wäre gelogen zu sagen, dass mit der Erkenntnis über mein Human Design alles sofort leicht geworden wäre. Für manches habe ich verdammt lange gebraucht. Das offene Sakral ist, glaube ich, eine lebenslange Übung – wahrzunehmen, was für mich passend ist, und loszulassen, was es nicht ist. Pausen zu machen, und zwar nicht nur die, die ich brauche, um mich gerade mal etwas zu regenerieren. Sondern echte Vergnügungspausen, Ferien haben, Nichts-tun. Da schleicht sich gerne mal ein „ach, ich könnte doch eben schon mal xy erledigen" mit rein. Aber ich merke es, und das ist ein großer Schritt nach vorne."

Dann mein offenes Ego, dachte Sarah in Erinnerung an frühere Zeiten. „Ach, könnte ich doch bitte hilfreich sein? Müsste ich mich als gute Freundin nicht öfter mit Bettina treffen, weil es ihr doch so gut tut und sie so gerne Zeit mit mir verbringt? Mein offenes Emotionalzentrum mischt direkt mit – denn wenn ich sie glücklich mache, ist das nicht auch schön für mich? Mein offenes Selbst kommt ja prima auch mit ihrer Mutter klar, die sich in alles einmischt und uns kaum mal ein paar Sätze alleine sprechen lässt. Mein offener Kopf hört ihrer offenen Kehle zu, weil es ihr ja gut tut, alles zu erzählen, und so weiter… Aber zum Glück sind das nur noch Erinnerungen", dachte Sarah erleichtert, „nicht auszudenken, wenn ich so weitergemacht hätte. Dann hätte ich gar kein eigenes Leben. Ich bin zwar gern behilflich, aber nicht um jeden Preis."

„Gib dir immer von der guten Zeit", hatte Elisabeth ganz am Anfang mal zu ihr gesagt, und diesen Rat bemühte sich Sarah wirklich an jedem Tag zu beherzigen. Denn früher hatte sie sich nur die Reste zukommen lassen – erst wenn sie gar nicht mehr konnte, war eine Pause erlaubt. Faktisch hatte das so ausgesehen, dass sie, kaum dass ihr Lieblingskrimi lief, eingeschlafen war. Gottseidank gehörten diese Zeiten der Vergangenheit an. Sarah lächelte und legte ihr Notizbuch zur Seite.

64 Tore und viele Wege – Geschichten aus der Praxis

„An diesem Wochenende würde ich euch gern etwas mehr über die Tore erzählen", sagte Sarah. „Sie beinhalten eure Potentiale und Möglichkeiten und immer ganz wundervolle Gaben. Viele von euch haben schon Beschreibungen dazu gelesen, aber oft höre ich, dass es nicht leicht ist, sich unter den abstrakten Erklärungen vorzustellen, wie die Tore sich konkret auswirken können. Das ist auch wirklich nicht leicht – es gibt ein so großes Spektrum und nicht zuletzt kommt es ja immer auf den jeweiligen Bewusstseins- und Entwicklungsstand an, und natürlich auf die Gesamtkonstellation im Chart. Aus meinen Beratungen und Kursen weiß ich, dass meine Beispielgeschichten aus der Praxis da oft sehr hilfreich sind. Viele erkennen sich selbst oder ihre Lieben darin wieder, es wird dann irgendwie menschlicher und lebendiger. Ich habe diese Geschichten irgendwann aufgeschrieben und teile sie gern mit euch. Keine davon hat den Anspruch, das jeweilige Tor oder den Kanal in seiner Tiefe oder Bandbreite zu repräsentieren, denn jedes Tor, jeder Kanal, jedes Zentrum hat eine solche Vielfalt zu bieten, dass auch noch so viele Geschichten ihnen nicht wirklich gerecht werden können. Versteht es also eher als Einladung, ein Gefühl oder einen Geschmack dazu zu vermitteln, und euch vielleicht neugierig zu machen, tiefer einzutauchen."

Sarah klappte ihre Mappe auf. „Wenn es spannende Kombinationen mit Energiekanälen oder anderen Aspekten gab, habe ich das hier und da mit aufgenommen, so wird es verständlicher. Ihr wisst ja, auf die Synthese kommt es an."

„Und etwas solltet ihr noch wissen", ergänzte sie. „Falls euch manches befremdlich vorkommt: Einige Geschichten handeln von der offenen und eher konditionierten Weise, wie dieser Aspekt in unserem Leben auftauchen kann – und es erst einmal herausfordernd macht – andere von der wundervollen Gabe und Kraft, die darin wohnt. Die meisten Geschichten beziehen sich auf die Gabe in den Toren, man kann aber auch ein „oder eben gerade nicht" hinzufügen, denn jedes Tor beinhaltet die ganze Spannweite des jeweiligen Themas. Wie es gelebt wird, ist individuell natürlich immer sehr unterschiedlich. So gibt es neben den innewohnenden Gaben immer auch die Schattenaspekte. Zum Beispiel Tor 7, ein Führungstor – ob man seine Führungsgabe lebt oder betont im Hintergrund bleibt – es geht um das gleiche Thema."

Sarah schaute in die Runde. „Okay. Wenn ihr bereit seid, starten wir also mit den Geschichten[6]. Los gehts."

Tor 1

„Du verstehst das nicht, Oma. Ich spüre einfach, wenn etwas für mich richtig ist. Und dann ist es leicht, als wäre da ein Kompass. Es führt mich und ich weiß, was ich will und wohin es geht. Das kommt von hier", erklärte die sechsjährige Celine und deutete auf einen Punkt unter ihrer Brust. „Und ich werde Bildhauerin, ich habe einen großen Park und da stehen dann all meine Statuen, und die Leute dürfen sie anschauen. Und wenn ich keine Leute sehen will, gehe ich in mein Baumhaus und schaue in den Himmel."

Ann schaute zu ihrem Mann. „Das Kind ist der Wahnsinn, oder? Niemand hat ihr auch nur ein Wort über Human Design erzählt, aber sie weiß instinktiv, wo Tor 1 liegt."

Oma Heidelinde schaute verwirrt. „Wovon redet das Kind? Und was soll das nun schon wieder sein, Human Design, ist das so ein Cyborg Quatsch? Ihr solltet ihr mal lieber bessere Manieren beibringen, wie soll sie denn sonst Freunde finden."

Ron prustete los und konnte gerade noch verhindern, dass der Kaffee, den er gerade trinken wollte, auf dem Esstisch landete.

---

[6] Unter jeder Geschichte steht ein kurzer Info-Text, um die wesentlichsten Aspekte des jeweiligen Tores zu vermitteln.

„Ja genau, wir haben uns gedacht, wir implantieren der Kleinen einen Sender." Heidelinde schaute ihren Sohn fassungslos an. „Mama, wirklich, du glaubst auch alles", grinste Ron. „Natürlich nicht. Aber Celine hat einfach eine sehr kreative innere Führung, und das soll und darf sie leben. Sie wird schon ihre Leute treffen, wenn es soweit ist."

Tor 1 im Selbst. Kreativität, ein Original sein. Hier geht es um den individuellen, kreativen Beitrag. Die eigene Richtung, das Unikat. Das schöpferische Neue, meist allein entwickelt, aber letztendlich dient es der Gemeinschaft. Kreativität um ihrer selbst willen, nicht für Geld oder Ruhm. Die neue Richtung, Originalität, Schöpferkraft.

Tor 2

Selina schaute über die Tiefebene vor ihr. Jeden Abend kam sie hierher, auf ihren Baumstamm auf dem Hügel, von dem aus sie bei guter Sicht achtzig Kilometer ins Land schauen konnte. Ihr wahres Zuhause, weit von ihrer ersten Heimat in Hamburg entfernt. Schon seit sie ein kleines Mädchen war, hatte sie alles, was Afrika betraf, fasziniert. Vor allem Namibia - es war wie ein Sog gewesen, der mit jedem Jahr stärker wurde. So stark, dass sie mit 16 Jahren von der Schule abging und ein Austausch-Praktikum auf einer Wildhüter-Station begann. Danach hatte sie alles darangesetzt, dass ihre Eltern einwilligten, sie auf der Station eine Ausbildung machen zu lassen, und schließlich hatten sie nachgegeben.

Namibia wurde ihr Zuhause und ihr Leben dort schien einem unsichtbaren Plan zu folgen. Als hätte jede einzelne Phase sie schon erwartet: die Ausbildung zur Tierpflegerin, die Beziehung zu Nathaniel, dem jungen indischen Tierarzt, die Begegnung mit den Suttons, die sie wie eine Tochter adoptierten und förderten, und die ihr schließlich dieses wundervolle Land vermachten, auf dem sie seit mehr als fünfzig Jahren lebte. Sie hatte zusammen mit Nathaniel ein kleines Reservat errichtet, zu dem ein Schulungszentrum gehörte.

Anfangs war es nur um einen respektvollen Umgang mit Tieren und der Natur gegangen, den sie ihren Praktikanten vermitteln wollte, aber ihr Ruf war international gewachsen und inzwischen leiteten sie ein Zentrum, in dem sich innovationsfreudige Menschen aus Forschung und Lehre trafen und ihr Wissen weitergaben. Eine echte Zukunftswerkstatt, so nannten es die Besucher, und der Erfolg ihrer Arbeit gab ihnen recht. In den letzten Jahren war Selina aus der aktiven Arbeit zurückgetreten; das Tun schien immer weniger wichtig zu sein, es ergab sich schließlich alles wie von selbst. Am liebsten saß sie einfach da, war Teil dieser Landschaft, atmete die Erde ein, wurde Teil von ihr. Und nach und nach hatten die Besucher des Zentrums begonnen, sich zu ihr zu setzen, ganz still. Als würden sie in Selinas Anwesenheit mehr spüren, durch sie die Essenz Afrikas erleben. „Du strahlst zuhause-sein aus", hatte einmal eine junge Dänin zu ihr gesagt. Und zu Hause war sie. Hier.

Tor 2 im Selbst. Die innere Führung für den eigenen Weg, die stimmige Richtung. Impulse aus der höheren Ebene, das innere Wissen.

Tor 3

Immer, wenn Ines das Warten gar nicht mehr aushalten konnte, fuhr sie aufs Land. Zum Biobauern oder einfach so, um sich auf eine Bank zu setzen und auf die Felder zu schauen. „Es ist zum wahnsinnig-werden", beschwerte sie sich, heftig über ihr Bein kratzend. „Zum aus-der-Haut-fahren, es geht keinen Schritt voran. Weder mit meiner Praxis noch damit, zu wissen, wohin ich umziehen will – grauenvoll."

„Du kannst das Neue eben nicht erzwingen, es kommt schon", versuchte Roland sie zu beschwichtigen, allerdings ohne große Hoffnung auf Erfolg. Er kannte diese „Anfälle" seiner Liebsten schon seit Jahren. Renate liebte das Neue, den Nervenkitzel des Unbekannten, das Chaos, die Möglichkeiten darin. Das war ihre Stärke. Das Warten, bis das Neue auch da war, weniger. Und leider brachte ihre Ungeduld nicht nur ihr, sondern oft auch ihrem Partner

Probleme ein. Ob es nun der Hund war, der Leben in ihren Alltag bringen sollte und mit dem nun er jeden Abend spazieren gehen musste, weil Renate ja in der Abendschule war, um Seminare über Permakultur zu besuchen, da sie ja „spürte", dass das mal nützlich sein würde. Das Grundstück, das sie gepachtet hatten, ein Schnäppchen auf dem Lande, ideal für die Zeit nach der kommenden Veränderung - nur leider hatten sie beide keine Zeit, je dort hinzufahren.

Tor 3 im Sakral. Eine sehr intensive Energie für Veränderung. Chaos und Mutation, das Tor des Neuen, offen für Wandel. Sehr individuell. Timing ist alles, es kommt dann ein Veränderungsschub. Kann eine neue, lebensfähigere Ordnung schaffen, weil es mit dem Chaos umgehen kann.

Kanal 3-60 - aus dem Seminar

„Hier eine Geschichte zum sogenannten Vulkan-Kanal", begann Sarah, „was natürlich nicht sein richtiger Name ist, aber ich finde, er berschreibt recht treffend, wie es sich anfühlen kann."

„Dann wette ich mal, du hast das Beispiel von meiner Schwester Karla genutzt", entfuhr es Klaus, „bei ihr passierte immer alles so, wie ein Vulkanausbruch - gefühlte hundert Jahre nichts, und dann alles auf einmal." „Wie spannend", antwortete Sarah, „dann erzähl doch sehr gern von deiner Schwester, so ein lebendiges und bekanntes Beispiel ist für die anderen doch wunderbar."

Es war Klaus sichtlich peinlich, so vor allen zu sprechen war nie seine Stärke gewesen, aber da sie ja alle die Begeisterung für das Human Design teilten, wagte er es:

„Also Karla ist meine ältere Schwester, elf Jahre älter, um genau zu sein. Sie ist bei meiner Oma aufgewachsen, daher weiss ich gar nicht so viel über ihre Kindheit. Aber als Erwachsene war sie seltsam für mich. Jahrelang hatte Karla nichts verändert. Tagaus, tagein den Job im Altenheim, klaglos und grauenhaft. Ihren Joachim ertragen, ein Kotzbrocken vor dem Herren, der hat sich wirklich auf ihr ausgeruht. Den ganzen Tag zuhause und keinen Finger gerührt hat der feine Herr. Und Karla hat alles gemacht, vom frische Brötchen für sein Frühstück holen angefangen. „So ist er halt", war ihr einziger Kommentar. Wir alle haben ihr gesagt, sie muss da raus, aber da war kein Rankommen, irgendwann haben wir es also aufgegeben. Aber dann – nach einem Nachtdienst im Pflegeheim – hat sie aus heiterem Himmel einfach gekündigt, ist rauf ins Personalbüro und hat einen Zettel hingelegt. Ist nach Hause, hat ihren Koffer gepackt, die Wohnung gekündigt und den Wellensittich mit einem Zettel am Käfig der Nachbarin auf den Balkon gestellt. Und ist nach Spanien geflogen, da wollte sie eigentlich schon seit sie zehn war hin. Die ersten Wochen hat sie als Kellnerin gearbeitet, jetzt betreut sie eine entzückende ältere Dame auf einer Hacienda und ist im Fortgeschrittenenkurs Flamenco. Einen Freund hat sie glaube ich auch. Und Joachim – der ist doch tatsächlich auch in die Gänge gekommen, er arbeitet jetzt abends an einer Tankstelle und macht tagsüber sein Abitur nach."

Kanal 3-60 – eine Verbindung zwischen Wurzel und Sakral. Schubartige Veränderung. Vulkan... ruht lange, dann bricht er aus. Vorher oft Ruhelosigkeit, weil nichts vorangeht. Dann Chaos der Veränderung. Dann wird alles neu. Diese Menschen erleben immer wieder Sprünge der Veränderung in ihrem Leben. Bleiben nie stehen, auch wenn es zeitweise so wirken kann.

Tor 4

„Frag doch Janek. Dem fällt doch immer etwas ein." Von klein auf war Janek „der Fixer", was sich nicht auf dubiose Drogengeschichten bezog, sondern von seinem englischen Vater geprägt war. Dort hieß „to fix" etwas in Ordnung zu bringen und genau das war Janek wohl schon in die Wiege gelegt worden. Ihm fiel immer etwas ein, wie man Dinge mit wenigen Handgriffen oder anderer Sichtweise in eine gute Richtung bewegen konnte. Zum Beispiel, in der „Kros-Ecke" einfach Holzkisten übereinander zu stellen als Schrank und Regal zugleich (immer abwechselnd, die Kiste, in der Chaos ist, mit der offenen Seite zur Wand, die anderen offen nach vorne). Es sah super aus – und hatte nur 20 Euro gekostet.

Und wie grandios, neulich Bettina, die immer glaubte, alle retten zu müssen, vorzuschlagen, sich vorzustellen, dass ihr Gegenüber ein T-Shirt trägt mit dem Aufdruck „Göttliches Schöpferwesen – sammelt gerade Erfahrungen". Seitdem konnte Bettina innehalten vor dem typischen „Ja klar, mach ich", und schauen, was sie denn selber will.

Tor 4 im Anja. Der Problemlöser, hat sehr praktische Ideen für andere, ist für sich selbst jedoch nicht immer hilfreich. Kann unter Druck sein, Antworten und Lösungen zu finden mit dem Wunsch, eine sichere und gute Zukunft herzustellen.

Tor 5 – und die Sache mit dem Fleischwurstbrötchen

Johanna und Jan hatten sich vor zwei Jahren auf der Veggie-World in Düsseldorf kennengelernt. Eigentlich war Johanna nur dort gewesen, weil gleichzeitig die Paracelsus-Messe stattfand und weil sie es liebte, sich einfach vom Strom der Besucher treiben zu lassen. Irgendwann war sie vor dem „leckersten-Smoothie-der-Welt"- Stand gelandet - und bei Jan, dem überaus attraktiven Mixer.

Seitdem waren sie zusammen. Redeten über alles, waren sich total nah. Sie hatten beide einen Hang zu Ritualen, morgens um 7:30 Uhr das gemeinsame Frühstück, abends kochte Jan köstliche vegetarische Gerichte, die sie beide dann auf dem Sofa vertilgten. Johanna liebte das, mit dem anderen zu verschmelzen war immer ihre größte Sehnsucht gewesen. (Auch wenn ihre Human Design Beraterin ihr dazu etwas von offener Milz und offenem Selbst erzählt hatte.)

Eines allerdings verheimlichte Johanna vor Jan: sie wusste einfach nicht, wie sie diesem „von-Geburt-an-Veganer" hätte sagen sollen, dass sie Fleisch liebte. Immer schon. Oft war sie kurz davor, aber irgendetwas hielt sie dann doch jedes Mal zurück. Sie schalt sich willensschwach, ungesund, doch das half nicht. Mindestens einmal pro Woche brauchte Johanna Fleisch. Heimlich, versteht sich. Und heute war es wieder soweit. Auf dem Rückweg von der Schule bog sie in die Herrmanstraße ein, dort befand sich immer noch die Fleischerei Thomann, wo schon ihre Mutter eingekauft hatte. „Ein Fleischwurstbrötchen, bitte. Doppelt und nicht einpacken", rief Johanna. Glücklich kauend verließ sie den Laden – und erstarrte. Direkt vor ihr stand Maximilian, der natürlich ebenfalls vegane Bruder von Jan. Den Blick würde sie wohl bis sie achtzig würde nicht vergessen. „Ich brauch das einfach", war alles, was ihr einfiel. (Kein Wunder, sie hat ja auch Tor 5 in ihrer Körpergrafik, das macht zumindest genetisch per DNA eine Prädisposition, hin und wieder mal Fleisch zu brauchen – auch wenn das von Mensch zu Mensch unterschiedlich wirkt.)

Tor 5 im Sakral. Braucht seinen eigenen Rhythmus, Stabilität, Pausen, sein eigenes Timing. Regelmäßigkeit und stimmige Lebensmuster sind das Thema. Der richtige Zeitpunkt wird erkannt.

Tor 6

„Es ist eben nicht egal", seufzte Niclas. „Du willst mir doch nicht erzählen, dass es dir gut tut, jedes potentiell heikle Thema in eurer Beziehung auszuklammern. Da kannst du dir doch an einer Hand ausrechnen, dass ihr bald nur noch mit "Hallo Schatz, alles okay? Danke bei mir auch" kommuniziert." Niclas konnte einfach nicht verstehen, warum sein Freund und Kollege Thomas offensichtlich das Ballflachhalten zum Lieblingssport erkoren hatte, und fuhr fort: „Niemand mag Streit, darum geht es doch nicht. Es geht um die Nähe und Verbindung, die nur dann entsteht, wenn man sich auch ehrlich und offen zeigt, und sich austauscht. Wie soll denn Sylke dich kennen, wenn sie dir nie wirklich begegnen darf?"

Thomas zögerte. „Meinst du wirklich? Aber was soll es denn bringen, wenn ich doch vorher schon weiß, dass sie etwas nicht gut findet?"

„Mein Gott, Tom, es geht doch nicht ums gut-finden. Es geht darum, dass ihr euch mitteilt, drüber redet, eben auch auf die Gefahr hin, mal rauszufinden, dass es keinen gemeinsamen Nenner gibt. Das ist allemal besser als dieses Ausklammern. Und nicht umsonst ist Versöhnungssex so befriedigend", fügte er grinsend hinzu. „Du bist halt emotional offen, na klar hast du Schiss vor Drama. Aber es vermeiden zu können ist ein Irrglaube. Und es kostet dich die Nähe mit Sylke, das ist definitv zu teuer. Guck mal, du und ich haben beide Tor 6 – aber ich erlaube mir, einfach so zu sein und zu fühlen, wie ich es gerade tue. Lisa und ich streiten uns zwar manchmal, dass die Kissen fliegen, aber wir sind uns nah. Sonst könnten wir ja auch nicht zusammen so erfolgreich unser Coaching anbieten."

Niclas hatte recht – die Art, wie die beiden sich auf einander einschwingen konnten, war Thomas schon häufiger aufgefallen, es war so innig, so eins. Sie planten sogar, eine gemeinsame Firma zu gründen. Dann wäre es vorbei mit ihm und Niclas als Kollegen. Er merkte, wie er auch diesen Gedanken schnell zur Seite schieben wollte. „Genug jetzt", durchfuhr es ihn plötzlich. Thomas rollte mit seinem Schreibtischstuhl zurück. „Ich brauche mal einen Moment, sag Mahler, dass ich die Pause nacharbeite", bat er seinen Freund und griff nach seiner Jacke. Er musste nachdenken. Auf keinen Fall wollte er Sylke verlieren, und er spürte, dass in dem Rat seines Freundes ein wichtiger Hinweis lag. Vielleicht wäre es doch keine schlechte Idee, wenigstens einmal zu dem Paartherapeuten zu gehen, mit dem Sylke ihm schon länger in den Ohren lag. So enden wie seine Eltern, die sich seit Jahren nichts mehr zu sagen hatten, wollte er jedenfalls nicht.

Tor 6 im Solar Plexus (Emotionen). Es geht um Öffnung zur Verbindung. Dieses Tor kann die Aura, das Energiesystem anderer berühren und für Gefühle öffnen – oder eben eine klare Grenze ziehen. Passt es für mich oder nicht? Emotionale Kraft entweder zum Antreiben, Reiben, Verstärken oder aber Beruhigen und Mildern. Es geht um die Kontrolle, wie nah mir etwas oder jemand kommen darf.

Tor 7

Er stampfte mit dem Fuß auf den Boden. „Jetzt kommt endlich!" Tränen der Wut schimmerten in den Augen des vierjährigen Andreas. Sie wollten doch den Enten helfen, die auf dem zugefrorenen See nicht mehr ins Wasser konnten. Andreas hatte sich genau überlegt, wo sie das Eis öffnen mussten, damit alle Enten eine Chance hatten ins Wasser zu kommen. Nina, seine Mutter, musste sich sehr beherrschen, um nicht zu lachen. Mein kleiner Chef, dachte sie. Aber sie wusste aus Erfahrung, dass ihr Amusement zu zeigen alles nur noch schlimmer machen würde. „Noch ist er hinreißend, aber wenn du darauf eingehst, wird er in der Schule Probleme kriegen mit dieser Art", hatte ihre Freundin Sarah ihr eindringlich vermittelt. Und es stimmte ja, bei einem so kleinen Kind war es noch niedlich, wenn er andere herumkommandieren wollte, aber später sah das ganz anders aus.

„Ein echter Führer dient der Gemeinschaft", hatte Sarah gesagt, als sie Nina das Human Design Chart ihres Jüngsten erklärte. „Er braucht den Auftrag, zu führen, dann wird er auch angenommen. Nur dann. Denn es ist ein Dienst, auch wenn dieser Dienst eben das Anführen ist, und dass er das gut können wird, daran habe ich keinen Zweifel." Nina beschoss, dass es an der Zeit war, ihrem Jüngsten bei der Entfaltung dieses speziellen Talents zu helfen. Nur wie? Besonders deutlich war es ja beim Rudern, dass der, der die Ansagen macht, Teil des Teams ist und im Dienst der anderen steht; aber dafür war Andreas noch zu jung - was er so zwar nicht sehen würde, aber er war nicht besonders begeistert davon, auch wenn Nadine, seine Schwester, gerade damit angefangen hatte.

Kuchen backen, das war es! Andreas liebte Zitronenkuchen. Und sie würde ihm ein Bilder-Rezeptheft erstellen, mit dessen Hilfe er dann seiner großen Schwester und ihr die Backschritte vorgeben durfte. Dann war klar, er war Teil des Backteams und sein Job war es, Ansagen zu machen. Nina strahlte, endlich ein Ansatzpunkt. Und es klappte gut, Andreas empfand sich als entsprechend wichtig, hoch oben auf der Anrichte mit Blick auf die Arbeitsfläche. Und ihm wurde auch schnell klar, dass es ohne die Zutaten und die Arbeit von Mutter und Schwester nichts werden würde mit dem Kuchen. „Jeder macht seinen Tschopp, sagt Papa", verkündete er stolz. „Genauso ist es, mein Schatz", lobte Nina ihren Sohn und schmunzelte über seine Aussprache des Wortes Job, „jeder übernimmt die Aufgabe, die ihm gut liegt und alle zusammen erschaffen etwas richtig Gutes". „Du meinst Leckeres", verbesserte sie die elfjährige Nadine. Nina lächelte, Nadine hatte unübersehbarerweise Tor 9, das Tor der Details.

Tor 7 im Selbst. Der Auftrag, anzuführen - als Dienst an der Gemeinschaft. Du kannst erkennen, was es braucht, um ein Ziel zu erreichen, welche Strategie erfolgreich sein wird. Gleichermaßen Altes verändern und Neues einführen. Wichtig ist, dass es kollektiv gewünscht ist, dass die Gemeinschaft dich für deine Rolle wählt.

Tor 8

„So, da hast du ihn, viel Freude damit", sagte Max und drückte Matthias den Schlüssel zu seinem 1979er Camaro Z28 in die Hand. „Und du wirst es dir wirklich nicht anders überlegen?" fragte Matthias zweifelnd nach, „du kannst doch dein Baby nicht so einfach weggeben." Aber Max war sich sicher. „Wann hast du mich schon mal einen Rückzieher machen sehen?" fragte er seinen Freund. „Ich bin mir sicher, wenn ich etwas tue, dann voll und ganz, du kennst mich doch." Und das stimmte, es dauerte oft lange, bis Max „seinen Startschuss" bekam - so hatte es seine Mutter immer genannt, auch damals, als er nach dem Abi fast zwei Jahre zuhause geblieben war, weil gerade jobmäßig nichts stimmig erschien. Gezockt hatte er, gefühlt Tag und Nacht.

Und auch wenn er sich aus offiziellen Rollen herausgehalten hatte, so war Max doch immer der inoffizielle Führer geworden. Hatte seinen Stil eingebracht und so erfolgreich unaufdringlich die Richtung vorgegeben, dass seine Gilde den ersten Platz einnahm. Deutschlandweit. Und schließlich sogar international auf den dritten Platz vorrückte. Das damit verdiente Geld war ein angenehmer Nebeneffekt, aber darum ging es Max nicht. Er war einfach er selbst, so unbestechlich und authentisch wie nur möglich. Dazu hatte auch der Camaro gepasst, sehr besonders - wie er selbst.

Es war Max tatsächlich egal, ob die Leute ihm folgten oder nicht. Aber wer das wollte, machte es auf die Art von Max. Er erklärte geduldig und einfühlsam – einmal. Alles andere war ihm zu anstrengend und dann war er raus. So wie jetzt. Zehn Jahre, nachdem er er fast nebenbei eine kleine, aber sehr effektive Software entwickelt hatte und einige Jahre mit dem Aufbau einer Spezialfirma für seine Produkte beschäftigt war, hat Max, anstatt seinen Erfolg einfach zu genießen, die Firma kurzerhand aufgelöst, alle Produkte als share-ware auf den Markt gegeben, und ist nach Norwegen in eine Hütte gezogen.

Fast sieben Jahre hörte Matthias nichts von Max. „Der ist bestimmt in den Fjord gefallen oder hat Lagertha getroffen", witzelte er öfter, in Wahrheit aber vermisste er den Freund sehr. Im Januar kam dann eine Einladung zur Vernissage, ganz edel gedruckt per Post. Max Habernau, Januar bis März 2022, Galerie Verhouten. „Krass, Alter", dachte Matthias, „die nobelste Galerie Düsseldorfs, und du stellst aus. Und ich wusste nix davon, dass du überhaupt malst." Typisch Max. Wenn, dann richtig. Und wie erwartet waren die Bilder etwas ganz und gar Neues, einzigartig wie der Künstler auch. „Ich wette, bald gibt es eine Max Habernau Akademie - was du machst, machst du richtig", grinste Matthias und tippte den Termin in seinen Planer ein.

Tor 8 in der Kehle. Führen durch Innovation und Inspiration – das kreative Rollenvorbild. Individuelle, neue und kreative Ideen zum Wohle der Gemeinschaft. Kann – wenn der individuelle Puls kommt - das Neue vermitteln und präsentieren.

Tor 9

Seit Alexander einen Stift halten konnte, malte er Augen. Anfangs die seiner Tiere - bei vier Katzen, zwei Hunden und zwölf Kaninchen hatte er da ja viel Auswahl. Später dann die seiner Eltern und Geschwister, der Großeltern und von jedem, der sich auf den abgelegenen Bauernhof in der Eifel verirrte. Er malte so detailgetreu, dass man das Gefühl hatte, aus dem Bild würde die eigene Seele sich in die Augen schauen. Mit siebzehn Jahren bewarb er sich zum ersten Mal an der Kunstakademie, wurde aber abgelehnt, da sein Portfolio nicht abwechslungsreich genug sei. Doch er blieb beharrlich, die Hochschulen leider auch. Heute lebt er in Spanien und malt die Augen der Touristen. Es geht ihm gut.

Tor 9 im Sakral. Kann Feinheiten und Details erkennen, große Sorgfalt und damit sehr effizient (bis hin zur Besessenheit von etwas). Kann mit großem Fokus und Konzentration arbeiten und die entscheidenden Details sehen.

Tor 10

Am kommenden Samstag sollte das erste Klassentreffen seiner alten Abi-Klasse sein, zehn Jahre 12b Sommerfeldgymnasium. Lars grübelte, ob er überhaupt hingehen sollte. Wenn er sich an diese Zeit erinnerte, fiel ihm natürlich die Zeit mit Manu ein. Seiner besten Freundin seit der achten Klasse. Aber irgendwie war da seit ihrem 16. Geburtstag etwas falsch gelaufen. Manus verzweifeltes „Warum?" ging ihm nicht aus dem Kopf. Er hatte noch nie jemanden so unglücklich erlebt. Dabei hatte er sie doch gern, sie waren Freunde. Aber für Manu schien ihr ganzes Lebensglück davon abzuhängen, von ihm geliebt zu werden, als Partnerin. Doch was nicht da war, konnte er ja schlecht herbeizaubern. „Warum ist dir das mit der Beziehung denn so wichtig, Süße, es ist doch toll mit uns, wir sind Freunde", hatte er ihr versucht zu vermitteln, aber ohne Erfolg. Auch sein, wie er fand, sehr weises: „du musst dich selbst lieben, es ist doch alles in dir" hatte nicht wirklich geholfen. Schlussendlich hatte auch ihre Freundschaft nicht überlebt, sie hatten sich seit zehn Jahren nicht gesehen.

Am Ende siegte jedoch seine Neugier und Lars fuhr zurück nach Erfurt. Gerade als er in die Kneipe gehen wollte, winkte ihm eine atemberaubend schöne Frau zu. „Lars, warte, ich komm mit!" „Manu, bist du das?" entfuhr es ihm, „Hammer, du siehst ja toll aus." Manu lachte. „Firma dankt, hehe, du hast dich auch nicht schlecht gehalten. Wie schön, dich zu sehen." „Warte einen Moment, bevor wir reingehen. Ich muss mich erstmal sammeln, was ist passiert, du bist so …" er zögerte, suchte das passende Wort, „angekommen, so erfüllt. Hast wohl deinen Traummann gefunden?"

Manu lachte. „Nee, nix Traummann, du hattest schon ganz recht damals. Das, was ich früher gesucht habe, konnte mir ja nun wirklich kein anderer geben. Obwohl ich ganz schön lange gebraucht habe, das zu kapieren. Nachdem das mit uns nichts geworden ist, musste ich einfach raus. Ich hab meinen Eltern gesagt, dass ich Zeit brauche, sie waren natürlich überhaupt nicht einverstanden, Paps rechnete schließlich damit, dass ich sofort mit der Ausbildung im Laden beginne, damit ich pünktlich zu seinem Rentenbeginn übernehmen kann. Schlussendlich habe ich mit ihnen einen Deal ausgehandelt: ich mache ein Jahr was auch immer und dann komme ich zurück nach Erfurt." „Bist du aber doch nicht, oder?" unterbrach Lars. „Nee, aber war dann okay für meine Eltern, sie waren ja auch ratlos, weil es mir so schlecht ging. Ich bin dann erst einmal mit Interrail los, quer durch Europa – wobei ich gestehen muss, dass ich davon nicht wirklich viel mitbekommen habe, ich war so neben mir, so unglücklich, da half nix. Aber dann hab ich Rodrigo kennengelernt."

„Sag ich´s doch, ein Mann", feixte Lars. Manu lachte. „Ja, rein biologisch hast du sicher recht. Aber Rodrigo ist 78 und lebt in Monte Sahaja, Moojis Retreat Center in Portugal. Und er hat mich einfach mitgenommen. Eigentlich kann man nicht einfach so dorthin kommen und bleiben, aber weil Rodrigo seit über 30 Jahren an Moojis Seite lebt, war das natürlich gar kein Problem. Und dort bin ich geblieben, vier Jahre lang. Anfangs hab ich nur in der Gemeinschaft geholfen, das mit der Meditation war mir suspekt. Von Religion hatte ich allein schon durch meine Eltern ja wirklich die Schnauze voll. Aber diese Liebe, die ich da gespürt habe, diesen Frieden, das wollte ich auch. Und so bin ich bald ganz natürlich einfach bei den Satsangs dabei gewesen, und ...", Manu lächelte bei der Erinnerung, „irgendwann war die Erkenntnis da. Nicht nur als Wissen, sondern als Gefühl. Wie du gesagt hast. Es ist alles in mir, die Liebe, die ich suche – einfach für mich. Na, und ab dann war alles einfach. Selbst als ich die Sangha verlassen habe, weil es meinem Paps so schlecht ging, dass er die Bäckerei nicht mehr alleine machen konnte und ich zurück nach Erfurt bin. Der Frieden blieb. Tja, und jetzt siehst du Erfurts bekannteste Biobäckerin Manu Tildinghaus vor dir, wer hätte das je gedacht." Lars sah Manu beeindruckt an. „Erzählst du mir mehr? Vielleicht morgen zum Abendessen? Ich bleibe noch bis Sonntag hier und würde wahnsinnig gern mehr über Mooji und deine Erfahrungen hören. Weißt du, bei mir läuft gerade alles nicht so gut."

Nun, die Geschichte ging folgermaßen weiter:

Lars war kurz nach der Schule nach Frankreich gezogen und hatte bei Blizzard als Spielentwickler gearbeitet. Alle beneideten ihn um diesen „coolsten Job der Welt", aber sie wussten leider nicht, wie grauenvoll die Arbeitsbedingungen dort waren. Auch seine Beziehung mit Frederique hatte unter den unerwarteten

Nachtschichten gelitten, und nach ihrer Trennung hatte er die Wohnung nicht mehr halten können, eines war zum anderen gekommen und schließlich war ihm gekündigt worden. Das war zwei Monate vor dem Klassentreffen gewesen und so war die Reise nach Erfurt ein Versuch, an alte Bande anzuknüpfen.

Die Begegnung mit Manu hatte Lars tief berührt und er war auf ihre Empfehlung hin selbst für einige Zeit nach Portugal zu Mooji gereist, hatte ihn sogar auf einer Meditationsreise nach Indien begleitet. Und als wollte das Leben zeigen, dass es Happy Ends wirklich auf Lager hat: acht Jahre nach dem Klassentreffen sind Manu und Lars ein Paar geworden. Sie leben mittlerweile in Portugal, wo sie eine spirituelle Bio-Bäckerei aufgemacht haben – mit Café und mehr. Vor allem aber sind sie glücklich. Jeder mit sich. Und dadurch mit dem anderen.

Tor 10 im Selbst. Vielleicht eines der beeindrucktesten Tore – denn es geht um Selbstliebe, eine innenwohnende Lebensfreude, die entfaltet werden will. Um den authentischen Ausdruck deiner Selbst, das echte, wahre Sein. Diese Echtheit kann andere inspirieren und Vorbild sein. Das Tor des Verhaltens, es geht um das ganze Spektrum: von Selbstliebe bis Selbsthass.

Kanal 10-20

Ein Ruck durchlief sie, dabei fiel das Buch vor ihr ins Gras. „Das stimmt, was will ICH eigentlich von meinem Leben?" Sie schüttelte den Kopf, es war, als hätte sie sich diese Frage noch nie gestellt. „Wo willst du hin mit deinem Leben, Mina"? (Fenja Lüders, Der Glanz der neuen Zeit, Speicherstadt Saga, Lübbe, 2020) Das war der Satz, über den sie gestolpert war, in einem der vielen historischen Romane, die sie zur Zeit verschlang. Junge Heldinnen im Aufbruch, der Kampf der Frauen 1920, in der Speicherstadt in Hamburg als Frau im Kaffeegeschäft tätig zu sein, davon handelte der Roman.

Carina wusste mittlerweile ziemlich genau, was sie *nicht* wollte. Nicht mehr so tun, als wäre alles okay, nicht mehr in diesem öden Trott 8.30 Uhr bis 17:30 Uhr in der Firma sitzen und Blätter sortieren, brav die Pausen von 9:00 bis 9:15 und 12:30 bis 13:15 Uhr einhaltend, bloß keinen Moment früher oder später kommen, sich nicht hervortun, aber ihren Teil beitragen, wie eine Marionette – allein bei dem Gedanken wollte sie nur noch schreien. Nicht mehr mit zu den Eltern von Tobias, nicht mehr... die Liste war lang. Aber was wollte sie denn – und wohin?

Auf einmal fühlte es sich an, als würde Starkstrom durch ihre Adern fließen. Carina war hellwach, sie fühlte den Augenblick so präsent, als habe sie seit Jahren geschlafen. Es ist genug. Sie stand auf und ging in Tobias Arbeitszimmer an seinen Schreibtisch, der wie üblich unter Bergen von Prozessakten kaum erkennbar war. Nahm ein Blatt weißes Papier aus dem Drucker und schrieb ohne nachzudenken:

„Liebster. Wir wissen beide, dass diese Namen, die wir uns geben, kein Leben mehr haben. Also Tobias. Unsere Vertragszeit als Liebster und Liebste ist lange schon abgelaufen. Du bist ein wundervoll engagierter Anwalt. Du setzt dich grandios für deine Klienten ein und das bewundere ich an dir. Aber ich mag so nicht mehr leben. Ich will keine Termine, die unverrückbar feststehen, keine Sonntage bei deinen Eltern. Ich will leben. Er-leben, Unerwartetes, Aufrüttelndes, wo ich nicht vorher weiß, was daraus wird. Ich bin aufgewacht und sehe, dass es nicht gut ist für mich. Deine nicht mehr Liebste. Carina.“

Carina ging an ihren Laptop, öffnete das Reiseportal und buchte den ersten Flug in der Liste. Die Welt war groß.

Kanal 10-20. eine Verbindung von Selbst und Kehle. Thema ist die Liebe des Selbst (Tor 10) im Jetzt (Tor 20) – so können Menschen mit diesem Kanal vorangehen und den Weg weisen. Erwecken – aus dem Schlaf wecken. Führen durch Vorbild. Offenheit. Das kann sowohl eine spirituelle

Komponente haben, sich aber genauso auf das ganz alltägliche Leben beziehen. Es geschieht, unerwartet und plötzlich, etwas „Erweckendes" für sie selbst – und durch sie für andere.

Tor 11

Von kleinauf war Nils auf Friedensmission. Bei Familienfeiern verband er alle durch seine Geschichten. Selbst Oma Heidi enthielt sich ihrer Sticheleien über das Essen, wenn Nils sie mit lustigen Erlebnissen aus dem Zoo oder später der Schule unterhielt. Er war der erste, der eine Friedens-AG in der Schule gründete, sich für einen Gemeinschafts-Schulgarten einsetzte und für ein Integrations-programm für Deutsche und Flüchtlinge.

„Das ist Xeno, ist doch okay, wenn er eine Weile auf der Couch im Gemeinschaftsraum pennt, oder?" Tobias und Lucas schauten zur Tür, wo Nils gerade mit einem hochgewachsenen Afrikaner hereinkam. „Was?" kam von beiden zugleich, „ähm, Nils, geht's noch?" „Moment", sagte Nils zu Xeno, „setz dich schon mal, da vorne müsste Kaffee sein, bei uns ist immer Kaffee da. Kann ich euch mal sprechen?" wandte er sich dann an seine WG- Mitbewohner. „Unbedingt", entgegnete Lucas und ging vor in Nils Zimmer. „Was soll der Scheiß, Mann, du kannst doch nicht schon wieder so ein privates Sozialprojekt hier anschleppen und von uns erwarten, dass wir okay damit sind. Vielleicht denkst du mal an den Ärger mit Amir."

Vor einem halben Jahr hatte Nils den afghanischen Flüchtling Amir mit in die WG gebracht. „Nur für ein paar Tage, bis er eine neue Unterkunft hat." Daraus waren drei Monate geworden und ihr Gemeinschaftszimmer hatte zeitweilig eher an eine Massenunterkunft erinnert, denn Amir hatte unzählige „Verwandte" in Not mitgebracht, die man ja nicht auf der Straße stehen lassen konnte. Zum einen hatte natürlich das Geld nicht gereicht, um so viele Menschen zu ernähren, denn schließlich hielten sie sich alle drei während des Studiums nur mit Nebenjobs über Wasser und jeder weitere Esser sprengte definitiv den Rahmen. Und dann hatte auch der Vermieter Ärger gemacht, sie waren fast rausgeflogen. Nur die Versicherung, dass so etwas definitiv nicht mehr vorkommen würde, von Tobias und Lucas (mehr als gern und glaubwürdig) versichert, hatte sie gerettet.

Doch das alles zählte für Nils nicht, er wollte die Welt retten. „Ihr müsst einfach größer denken. Hier geht es eben nicht um eure persönliche Komfortzone. Es geht um uns alle. Und Xeno braucht doch nur ein Bett für ein paar Tage. Wisst ihr was, ich gebe ihm mein Zimmer und schlafe im Gemeinschaftsraum, dann merkt ihr gar nicht, dass er da ist."

Tor 11 im Ajna. Das Tor der Ideen und Geschichten für eine bessere Welt. Du regst Menschen an, sich für Neues zu öffnen. Frieden ist dir ein wichtiges Anliegen.

Tor 12

Tina stockte. Räusperte sich. „Verdammt nochmal", dachte sie, „gerade jetzt, wo ich die Gelegenheit habe, Schwiegervater mal von meiner Arbeit zu erzählen." Aber es half nichts, mehr als ein Stottern kam nicht heraus. Sie kannte diesen Effekt schon seit ihrer Kindheit. Verstehen konnte das keiner, Tina war eigentlich äußerst wortgewandt. War schon in der Schule immer die Beste darin gewesen, Theaterstücke in verschiedenen Rollen vorzutragen, virtuos jeder Rolle eine ganz eigene Stimme zu verleihen. Geschichten so zu erzählen, dass dem Hörer die Tränen kamen. Nur eben manchmal, da war all das wie weggeblasen, und sie stotterte herum.

Aus dieser Erfahrung heraus hat sich Tina angewöhnt, alles aufzuschreiben, was ihr wichtig ist, und so hat sie dem Schwiegervater ganz altmodisch einen Brief geschrieben, in dem sie erklärte, wie es ihr mit dem Sprechen geht. Und natürlich hat sie die

Gelegenheit genutzt, ihm ein paar Zeitungsausschnitte beizulegen, die ihre Arbeit dokumentierten. Der Brief war Teil ihres Therapiekonzepts und so hatte sie gar nicht mit einer Antwort gerechnet. Aber keine zwei Tage später kam eine mehrseitige Antwort von ihrem Schwiegervater, ein wunderschöner, gefühlvoller Brief, den sie ihm, wie sie sich eingestehen musste, gar nicht zugetraut hätte. Über die Jahre entstand daraus ein inniger Austausch, durch den auch Andreas, ihr Mann, seinen Vater besser kennenlernte als in den 42 Jahren zuvor. Aber nicht alle Briefe bekam er zu lesen. „Sei dankbar für das, was du lesen darfst", mahnte ihn dann Tina, wenn er sich beschwerte, dass seine Frau und sein Vater Geheimnisse vor ihm hätten.

Tor 12 in der Kehle. Ein Tor, das sich ausdrücken will. Viele große Schauspieler, Künstler, Musiker haben diese Gabe, denn das Potential zum Bewegen und Berühren von Emotionen ist beeindruckend. Es kann etwas Neues, Veränderndes, Besonderes und Mutatives in die Welt bringen. Oder sehr still und zurückhaltend sein. (Sarah nennt es daher manchmal das "Mittelalter-Tor" - wenn die Heilerin vor dem Inquisitor stand, war es manchmal dienlich, nichts zu sagen). Timing ist wichtig.

Tor 13

Vertraulich beugte sich die Barrista bei Starbucks zu Sebastian, der eigentlich nur seine Bestellung hatte aufgeben wollen. „Haben Sie bemerkt, wie unhöflich die junge Frau zu ihrer Mutter war? Also mit meiner Mutter damals, da habe ich ..." Sebastian seufzte. „Ich wollte doch nur einen Kaffee", dachte er. Egal wohin er kam – er schien immer eine vertrauliche Redeflut im anderen auszulösen. Oft begleitet von einem: „Das habe ich noch nie jemandem erzählt."

„Sie sind ein Naturtalent", fand sein Ausbilder in der Klink während seines Praxissemesters, „die Menschen vertrauen sich Ihnen an. Das ist eine echte Gabe." Doch nach drei Monaten dort hatte Sebastian diese Gabe eher als Fluch empfunden und sich der Forensik zugewandt. Hatte aber auch nicht geholfen. Menschen, die ihm ihre Geschichten erzählen wollten, gab es dort auch.

Andererseits liebte er es, wenn seine Mutter „von früher" erzählte. Er konnte gar nicht genug von den Geschichten seiner und vor allem ihrer Kindheit bekommen. Diese bewahrte er gern in der Erinnerung. Der Plan, hierüber einmal ein Buch zu schreiben, geisterte schon seit er fünfzehn war in seinem Kopf herum. Das einzige Problem war, dass er nicht schreiben konnte. Nicht, dass ihm das je jemand gesagt hätte, aber dieses Urteil hatte er mit Anfang zwanzig gefällt und sich nie wieder aufs Schreiben eingelassen. Doch neulich hatte ein Angehöriger ihm erzählt, dass er von Beruf „Geschichtenschreiber" sei, der die Erinnerungen von Menschen zu Papier bringt. Vielleicht sollte er sich wirklich mal an ihn wenden.

Tor 13 im Selbst. Das Tor des Zuhörens. Das kennst du sicher: Menschen erzählen dir ihre Geschichten. Sogar wildfremde Menschen, einfach so. Du strahlst diese Gabe des Zuhören-könnens aus, du bist ein Geschichten-Bewahrer. Die Menschen erzählen dir ihre Geheimnisse und du sammelst Informationen, ohne den Druck, sie wieder herausbringen zu müssen − sie bleiben einfach in dir.

Tor 14

„Was macht eigentlich eure Karin, war sie nicht bei so einer Wirtschaftsagentur untergekommen?" fragte die Nachbarin von Louises Eltern vorgeblich interessiert. „Blöde Kuh", dachte Louise, sie hatte Frau von Stratmann noch nie leiden können. Aber jetzt − sie musste unwillkürlich schmunzeln bei dem Gedanken − jetzt wird sie staunen. „Ach Karin, ja, danke, der geht's prima. Sie ist gerade in den USA und leitet die Umgestaltung des Reese Konzerns."

Louise konnte förmlich sehen, wie es im Kopf ihrer Nachbarin arbeitete. „Der Reese Konzern?" „Genau der. Sie haben extra nach Karin verlangt, war gar nicht so einfach für sie, da auch Apple ihre

Unterstützung für Japan wollte, aber…" Louise musste sich auf die Lippen beißen. Karins Erfolg war schon wirklich spektakulär. Und das Besondere war: die Eigenart, die alle früher an ihr bemängelt hatten, nur das zu tun, worauf sie Lust hatte, und das so effektiv wie möglich, war jetzt ihr Schlüssel zum Erfolg.

Tor 14 im Sakral. Wenn du Dinge tust, die dein sakrales Ja haben, auf die du anspringst, hast du viel Kraft und außergewöhnliche Ausdauer, fast eine magische Power. Du kannst viel Fülle erschaffen, es geht aber auch immer darum, auch anderen damit behilflich zu sein.

Tor 15

„Du hast ja bald Geburtstag, Nina", sagte Charlotte zu ihrer Freundin und schmunzelte bei der Erinnerung an deren letzte Feier. „Lädst du dann wieder deine Freundin, die Nonne, ein, wie hieß sie gleich noch? Das war einfach grandios, wie Arthur sich da in seiner Lederkluft mit ihr über Kartoffelsalatrezepte unterhalten hat."

Nina grinste. „Ja klar, ist doch cool, wenn die beiden mal ein bisschen über ihre Komfortzone hinaus müssen. Diesmal kommt auch Jacomo, mein Schamanenfreund aus Peru. Und Lisa bringt ihren neuen Freund mit, Ronny von den Hells Angels, er ist kürzlich wieder aus dem Gefängnis entlassen worden. Nur mit Astrid muss ich alleine essen gehen – nach dem letzten Mal weigert sie sich, zusammen mit Norbert in einem Raum zu sein."

Niemand hatte eine so bunte Mischung an Freunden wie Nina. Nicht nur, dass sie sich wie ein Chamäleon veränderte, je nachdem, mit wem sie gerade zusammen war (offenes Selbst). Sie war gleichzeitig aber immer echt, als würde sie sich wie ein Gummiband mühelos mal in die eine, mal in die andere Richtung ausdehnen können und so mit jedem sein.

„Dein Naturell könnte ich nächsten Sonntag echt gebrauchen", Charlotte verdrehte die Augen, „es ist mal wieder soweit, wir müssen zu Andrés Eltern. Ich kann das einfach nicht mit Queen Mom. Ohne großen Diva-Auftritt geht bei der gar nichts." „Dann spiel doch mit, mach deinen eigenen Auftritt draus", schlug Nina vor. „Geh auf sie ein und mach ein Spiel daraus, das kann auch Spaß machen." „Mir nicht", meinte Charlotte entschlossen, „ich bin wie ich bin. Und muss nicht jeden mögen. Punkt."

Tor 15 im Selbst. Große Flexibilität, kann sich gut auf verschiedene Menschen, Aufgaben und Umstände einstellen. Kann gut mit Extremen umgehen, wirkt sehr anziehend, vermittelt Toleranz.

Tor 16 und Profil 1/3

„Oh, welche Überraschung, du hast eine Fortbildung am Wochenende, das ist ja unerwartet!" „Deinen Zynismus kannst du dir echt schenken, Karin", fauchte Lona, „ich will eben wissen, was ich tue – ganz im Gegensatz zu manchen Leuten, die einfach so rumstümpern." Wutentbrannt stopfte Lona ihre Klamotten in die Übernachtungstasche. „Was soll das denn jetzt, bleib doch wenigstens bis morgen früh. Wir sehen uns doch eh so selten", lenkte Karin versöhnlich ein. „Und hör mir dann die ganze Zeit an, wie sinnlos meine Fortbildungen sind? Nein danke, das spar dir ruhig." Lona griff nach ihrem Schlüssel und wandte sich ab. „Ich hab echt keinen Bock auf eine Beziehung, wo ich mich dauernd rechtfertigen muss. Ich fahre jetzt."

Karin seufzte. Warum nur war es ihrer Liebsten so wichtig, immer und immer mehr zu lernen. Sie hatte zwei Doktortitel, das musste man sich mal vorstellen. Dr. Dr. Lona Meierling. Vor dem Studium die Ausbildung als Krankenschwester, dann Studium in München und Harvard. Und seitdem jedes Wochenende eine andere Fortbildung, denn Lona hatte nie das Gefühl, gut genug zu sein, genug zu können. Die Themen waren ja auch teilweise spannend und von der

Liebscher-Bracht-Fortbildung neulich hatte auch sie, Karin, profitiert. Aber warum mussten es dann noch alle sechs Folgeseminare sein? „Lona, du kannst es doch, warum denn noch mehr, du musst doch nicht aus allem eine Doktorarbeit machen"– wie oft hatte sie versucht ihr das begreiflich zu machen. Aber Lona war es nicht genug. Da kam der komische „Filigran"– Nähkurs dazu, weil das ihre Arbeit in der Notaufnahme unterstützen konnte, der Survival-Kurs in Kanada, die Pflanzenheilkunde der Maori. „Wenn's denn für dein Vergnügen wäre, Lona, dann würde ich nie ein Wort sagen, wirklich. Aber du machst das doch nur, damit du „gut genug" wirst. Süße, du bist schon tausend Mal mehr als gut genug, wann siehst du das denn endlich ein?" Doch Lona war auf diesem Ohr einfach taub. „Gut genug" schien es in ihrer Welt nicht zu geben.

Tor 16 in der Kehle. Dieses Tor in der Kehle hat viel mit Begeisterung und Enthusiasmus zu tun. Du hast ein Auge dafür zu sehen, was funktionieren kann und was nicht. Du identifizierst dich mit dem, was dir sinnvoll erscheint und dem folgst du, perfektionierst es immer weiter.

Kanal 16-48

„Das ist kein Garten, das ist ein Kunstwerk!" rief Nadja. „Wie in aller Welt hast du denn die Bäume in diese Form bekommen?" Niels lächelte bescheiden. „Ist doch kein Ding, ich schneide sie halt einfach so, wie es in ihnen vorgegeben ist." „Du hast echt keine Ahnung, wie grandios du bist. Lass mich doch endlich den Garten an Taspo schicken. Die nehmen dich sofort für die Titelseite." „Auf gar keinen Fall!" schrie Niels entsetzt auf. „Das ist doch längst nicht gut genug. Und ich hab immer noch so vieles, was ich nicht ergründet habe."

Es war sinnlos, dessen war sich Nadja bewusst. Sie würde ihren Großvater niemals dazu bekommen, wirklich zu erkennen, wie besonders seine Gabe war. Er sah nicht die unzähligen Studien und Gartenbauseminare, die er besucht hatte, genauso wenig wie den legendären grünen Daumen, den er seit ihrer frühesten Jugend, egal wo sie gelebt hatten, unter Beweis gestellt hatte. Niels reichte es nicht, einfach einen Dünger zu kaufen, er machte ein Forschungspraktikum in einer Düngermittelfabrik mit Forschungslabor. Er schnitt nicht einfach die Äste, er wurde Fachagrarwirt für Baumpflege. Niemand wusste mehr über Bäume und Pflanzen als ihr Großvater.

Kanal 16-48, eine Verbindung zwischen Kehle und Milz. Dieser Mensch hat meist besondere Gaben und Talente, die ihm wahrscheinlich selbst gar nicht bewusst sind. Hier geht es um Konzentration und Wiederholung, den Fokus auf das eine Instrument, die eine Praxis, bis zur Perfektion.

Tor 17

„Und Lilly will wirklich auch über die Osterfeiertage im Internet bleiben?" fragte Carla erstaunt, „statt mal ein paar freie Tage zu haben?"

„Ich hab dir doch von dem Debattier-Club erzählt, den sie dort gegründet haben. Und jetzt erarbeiten die Teilnehmer eine weitangelegte Medienkampagne der Aufklärung für andere Jugendliche. Lilly hat endlich genügend Zuhörer, ihre Erklärungen und ihr Wissen kommt total gut an, und sie ist inzwischen aus der Leitung gar nicht mehr wegzudenken. Du hättest ihre Begeisterung sehen sollen, als sie uns davon erzählte; das war so schön, da brachten wir es nicht übers Herz, sie nach Hause zu drängen. Und Peter freut sich, er hat ja schon immer gehofft, dass sie mal in die Politik geht. Na ja, mit ihrer Klugheit und Weitsicht könnte das unser Land gut gebrauchen." Andrea seufzte. „Natürlich vermisse ich sie. Aber ich will nicht egoistisch sein, ich liebe es zu sehen, wenn sie so erfüllt ist. Und einen Vorteil hat es – keine Vorträge beim Osterlamm."

Carla nickte amüsiert – ja, die Belehrung vom letzten Jahr über Tierwohl hatte schon für mächtig Wirbel gesorgt. Und dass Lilly alles mit Zahlen und Fakten untermauern konnte, hatte nicht wirklich geholfen, die Stimmung zu entspannen.

Tor 17 im Ajna. Kann gut Bilder in Worte fassen und Pläne und Strategien mit Hilfe von Logik entwickeln, die in eine gute Zukunft führen sollen. Diskutiert gern und kann abstrakte Zusammenhänge erklären.

Tor 18

Nela und Tim sind jetzt seit fast neun Jahren zusammen. Außenstehende sind davon oft überrascht, vor allem, wenn sie längere Zeit mit den beiden verbringen. Denn da gibt es viel Kritik. „Da ist zu wenig Salz an den Kartoffeln" ist noch das Netteste. Darauf angesprochen lachen beide. Ja, das hat ihnen beiden in der Vergangenheit ein paar Beziehungen gekostet. „Dabei weise ich doch nur auf das hin, was verbessert werden muss. Muss man doch nicht immer gleich beleidigt sein," sagte Nela zu ihrer Freundin Meike. „Naja, aber Tim zu sagen, dass er bald schon wieder eine neue Hosengröße brauchen wird, ist ja nun nicht wirklich so nett, oder?" Doch Tim meinte lachend: „Nett vielleicht nicht, aber sie hat doch recht. Ich esse halt viel zu gerne. Und was soll ich mit einer Partnerin, die „nett" zu mir ist, du kennst doch den Spruch mit „nett ist die kleine Schwester von … Ich stehe jedenfalls auf ehrlich. Und", er lacht, „dafür ist sie wahrlich kein Sportgenie, eher die Rubrik Kartoffel. Lieben tu ich sie trotzdem."

Beeindruckend, hier hat sich ein Paar gefunden, das die Welt ähnlich sieht und okay damit ist. „Die Arbeit am Verdorbenen" heißt dieses Tor im Human Design. Es schaut mit kritischem Blick auf alles, was eben nicht richtig gut ist. Nela und Tim haben wohl ihren Frieden damit gemacht. Und der Erfolg ihrer gemeinsam gegründeten Firma „Optimal Design" scheint ihnen Recht zu geben – hier werden sie als externe Berater engagiert, um genau das zu tun, was ihnen so leicht fällt – zu kritisieren, was verbessert werden muss. Um es zu optimieren.

Tor 18 in der Milz. Mit Tor 18 hast du die Fähigkeit, zu sehen, was verbessert werden muss, damit das verändert werden kann, was keinem mehr dient. Du stellst Dinge in Frage, siehst, was nicht funktioniert. Es gibt eine Neigung zur Perfektion. Ein kritischer Blick, besonders für das gegenüberliegende Geschlecht. Es geht um Weiterentwicklung und Überarbeitung alter Muster.

Tor 19 und Profil 2/4

„Das esse ich nicht. Da sind ja graue Flecken drin." Angeekelt schob Nils seinen Teller weg. Nadine seufzte. „Nils, das hab ich dir doch schon mal erklärt, wenn Luft an das Tartar kommt, wird es eben ein bisschen grau. Das heißt nichts." Doch der neunjährige Nils presste die Lippen zusammen. Und Nadine zuckte mit den Schultern: „Na gut, dann mach dir eben ein Nutellabrot." Kaum hatte sie das Tartar-Zwiebelbrötchen abgedeckt und für ihren Mann, der Gottseidank ein Allesverwerter war, in den Kühlschrank gestellt, kam der nächste Aufschrei ihres Sohnes. „Wieso hast du denn keine Nutella gekauft, das ist Nusspli, ihgitt, das esse ich nicht!"

Nadine sagte nichts. Nur keinen Streit anfangen - sie wusste aus Erfahrung, dass Argumentieren bei ihrem Sohn nichts bewirken würde. Wie konnte man nur so eigen sein? Als hätte er ein inneres Vergrößerungsglas eingebaut, das ständig damit beschäftigt war, jede kleine Unstimmigkeit zu suchen. Sie wusste genau, was nun folgen würde. Nils würde in sein Zimmer gehen, die unterste Schranktür öffnen, wo die Keksrollen und Schokoladentafeln lagen, die er liebte. Davon musste immer ein ausreichender Vorrat da sein. Genauso wie von den Himbeerjoghurts von Liebman und den ganz grünen Granny Smith. Und eben Nutella. Ohne diese Dinge war das Drama immer vorprogrammiert. Sie hatte es schon geahnt, als ihre

Mutter für sie eingekauft hatte und mit dem Nusspli angekommen war.

Tor 19 in der Wurzel. Hier geht es um die eigenen Bedürfnisse, gepaart mit dem Wunsch, dazuzugehören, Teil der Gruppe, Familie, Gemeinschaft zu sein. Daraus wiederum entsteht auch ein guter Blick für das, was andere brauchen. In dem Streben nach (Überlebens)Sicherheit haben Menschen mit diesem Tor gern einen Vorrat der Dinge, die sie mögen, da.

Kanal 19-49   (Nina, 6 Jahre)

Mit hochrotem Kopf wandte sich Susanne ihrem Nachbarn zu. „Ich weiß auch nicht, was in Nina gefahren ist, sonst ist sie nicht so," versuchte sie hilflos zu beschwichtigen. Andreas nickte, wenn auch ein wenig bemüht. „Kein Problem, Kinder halt."

Was war geschehen? Marc wollte ein Familienfoto für die Weihnachtspost machen. Und da Andreas gerade auf einen Kaffee zu Besuch war und man sich ohnehin als Nachbarn gut verstand, sich zum Grillen und Feiern traf und sich gegenseitig beim Reparieren des Hauses half, fand Marc, dass Andreas natürlich mit dazu gehört und sich neben Susanne stellen sollte. Daraufhin hatte Nina lauthals protestiert: „Der gehört nicht zu uns, der soll weggehen!"

Genauso vehement protestierte Nina, wenn Tante Käthe sie küssen wollte: „Da wird mir ganz schlecht, die sabbert ja." Und neulich, als die „andere Oma"– so nannte sie die Stiefmutter von Susanne – sie zwingen wollte, das Stück Buttercremetorte aufzuessen, weil das ja sonst unhöflich wäre, hatte sie den Kuchen kurzerhand der Oma auf den Rock gespuckt.

„Ich kenne meine Nina gar nicht mehr, sie ist sonst doch so ein liebes, feinfühliges Mädchen. Ich glaube, ich muss mal mit jemandem darüber sprechen," meinte Susanne seufzend. Hoffen wir, dass sie das Human Design kennenlernt – denn Nina ist mit Tor 49 „designed", dieses klare Nein zu haben, wenn etwas nicht für sie passt.

Kanal 19-49 - eine Verbindung zwischen Wurzel und Emotionen. Sehr, sehr feinfühlig. (Essen, Kleidung, Berührung! Wunderbarer Heiler-Kanal, Shiatsu, Reiki, etc). Braucht Verbindlichkeit, Zusammenhalten. Und gleichzeitig gibt es hier massive Abwehr dessen, was nicht passt. Sehr empfindlich bei Kritik. Braucht genug Ressourcen (Vorratskammer). Es gibt kein Verhandeln, wenn etwas nicht stimmt, dann kann er nichts geben/zulassen. "Mein Magen sagt, das will er nicht." Der Druck der Bedürfnisse: was brauche ich – was brauchen die anderen?

Tor 20 – aus dem Seminar

„Du bist immer so flexibel, Sarah, mich würde interessieren, wie du dich auf einen Kurs vorbereitest," wollte Claudia wissen. „Ich bereite mich nie vor, ich folge einfach dem, was es gerade aus mir heraus erzählt", antwortete Sarah. „Am Anfang habe ich ohne Ende vorbereitet, ausgearbeitet, geplant und entworfen. Nur, um während des Kurses nicht einen Blick darauf zu werfen. Egal, da dachte ich noch, das ist eben die notwendige Vorbereitung für mein „freestyle". Aber mit der Zeit habe ich gemerkt, dass dieses Vorbereiten mir tatsächlich auch die Freude nimmt – das ist, als wollte ich den Fluss lenken. Ich liebe es, mich führen zu lassen und zu schauen, was kommt." „Ja, aber hast du denn nie Sorge, dass dir nichts einfällt?" fragte Claudia weiter. Sarah lachte. „Doch, und wie. Immer. Aber ich weiß inzwischen einfach, dass ich live besser bin und kein noch so schön ausgearbeitetes Konzept das ersetzen kann. Was ja nicht bedeutet, dass ich nichts lerne, na klar beschäftige ich mich mit den Themen. Und dann lass ich los. Trotz der kleinen Angststimme. Die kommt dann einfach in den Arm. Und dann redet „es" aus mir und es kommt, was gerade dran ist. Je öfter ich das tue, desto mehr bestätigt sich, dass es für mich gut ist."

Tor 20 in der Kehle. Präsenz – im Jetzt sein. Jetzt wahrnehmen. Ein Tor, das die Magie des Augenblicks einlädt, sich ganz dieses jetzigen Moments gewahr zu sein. Das heißt nicht automatisch, dass alle Gedanken und Ideen auch sofort umgesetzt werden müssen; es geht um den Frieden, einfach zu sein. Alles Tun darf sich dann aus diesem stimmigen Moment heraus ergeben.

Tor 21

Fassungslos schaute Anna ihren Sohn Tim an. „Wir sind eine Familie, da hilft eben jeder mit. Ich weiß nicht, was du dir denkst. Wenn ich dich bitte, den Müll runter zu bringen, dann erwarte ich, dass du es auch tust. Das ist doch das Normalste von der Welt! Schließlich mach ich jeden Tag 1000 Dinge für dich", schnaubte Anna. Doch Tim bewegte sich nicht, blieb wie erstarrt in der Mitte der Küche stehen. Sein „Nein" stand zwischen ihnen. „Ich hab dich nicht drum gebeten, all diese Dinge für mich zu tun, dann lass es doch demnächst einfach sein." Trotzig verschränkte Tim die Arme vor der Brust. Natürlich war dies nicht ihr erster Streit zu diesem Thema. Auch Michael, ihr Mann, kam hier nicht weiter. Dabei konnte Tim total hilfsbereit sein – wenn er wollte. Aber wehe, er sollte mal tun, was ein anderer wollte. „Aszendent Maultier", meinte ihre Freundin Susanne neulich. „Kenn ich, ich bin auch so. Weißt du, Anna, das geht dann eben einfach nicht. Mir sagt keiner, was ich tun soll. Egal, wie lieb ich ihn habe. Und denk doch mal daran, was dein Tim alles schon geschafft hat. Er wollte Erster sein in dem Chemieprojekt, und was hat er getan? Tage und Nächte im Schullabor verbracht. Bis er es geschafft hatte. Wenn der was will – wow. Und dazu gehört eben die andere Seite der Medaille – wenn er etwas nicht will, geht's auch nicht."

Tor 21 im Ego. Dieses Tor hat viel mit den Themen Autorität, Kontrolle und dem Lenken von Energie zu tun. Mit diesem Tor bist du da am besten, wo du Chef in deinem Bereich bist, oder zumindest der Geschäftsführer, eben einfach derjenige, der den Kurs bestimmt. Vor allem aber derjenige, der über die materiellen Ressourcen bestimmt. Dann kannst du einerseits „dein Ding" machen (und hast eine große Kraft, dich auch mal durchzubeißen, wenn es schwierig ist), sorgst jedoch auch für die Bedürfnisse der Gemeinschaft, für die du stehst, und schaust, dass alle versorgt sind.

Kanal 21-45 Der Kanal des Königs - oder: Die Kegelkasse

Nina hatte als Kind die „Kegelkasse" ihrer Mutter lange beobachtet. Die unscheinbare Blechdose stand staubig oben auf der Anrichte und – so zumindest empfand es Nina – wurde nie angerührt. Sie hatte gerade zählen gelernt und übte an allem, was sich anbot, daher wusste sie, dass dort 342,90 Mark drin lagen. Geld, das - hier war sie sich sicher - besser verwendet werden konnte als herumzuliegen. Auf ihre Frage, wessen Geld das sei, hatte ihre Mutter außerdem mit „ist nicht meines" geantwortet. Was ja dann soviel wie frei verfügbar bedeuten konnte, folgerte das Kind.

Die damals sechsjährige Nina war die ungekrönte Königin ihrer Straße, ihr Wort hatte Gewicht. Immer vorneweg, wenn es etwas zu klären galt, und dazu gehörte für sie auch, dass es allen gut ging. An dem besagten Tag war es heiß, so richtig heiß, dass man eigentlich gar nichts machen konnte. Ein Eis für alle Kinder in ihrer Straße, das wäre mal eine richtig gute Verwendung für die Kasse auf der Anrichte, fand Nina. Und nahm fünfzehn Mark heraus, um für alle Eis zu kaufen, zwei Kugeln für jeden, perfekt. Es ging ihr nicht um den Jubel der Anderen, als sie die Einladung verkündete, sie folgte einem inneren Gerechtigkeitsgefühl – nicht alle Kinder hatten Geld für ein Eis in der Tasche. Als allerdings ihre Mutter sie noch in der Eisdiele zur Rede stellte, vor allen anderen herunterputzte und sogar Diebin nannte, war sie zutiefst verletzt. Sie war doch keine Diebin, das würde sie nie tun! Sie hatte für etwas Gerechtigkeit gesorgt und schließlich niemandem etwas weggenommen, was er brauchte.

Nina ist heute fast fünfzig. Den Stachel der damals gefühlten Ungerechtigkeit spürt sie noch heute.

Noch eine 21-45

Noah lehnte sich zurück, ließ den Blick über sein Reich schweifen. 112 Quadrameter maß sein Wohn- und Arbeitsraum, mit Echtholzparkett und die Wände mit Naturholz und Lehmputz verkleidet. Es hatte sich gelohnt. Ein halbes Jahr lang hatte er jeden Abend nach der Arbeit mehrere Stunden an der Umwandlung der alten Scheune gearbeitet. Nebenan war noch ein weiterer großer Raum, der ihm als Schlafzimmer diente. Perfekt. Endlich war alles so, wie er es haben wollte. Gerade waren seine Eltern zu Besuch, sie schliefen im ehemaligen Wohnhaus, das allerdings noch nicht renoviert war. Katja, seine Freundin, hatte ganz erstaunt gefragt, ob er ihnen denn nicht das neue Schlafzimmer überlassen wollte, es wären doch seine Eltern. Noah musste sich eingestehen, dass er das nicht einmal erwogen hatte ...

Kanal 21-45 - die Verbindung von Ego und Kehle. Verbindung mit der Materie, übernimmt Verantwortung, lenkt und leitet den Umgang mit dieser Energie. Im Idealfall als Chef/in des Ganzen. Tor 45, der König, führt und lenkt, und die 21 weiß, wohin die Energie fließen soll. Im Idealfall sollte das Geschaffene ihr selbst und der Gemeinschaft dienen. Braucht Freiheit, mag keine Befehle und Einschränkungen.

Tor 22 - aus dem Seminar

„Meine Frau ist einfach meine Seelengefährtin, alles ist schöner, wenn sie da ist." Sarah schmunzelte innerlich, als sie den Blick über die Seminarteilnehmer schweifen ließ. Besonders die Single-Frauen seufzten leise - so einen Mann hätten sie auch gerne. Unbeeindruckt von dem Effekt, den er hatte, sprach Anton weiter: „Neulich waren wir zusammen in der National Gallery und ich habe Susan die Turner-Ausstellung gezeigt. Diese Tiefe der Farben, diese Explosionskraft, es ist, als wenn du eintauchen kannst in das Bild, es erfasst dich von innen …"

„Ich würde mich nicht wundern, wenn alle jetzt in die Ausstellung gehen", dachte Sarah. Anton hatte wirklich eine bemerkenswerte Energie. Sobald er sich für etwas interessierte, begeistert war, sprühte diese Energie im ganzen Raum. Ein Türöffner, so hatte ihn schon sein Großvater immer genannt. Allerdings nur, wenn Anton gut drauf war. Wenn er mieser Laune war, löst er ganze Partys auf.

Tor 22 im Solar Plexus. Ein Tor der Stimmungen. Du hast eine intensive Wirkung auf die Menschen in deinem Umfeld - je nach deiner Befindlichkeit und Laune öffnest du sie, wirkst voller Anmut mitreißend oder aber sehr negativ und verschließend. Du vermittelst den Ausdruck von Gefühlen und bringst so eine Offenheit und Ehrlichkeit in Verbindungen. Jede 22 kennt sicher den Satz: „Ich weiß gar nicht, warum ich dir das erzähle, das habe ich noch nie jemandem gesagt …". Ganz wichtig ist das richtige Timing, im richtigen Augenblick kann deine Emotionalität echte Wunder bewirken.

Tor 23

„Ihr habt ja gar nicht zugehört", bemerkte Nils und schaute enttäuscht in die Runde. „Doch klar", wollte Alice beschwichtigen, aber Anna-Lena war schneller und stöhnte: „Wer versteht denn so was auch."

Nils seufzte. Perlen vor die Säue werfen, so hatte das Onkel Herbert immer genannt. Er war der einzige gewesen, der immer offen war für Nils Ideen und sie nicht verlachte. „Aus dir wird mal was ganz Besonderes", sagte er einmal, „eine deiner bahnbrechenden Ideen wird mal auf fruchtbaren Boden fallen, und dann kriegst du ein Patent und wirst reich." Nils hatte damals natürlich nicht gewusst, was ein Patent war. Aber die Vorstellung, dass es so einen Zeitpunkt für ihn geben würde – und Onkel Herbert hatte so überzeugend gewirkt, dass er ihm geglaubt hatte – war tröstlich gewesen. Und daran hielt er sich. Wenn er eine Idee hatte, sprach er sie aus. Und von „krasser Scheiss, abgefahrene Idee" über „brilliant, das machen wir" bis hin zu „Nils, echt jetzt, lass uns einfach fernsehen" war er an alles gewöhnt.

Zwei Jahre später sollte Onkel Herbert Recht bekommen. Die von Nils „mal eben so" vorgebrachte Idee für eine Community App war wahrlich auf fruchtbaren Boden gefallen. Allerdings non-profit, denn auch darin war Nils anders als seine Familie.

Tor 23 in der Kehle. Ein großes Talent, Wissen sprachlich zu vermitteln, verständlich zu machen. Entscheidend ist dennoch, dass das Gegenüber offen ist, zuhören kann. Daher braucht es neben den richtigen Worten immer auch den passenden Augenblick, dann jedoch kannst du Klarheit und echtes Verstehen bewirken.

Tor 24

Stefan der Suchende, so hatten sie ihn schon in der Schule genannt. Natürlich war das spöttisch gemeint, denn seine eher an Sport und Internet interessierten Mitschüler hatten kein Verständnis für Stefans Hesse-Begeisterung gehabt. Als sie im Philosophieunterricht Siddharta besprochen hatten, war Stefan einer der wenigen gewesen, der das Buch überhaupt gelesen hatte, und so tief wie ihn hatte es ohnehin niemanden berührt. Für Stefan war es damals das Gefühl, endlich Sinn zu finden. Antworten. Oder zumindest einen Gleichgesinnten. Jemand, der sich auch Fragen stellte zu diesem Leben. Und Antworten suchte, und immer wieder auch fand.

Damit war klar, er würde Philosophie studieren. Was er dann auch elf Semester lang tat. Er verbiss sich förmlich in die Welten Kants, Platons, Wittgensteins. Später dann Schopenhauer, Nietzsche, und zuletzt Gadamer. Jedes Mal war es am Anfang „die Wahrheit", die er endlich gefunden hatte; bis klar wurde, dass auch dieses eine Bild nicht alles fassen konnte. Letztendlich wurde ihm klar, dass zu lernen, was Denker vor ihm gedacht hatten, nicht den Hunger sättigen würde, den Stefan verspürte. Diese ständigen Fragen ... er wollte Antworten, die wirklich Sinn machten.

Für eine Weile tat Stefan dann nichts mehr, er blieb im Bett. Seine Eltern vermuteten einen depressiven Schub („das hatte schon Onkel Günther") und wollten ihn am liebsten „einweisen" lassen - oder zumindest „einstellen" lassen. Stefan ist dann nach Nepal gereist, um seine Ruhe vor ihnen zu haben. Einfach los. Pass, Impfungen, Visum, ging alles total leicht. Und dann ist er in diesem Kloster gelandet - zuerst im Kathmandu-Tal und dann weiter in einer tagelangen Reise bis nach Lhasa - und schließlich in einer Höhle, in einem Retreat. Tja, und dann kamen sie, seine Antworten. Und lösten sich direkt wieder auf ... es wurde einfach still, wie er sagte. Und das spürt man in seiner Gegenwart. Man wird einfach still.

Tor 24 im Ajna. Ein Denker-Tor. Man sucht Antworten, Lösungen für die Mysterien des Lebens, und dieser Druck kann sehr schmerzhaft sein. Die Antworten können nicht erzwungen werden, sie öffnen sich unerwartet in all dem Suchen, und so kommt man immer wieder zur Erkenntnis von etwas Neuem.

Tor 25

Nadine seufzte. „Na gut, du Charmeur. Er kann hier übernachten." Warum sie ihrem Freund nichts abschlagen konnte, war ihr ein Rätsel. Oder auch nicht – es war so eine Unschuld in diesen Augen, in seinem ganzen Wesen. Als gäbe es keinen Grund auf der Welt, seine Wünsche abzulehnen. Außer, dass sie keinen Übernachtungsbesuch mochte, weil sie dann nicht schlafen konnte, zumal die Zweizimmerwohnung definitiv nicht für Besuch geeignet war. Und morgens, wenn Tom noch ausschlief - was er einfach immer tat, egal wer zu Besuch da war - und sie arbeiten musste, und der Besuch das andere Zimmer belegte, sie weder ihr geliebtes Frühstück am offenen Fenster einnehmen konnte (der definitiv schönste Moment des Tages für sie) noch an ihrem Schreibtisch in

Ruhe sitzen und arbeiten konnte, wusste sie schon, was kam. „Ich stör dich auch nicht", sagte Toms Vater dann üblicherweise freundlich, nur um sie dann in die unterschiedlichsten Gespräche zu verwickeln. „Kann ich dir was helfen?" war die absolute Nummer 1.

So traf Nadines Tor 29, das Ja-Sager-Tor, Toms Tor 25, die Unschuld. Und brachte sie in Bedrängnis, jedes Mal. Was hatte ihre Therapeutin neulich gesagt? „Wenn du eine Entscheidung treffen sollst, geh einmal ins Bad und frag dein Spiegelbild, ob du das wirklich willst – bzw. wollen würdest, wenn du dich liebst."

Nadine zögerte, jetzt hatte sie doch schon ja gesagt. Das ging ja gar nicht, sich umzuentscheiden. Andererseits traten ihr bei der Vorstellung, wie die Nacht und der kommende Tag ablaufen würden, die Tränen in die Augen. „Lächerlich", dachte sie, und fast hätte der bekannte innere Dialog wieder begonnen, mit dem sie sich dann fertig machte. Doch diesmal konnte sie ihn stoppen. "Ich bin kostbar, es darf mir gut gehen, ich bin für mich da, meine Bedürfnisse sind wichtig", begann Nadine ihre Gedanken in eine andere Richtung zu lenken. „Was murmelst du da?" fragte Tom, der mit einem Apfel in der Hand ins Bad kam. Jetzt oder nie, schoss es Nadine durch den Kopf. „Tom, ich habe ein Problem, und ich weiß, es ist mein Problem, aber ich habe es nicht besser hingekriegt." Und dann erzählte sie ihm, zum ersten Mal, wie sie den Übernachtungsbesuch seines Vaters wirklich empfand. Und wie schwierig das alles für sie war. Und Tom hörte zu, war wirklich präsent bei ihr. Hielt sie fest, als all die Anspannung in Tränen aus ihr floss. „Okay Süße", meinte er liebevoll, „ich kann nicht sagen, dass ich nachvollziehen kann, warum dir das so viel ausmacht. Und vor allem nicht, warum du das nicht gesagt hast. Aber darum geht es ja nicht. Wir finden eine Lösung. Für heute pennen er und ich einfach im Atelier. Dann hast du hier deine Ruhe und kannst morgen entspannt in den Tag starten. Und für die nächsten Male findet sich sicher auch etwas."

Tor 25 im Selbst. Ein sehr unschuldiges Tor mit einer großen Natürlichkeit, einer Art All-Liebe zum Leben. Gleichzeitig das Tor des Heilens und Heilwerdens, der Suche nach dem wahren Selbst.

Tor 26

„Das ist nicht dein Ernst, oder?" Doch Randolf grinste nur und streckte seine langen Beine noch ein Stück weiter auf dem Tisch aus. „Klar ist das mein Ernst. In zwanzig Minuten kommt die Pizza, dann muss ich eh aufstehen, und kann ja auch dann das Fenster zu machen, so kalt ist es nun auch nicht."

„Dieser Mann ist und bleibt mir ein Rätsel", dachte Sina kopfschüttelnd. Dabei war Randolf nicht faul, also zumindest nicht immer, nicht in den Dingen, an denen ihm wirklich etwas lag. Wie damals an der Übersetzung für das Online-Spiel - fast zwei Tage hatte er nicht geschlafen und es fristgerecht erledigt, so dass es noch mit auf die Messe kam. Hatte sich ja auch gelohnt für ihn, Randolfs kleine Firma Corner Games hatte dadurch den Umsatz verfünffacht und sich in Fachkreisen durchaus einen Namen gemacht.

„Du bewegst dich echt nur, wenn du musst, oder?" seufzte Sina, „wann hast du eigentlich zuletzt mal Sport gemacht?" „Wozu? Warum soll ich mich mit etwas abquälen, wozu ich keine Lust habe, nur damit ich potentiell fitter wäre, noch irgendetwas zu tun, was ich nicht will? Mir geht's doch gut, und alles, was ich machen will, kann ich doch tun." Damit war die Sache für Randolf erledigt. Punkt.

Tor 26 im Ego. Du bist designed, dir wichtig zu sein. An dich zuerst zu denken und selbstbewusst und kraftvoll für dich einzustehen (darin liegt keine Wertung im HD!). Unbeirrbar. Mit möglichst geringem Aufwand größtmögliche Wirkung zu haben. Tor 26 ist ein Überlebenstor, das Abkürzungen findet. Ein Tor, das gern in eine Position gelangt, in der es nicht mehr arbeiten muss, um zu überleben. Wenn du etwas wirklich willst, kannst du Wunder vollbringen, denk nur auch an die Pausen danach.

Tor 27

Seit Nicole in den Kindergarten gekommen war, wollte sie Krankenschwester werden. Das war ihr Rollenspiel, anders als ihre Freunde wollte sie nie Ärztin, Lehrerin oder Weltraumpilotin werden. „Krankenschwestern sind die, die dir beistehen, wenn es dir am schlechtesten geht und du deine Mama vermisst", sagte sie als Kind schon sehr bestimmt, während sie Bandagen um ihre Teddybären wickelte und Pflaster auf jede freie Stelle klebte – und das unweigerlich folgende Lachen der anderen ignorierte. Nicole war sich in diesem Punkt sehr sicher. Ihre Eltern, die hofften, dass ihre Tochter die Werft weiterführen würde, die seit vier Generationen in Familienbesitz war, versuchten alles, um sie von ihrem „Wahn", wie sie es nannten, abzubringen. Im Alter von 16 Jahren, als Nicoles Pläne konkreter wurden, versuchte ihre Mutter tatsächlich, einen Psychologen zu engagieren, der ihre Tochter zur Vernunft bringen sollte. Und war zutiefst schockiert, als der Therapeut das ablehnte und im Gegenzug ihr als Mutter vorschlug, mit ihr an der Frage zu arbeiten, weshalb sie den Lebensentwurf ihrer Tochter nicht akzeptieren konnte. Als sie endlich mit der Schwesternschule anfangen konnte, zog Nicole aus der Luxusvilla der Eltern in Hamburg-Eppendorf ins Wohnheim, und wenn andere Auszubildende über die langen Schichten stöhnten, strahlte Nicole. Endlich war sie angekommen.

Noch eine 27

Man kennt so etwas aus der Werbung: Das kleine Mädchen findet an seinem ersten Schultag in der Lunchbox einen Riegel Kinderschokolade und ein Butterbrot mit Smiley-Deko. Oder Papa Wolfgang, den am Abend der Rückreise von seiner Geschäftsbesprechung in Wien natürlich sein Lieblingsessen erwartet. Oder Tom, der Steuerberater, der für alle seine Angestellten Laptops kauft, damit sie während Corona von zu Hause aus arbeiten konnten – obwohl ohnehin jeder von ihnen einen eigenen Raum im Büro hatte und problemlos vor Ort hätte arbeiten können. Für Nadine, seine Buchhalterin mit kleiner Tochter, hat er sogar eine Betreuung für ihr Kind organisiert. Oder Selma, Inhaberin eines privaten Pflegedienstes, die – ganz anders als in ihrer Branche üblich – ihren Mitarbeitern sogar Wellnesstage spendiert: alle hundert Arbeitstage gibt es einen Extra-Urlaubstag mit Ticket für die Therme, inklusive Massage.

Tor 27 im Sakral ist vom Potential her ein zutiefst fürsorgliches Tor, indem es für andere, vor allem für die Familie, Freunde etc. sorgt. Mit viel Mitgefühl für Bedürftige sorgt es für die anderen, sollte aber immer darauf achten, auch gut für sich selbst zu sorgen.

Tor 28

„Aber es muss doch einen Sinn gehabt haben", schluchzte Lina. Etwas hilflos reichte ihr Astrid eine Packung Tempos. Was sagte man einer Freundin, die sich unsterblich in einen Typen verliebt hatte und nun todunglücklich war, weil er mit Loyalität und Treue offensichtlich nichts am Hut hatte? „Süße, der war ´ne Mogelpackung, der hatte dich doch gar nicht verdient", versuchte sie es behutsam, aber das führte nur zu erneutem Aufschluchzen. „Ich kann nicht glauben, dass da nichts mehr war, ich hab sie doch gespürt, diese Seelenverbindung. Wir waren uns immer wieder so nah, das hab ich vorher noch mit niemandem erlebt. Er hat sich einfach nicht einlassen können, da ist bestimmt ein Kindheitstrauma im Weg." Lina sah ihre Freundin nun kämpferisch an. „Du hast ihn ja nie wirklich kennengelernt." „Nee, zum Glück nicht", dachte Astrid, hütete sich aber, das zu zeigen. Außerdem - wer war sie schon, das zu beurteilen, schließlich hatte sie auch ihre Erfahrungen machen dürfen - sie schmunzelte bei der Erinnerung an etliche Dramen in ihrem eigenen Leben. „Weißt du", versuchte sie es erneut, „ich hab da mal etwas sehr Weises gehört. Es kann Begegnungen geben, da siehst du in der anderen Person deinen liebsten Seelengefährten – aber auf einer anderen Schwingungsebene. Weil dieser andere Mensch Aspekte von einer dir so vertrauten Seelenschwingung verkörpert. In deiner Liebe siehst du quasi durch den anderen hindurch auf die Spirit-Ebene. Und glaubst dann, dein Gegenüber sei all diese Aspekte. Aber vielleicht hat der ganz andere Themen, will oder muss etwas anderes erleben und kann überhaupt nicht so sein, wie du es in ihm oder ihr siehst. Die Liebe ist ganz sicher echt. Nur ob der andere das leben will und kann, was du gern hättest, das ist nicht gesagt."

Lina hörte aufmerksam zu. „Das macht irgendwie Sinn", schniefte sie, „denn es war echt, was ich da gespürt habe. Aber es stimmt, er hatte eben nur manchmal überhaupt Zugang dazu." Sie richtete sich auf. „Danke, Bestie", lächelte sie - diesen Spitznamen hatten sie sich beide gegenseitig gegeben, er stammte noch aus der Zeit, wo sie im Englischunterricht in der Zehnten über Amerika gesprochen hatten. „Ich denk da mal drüber nach. Weil ... dann hätte es ja seinen Sinn gehabt. Die Zeit mit Ramón hat mich auf jeden Fall daran erinnert, dass ich diesen tiefen Sinn und eine gemeinsame Richtung in einer Beziehung brauche, alles andere ist mir einfach nicht genug." Damit spielte sie auf Sebastian an, mit dem sie über drei Jahre zusammen war, aber nach eigenen Worten eher neben- als miteinander gelebt hatte.

Ein paar Wochen später trafen sie sich beim Italiener in der Innenstadt. „Ich geh nach Guatemala", begrüßte Lina ihre Freundin. Bevor Astrid noch irgendetwas sagen konnte, erzählte Lina weiter: „Dort gibt es ein neues Gemeinschaftsprojekt. Nachhaltiger Umgang mit der Natur und miteinander. Ganz viele spirituelle Angebote und sie wollen dort echt etwas bewegen. Vor allem für die Kinder, es gibt sogar eine HumanDesign-Kindergarteninitiative." „Du leuchtest ja richtig, Lina, ich freu mich so für dich. Das klingt wirklich sinn-voll. Klasse. Und, wenn ich ehrlich bin, denke ich schon, dass die Sache mit Ramón dich zu diesem Schritt gebracht hat, schon spannend", meinte Astrid lächelnd. „Und stell dich schon mal auf meinen Besuch ein. Nach Guatemala wollte ich immer schon mal!"

Tor 28 in der Milz. Ein sehr spannendes, individuelles Tor, in dem es darum geht, mit dem Risiko und der Lebendigkeit des Lebens umzugehen. Es sucht den Sinn, es ringt mit dem Sinn, und so kann sich das Leben schwierig anfühlen, anstrengend. Aber eben auch zutiefst sinn-erfüllt.

Kanal 28-38

„Endlich!" strahlte Birte. "Meine geliebten Berge." Dass ein Mensch die Berge so sehr lieben kann und gleichzeitig in Hamburg lebt ... verrückt. Aber unumgänglich, denn Birtes Software-Firma war nun mal im flachen Norden und zumindest zwei Wochen im Monat musste sie dort verbringen. Den Rest der Zeit zog es sie nach Süden in ihre Wahlheimat. Bergdoktorland nannten es ihre Kollegen schmunzelnd. Heute war das perfekte Wetter für die Nordwandspitze – eine Tour, die zwar recht anspruchsvoll war, aber ihr vertraut. Das rechte Knie würde schon mitmachen, schließlich liebte sie die Berge, das würde auch ihr Körper einsehen. Und mit Thomas zusammen war sie ja gesichert.

Den Schrei würde Thomas sicher nie vergessen – gut zehn Meter tief war Birte gefallen, und Gottseidank hatte der Haken gehalten. Bestürzt wollte er sich direkt abseilen, aber schon kam von unten ein: „Alles in Ordnung, das Scheißknie hat einfach keine Kraft mehr gehabt!" Wie sich herausstellte, hatte Birte sich zu allem Überfluss das linke, eigentlich gesunde Knie an der Felswand so massiv geprellt, dass es stark anschwoll. „Wie bitte, bist du irre, du willst doch nicht ernsthaft weitermachen?" entfuhr es ihm, als Birte sich anschickte weiter zu klettern, humpelnd und das eh schon angeschlagene rechte Knie belastend. „Ich will auf den Gipfel, das muss klappen, schließlich ist es die letzte Chance diese Saison, und ich hatte es mir fest vorgenommen", war ihre Antwort. Und sie hat es geschafft. Auch wenn danach erst einmal sechs Wochen Schiene angesagt waren.

Noch mal 28-38 - und Frau Manifestor

„Das ist doch viel zu schwer, Fräuleinchen!" Louise musste unwillkürlich lächeln. Dieser Satz war wirklich fest eingebrannt in ihrem Gehirn und tauchte jedes Mal auf, wenn sie etwas für eine Frau eher Ungewöhnliches tat. Die gute alte neugierige Frau Weber hatte echt immer alles mitbekommen, was im Haus passierte. Und dass eine junge Frau einen so schweren Sessel ganz alleine in den dritten Stock trug (oder besser gesagt schob und zog), war für die alte Dame undenkbar und äußerst interessant gewesen. Na gut, das war aber auch eine Hau-Ruck-Aktion, gab Louise innerlich zu. Sie hatte den schweren Fernsehsessel aus grünem Plüsch in einem Gebrauchtwarenkaufhaus gesehen – und wusste, sie muss ihn haben. Nur, dass leider in diesem Augenblick niemand da war, der ihr helfen konnte, ihr Mann Paul war arbeiten. Und würde nach seiner Spätschicht sicher keine Lust haben, den schweren Sessel hochzutragen. Und es musste halt jetzt sein bei Louisa, das war schon immer so gewesen. (Ein Freund hatte mal zu ihr gesagt: „Liebe Louisa, du hast nur ein Lieblingswort: Jetzt!!!")

Nach dieser Aktion war Louisa so erschöpft, dass sie tagelang krank in ihrem neuen Sessel gesessen hatte, was sie aber nicht bekümmerte. Wenn sie etwas wirklich dringend wollte, gab es kein links und kein rechts, nur ein nach-vorne. Ihr Vater war genauso gewesen. Der hatte noch im Alter von 79 Jahren die Reifen selbst gewechselt, war völlig taub für jeden wohlgemeinten Rat. Dass es nur 16,50 kostete an der Tankstelle – ungehört. Dass man es ihm schenken würde – ungehört. Er wechselte immer schon selbst die Reifen. Punktum.

Noch eine 28-38

„Ich verstehe immer noch nicht, was deine besseren Deutschnoten mit deinem Kampfsporttraining zu tun haben sollen." Ralf schüttelte den Kopf, sein Sohn war und blieb ihm ein Rätsel. „Ganz einfach, Dad", erklärte Thomas, „nach einer Stunde Training ist mein Kopf einfach total gechillt und ich krieg locker erklärt, was der alte Goethe wollte. Früher war das alles verstopft, ich kriegte es nicht raus." Was auch immer, dachte sich Ralf, Hauptsache sein Sohn kam endlich klar. Nur dass er dafür jeden Tag in der Woche an einem Ort namens Shaolin-Do wie ein Besessener trainierte, gefiel ihm weniger.

Kanal 28-38, eine Verbindung von der Wurzel zur Milz. Steht genauso für Lebenskampf wie für Lebensmut. Braucht einen Sinn! Kraft und Druck, für sich und das Seine einzustehen, koste es, was es wolle. Ein Kämpfer. Es geht um Entwicklung, den eigenen Weg, den eigenen Sinn. Taub für das Außen, verfolgt beharrlich seine Mission. Kampfsport ist oft gut). Kann sehr stur sein. Vor wichtigen Gesprächen hilft oft eine Runde Sport.

Tor 29 und das Ja

Leider wahr - muss man zur folgenden Geschichte sagen. Stefan und Anni waren seit zehn Jahren verheiratet und eigentlich am glücklichsten zu zweit. Allerdings waren sie das längst nicht so oft, wie sie es gern gewesen wären. Es ergab sich immer wieder, dass Leute sich bei ihnen einluden, es passierte einfach. Denn beide sagten Ja, sobald andere sie um etwas baten. Und so waren die beiden tatsächlich über ein Jahr mit Bekannten jeden zweiten Samstagabend zum gemeinsamen Doppelkopfspielen verabredet – soweit nicht ungewöhnlich. Aber sie mochten diese Bekannten gar nicht und hatten eigentlich gar keine Lust, Zeit mit ihnen zu verbringen, fanden aber nicht den Mut, nein zu sagen. Aber nicht genug - natürlich traf man sich bei Stefan und Anni, weil Anni ja so gut kochen konnte und es bei ihnen so gemütlich war.

Und dann wollten diese Bekannten eine Wohnung in Frankreich kaufen. „Du kannst doch Französisch, Anni, kannst du für uns die Verhandlungen übersetzen? Und könntet ihr mit eurem Auto fahren, wir haben ja nur den Zweisitzer." Stefan und Anni sagten ja, wie immer. Lust hatten sie keine. Und das Geld für Benzin und Übernachtung hatten sie eigentlich auch nicht. Aber das Ja-Sager-Tor hatten beide. Am Ende, nach erfolgreichem Wohnungskaufprojekt (und natürlich selbst bezahlten Reisekosten für Anni und Stefan) meinten die Bekannten gönnerhaft: "Danke, dafür laden wir euch mal zum Essen ein." Das war dann das Ende der Beziehung. Die Einladung kam nie, aber Stefan und Anni fühlten sich endlich frei genug, diese Bekanntschaft zu beenden.

Tor 29 im Sakral. Das Tor des Ja-Sagens, zu Projekten und Aufgaben, das dann große Beharrlichkeit hat. Eine großartige Kraft des Durchhaltens steckt in diesem Tor, leider aber auch die Bereitschaft, zu schnell und ungeprüft ja zu sagen, daher braucht es viel Klarheit und ein Hören auf die innere Führung und Intuition.

Kanal 29-46 oder: wir waren bei Kyrill [7] im Wald spazieren und sind sicher nach Hause gekommen. Eigentlich reicht ja der Satz schon. Wenn das einer schafft, dann dieser Kanal.

Nochmal Kanal 29-46

Tina ist irgendwie ein Glückskind. „Leicht war mein Leben trotzdem nicht", betonte sie immer wieder, „glaubt bloß nicht, dass mir das alles in den Schoß fällt. Aber wenn ich mich richtig reinhänge, dann klappt es eben meistens auch." Anton lachte. „Das kann man wohl sagen. Oder wie würdet ihr das nennen? Da zieht sie Hals über Kopf mit 17 bei ihren Eltern aus, weil ein Fotograf ihr weismacht, dass sie an seiner Akademie alles lernen wird, was sie als Model braucht. Schießt eine Menge Fotos von ihr – die sieht dann „zufällig" (solche Zufälle hätte ich auch gern mal!) die Chefin der Vogue und nimmt eines der Bilder für das Cover der letzten Ausgabe."

---

[7] Kyrill war ein Orkan, der am 18. und 19. Januar 2007 das öffentliche Leben in weiten Teilen Europas beeinträchtigte und in Böen Windgeschwindigkeiten bis zu 225 km/h erreichte. Er verursachte Schäden in Höhe von etwa 10 Milliarden US-Dollar, davon 5,5 Milliarden in Deutschland.[7] 47 Menschen starben, über eine Million Menschen waren zeitweilig ohne Strom.

„Ja, aber", protestierte Tina, „im Gegenzug, wenn was für mich nicht richtig ist, ich es aber aus Höflichkeit oder so doch machen will ... klatsch, legt mich mein Körper hin. Mit Erkältung, verstauchtem Fuß oder, wenn ich gar nicht hören will, auch etwas Drastischerem." „Dein bester Freund halt", schmunzelte Ricarda, „heißt es zumindest im Human Design. Er zeigt dir, was nicht stimmt für dich." „Toll", maulte Tina, „offensichtlich fand er die Modenschau gestern in München nicht richtig für mich, ich war so was von erkältet, da half echt nix. Und kaum hatte ich abgesagt, ging's mir besser, heute merk ich gar nichts mehr – aber mein Platz ist natürlich weg." „Ich bin mir sicher, dein Körper hatte einen guten Grund, der macht das doch nicht, um dich zu ärgern", erwiderte Ricarda. „Stimmt schon. Ich hatte ja drei Jobs vorher gemacht, dabei dieses blöde Eis-Shooting. Und ...", Tina unterbrach sich, ihr Handy vibrierte in ihrer Tasche, und sie schaute verblüfft auf die Nummer. „001-? Das ist doch Amerika?" Sie drückte schnell die Annahmetaste und stand auf, um auf den Balkon zu gehen.

Die anderen schauten sich fragend an. Amerika war Tinas Traumziel, immer schon gewesen. Aber wer sollte sie da schon anrufen, noch kannte sie ja niemand. Wenige Minuten später hörten sie ein Quietschen vom Balkon und sahen Tina auf und ab hüpfen. „Muss wohl was Gutes sein", grinste Ricarda zu Leni und Nicole. „Warum kommt sie denn nicht rein?" fragte Leni. Tina tippte wild auf ihrem Handy, steckte nur kurz den Kopf durch die Tür und rief: „Gleich, Mädels, ich bin in New York gebucht für die Fashion Week, muss eben den Flug klar machen." Als sie dann endlich vom Balkon kam, wurde sie sofort mit einem „Erzähl, erzähl!" bombardiert. Wie sich herausstellte, sollte sie für America Gonzales (DIE America Gonzales!!) einspringen, DAS Topmodel der Spring 2022 Collection, denn diese hatte sich heute so den Fuß verstaucht, dass sie nicht mehr laufen konnte. Und dank ihrer peruanischen Mama sah Tina America zum Verwechseln ähnlich. Wie nun aber ihre Unterlagen zu der führenden amerikanischen Model-Agentur gelangt waren, und dass ausgerechnet heute Tina eben nicht (mit natürlich ausgeschaltetem Handy) vor der Kamera stand, sondern direkt ans Telefon gehen und morgen früh nach New York fliegen konnte – das konnte sich keine der vier Anwesenden wirklich erklären. „Danke, Tor 46", lachte Tina und sprang auf, um nach Hause packen zu gehen.

Kanal 29-46, eine Verbindung von Sakral und Selbst. Sich Einlassen und Durchhalten, es zu einem guten Ende bringen können (oder eben gerade nicht). Sich verbindlich auf eine Erfahrung einlassen und aufs Ganze gehen. Und die Extraprise Glück dazu. Achtung: vorschnelles oder nicht sakral stimmiges "Ja" kann schwächen.

Tor 30 - Encore une fois

„Lass uns doch bitte, bitte, bitte wieder nach Le Pin Sec fahren", bettelte Jana, „es kann doch nirgends schöner sein." „Dann hast du wohl die Surfschule völlig verdrängt, oder?" erwiderte ihr Mann Volker sichtlich entnervt. „Das war ätzend, dauernd diese Partys am Strand und dann auch noch auf dem Platz. Du selbst hast gesagt, dass es überhaupt nicht mehr das friedliche Camping-Gefühl macht." Jana seufzte. „Du hast ja Recht. Ich hab's verdrängt. Dann lass uns nach Sylt fahren, da soll es einen Platz geben, wo es abends total still ist. So wie damals in Le Pin Sec."

Volker verdrehte die Augen. Den Satz „so wie damals" kannte er gut, genauso wie die grenzenlose Enttäuschung, wenn es dann anders war. Theoretisch war das ja auch Jana klar, spätestens seit Erquy, ihrem ersten Urlaub in dem Haus auf dem Land in der Bretagne. Und wie sie gedrängt hatte, im nächsten Jahr wieder dorthin zu fahren, alles sollte genauso sein wie im Jahr zuvor. War es aber nicht. Der Bauer hatte die Kühe verkauft und alles zu Ferienwohnungen umbauen lassen. Ihr Lieblingscafé war geschlossen und der Bäcker verkaufte nur Kuchen vom Band, wie Jana es nannte. Für die Kuchen-liebende Jana ein Unding, schließlich wurden bei ihr Orte nach ihren Konditoreien beurteilt. Und das

Allerschlimmste war, dass selbst das Reiten, das im Jahr zuvor ihre Offenbarung gewesen war, nicht mehr das gleiche war, denn der neue Reitlehrer machte keine freien Ausritte an der Küste mehr. Also waren sie im Jahr darauf nach Sardinien gefahren – und es war großartig gewesen. Im Jahr danach allerdings nicht mehr... aber immerhin war danach Kanada möglich gewesen, denn sie hatte eine Vision vom Leben an einem See in der Wildnis gehabt. „Besser als meine Eltern", dachte Volker, „36 Jahre Langeoog - erschieß mich." Anstrengend konnte sie schon sein, seine Jana. Aber auch ein Traum.

Tor 30 im Emotional-Zentrum. Dieses Tor brennt vor Begierde, neue Erfahrungen zu machen, Gefühle zu fühlen, das Leben zu entdecken und zu erleben. In dir ist eine sehr intensive emotionale Energie, zu erkunden und zu fühlen. Das Tor heißt nicht umsonst das Feuer. Wichtig ist jedoch, vor der Erfahrung die Erwartungen loszulassen, sich auf das Unbekannte einzulassen, sich der Erfahrung hinzugeben und nicht zu versuchen, das Vertraute zu wiederholen.

Tor 31 – oder eigentlich müsste dieses Tor Jakob heißen.

Denn Jakob war der Inbegriff eines Führers durch Vorbild. Klassensprecher von der ersten Wahl an, immer bereit, sich für seine Leute zu engagieren. Unbestechlich, sprachlich absolut brilliant und dabei immer authentisch. „Wie kann ich helfen?" fragte er. Und das war ehrlich gemeint, er wollte wirklich behilflich sein. Er hat Wirtschaft studiert, aber nicht, um möglichst viel Kohle zu machen. Sondern um dort, wo die Macht dazu sitzt, einen Unterschied zu machen. Das hat er dann auch geschafft – seine Firma hat auf seine Initiative hin begonnen, die Mitarbeiter am Gewinn der Firma zu beteiligen, was nicht nur viel größere Arbeitszufriedenheit, sondern auch einen kräftigen Gewinn einbrachte.

Tor 31 in der Kehle. Das Tor der demokratischen Führung. Es hat Einfluss, Wirkung, kann Menschen bestärken und ermutigen. Hier geht es um Führen als Dienst, ein Dienen durch das Führen. Es braucht dazu den Auftrag des Kollektivs.

118

Kanal 31-7 – eine Erinnerung von Sarah

Ron schmunzelte. „Ja, irgendwie ist es schon so, dass ich in der Führung lande, wenn ich beruflich mit Leuten zusammenkomme. Aber ich will auf gar keinen Fall Leute herumkommandieren", beeilte er sich hinzuzufügen. „Mir ist wichtig, ihre Gaben zu fördern. Ich liebe es, wenn sie anfangen zu leuchten."

Sarah hatte Ron beim Schwimmen kennengelernt, sie kamen ins Gespräch, weil sie offensichtlich beide die Neigung hatten, in die möglichst hohen Wellen hineinzuspringen. Und unausweichlich kam das Gespräch dann aufs Human Design. Vieles deckte sich – wie könnte es auch anders sein – mit Rons Erfahrungen als überaus erfolgreicher Rechtsanwalt im internationalen Firmenrecht und seinen Erfahrungen im Umgang mit Menschen.

Ron hatte schon ganz früh begonnen, seinem Weg zu folgen (jede 31-7 muss erst einmal sich selbst folgen, in Stimmigkeit, nur dann kann sie als Führer verlässlich werden). Er war ausgewandert, hatte viele Jahre auf Bonaire gelebt und es dann im Alter von 30 Jahren zum Partner einer der weltweit führenden Kanzleien im Wirtschaftsrecht gebracht. Beim Lesen seines Charts musste Sarah schmunzeln, es passte alles. Ein Manifestierender Generator, Profil 2/4. Alle Zentren definiert bis auf das Ego. Seinen Wert beweisen, das war lange ein unbewusster Ansporn für Ron gewesen. Jetzt, mit 63 Jahren, begann er, auch in diesem Erfahrungsbereich Frieden zu finden. „Ich muss niemandem mehr etwas beweisen", schmunzelte er. „Schon spannend, da lebe ich ein ganzes Leben nahe am Meer, egal in welchem der vielen Länder, in denen ich war. Habe alle Wassersportarten betrieben, die man sich vorstellen kann. Wie ein Getriebener. Und jetzt merke ich – nichts davon hat mich je so erfüllt wie einfach hier zu sitzen. Und dann und wann raus zu schwimmen und in die Wellen zu springen. Ich bin so zufrieden mit meinem Leben." Und das sieht man ihm an, diesen Frieden, der nichts mit Geld und Erfolg zu tun hat, der einfach da ist. Jetzt.

Kanal 7-31 – eine Verbindung von Selbst und Kehle.
Ein Anführer – wenn das Kollektiv dich dazu einlädt. Voraussetzung ist, sich selbst führen zu können. Strategien entwickeln. Richtungen erkennen.

Tor 32

„In Maßen, Liebes, in Maßen." Das war Omi Lilos Wahlspruch gewesen, ein Leben lang. Und da Nina ihre Geschichte kannte, nickte sie nur und versprach, mit der Hausverwaltung ihrer Großmutter zu reden, die eine Komplettsanierung des Gebäudes plante. „Ich rede mit ihnen, Omi. Die Bäder müssen wirklich gemacht werden. Aber für den Rest, das bringt doch nichts. Sieben von zehn Mietern haben lebenslanges Wohnrecht und sind über 75. Ich kläre das, sie werden reparieren, was kaputt ist, aber nicht modernisieren um jeden Preis."

Tor 32 in der Milz. Die besondere Gabe und Kraft in Tor 32 ist es, Menschen und Projekte gut einschätzen zu können. Mit diesem Tor magst du Beständigkeit, bist ein Bewahrer des Bewährten und sicherst so die Kontinuität. Aber du weißt auch, wann es an der Zeit ist, Dinge zu verändern - dann lässt du los, öffnest dich für Neues.

Tor 33

„Komm schon, Carsten, das erfährt doch keiner. Du kannst mir doch nicht erzählen, dass Rudger Larsson dein Klient ist, und dann nichts mehr," bettelte Nina. „Du bist entzückend", grinste Carsten und küsste seine Frau, „aber noch nicht einmal das habe ich dir erzählt. Du hast den Namen in meinem Terminkalender gesehen. Ich darf dir nun mal nichts darüber sagen." Nina seufzte und wusste, dass sie keine Chance haben würde; wenn irgendjemand auf diesem Planeten verschwiegen war, dann Carsten Weinstein. Nicht nur, weil er als Arzt und Therapeut an die Schweigepflicht gebunden war, sondern einfach, weil dies seiner Ethik entsprach. „Verdammt", schmollte sie, „da hat man einen Mann, der mit einem der Top-Schauspieler dieser Welt arbeitet und hat doch nichts davon."

Doch gleich darauf küsste auch sie ihn. „Auch wenn es manchmal blöd für mich ist, ich mag deine Ethik. Ist irgendwie nobel, und das ist sexy", grinste sie und lehnte sich seitlich über den Frühstückstisch an ihn.

„Ich hätte aber einen Plan, der dir gefallen wird", grinste Carsten. „Ich werde ein Buch schreiben. Natürlich ohne Namen zu nennen, und auch nicht unter meinem Namen. Weisst du, ich will einfach aufzeigen, wie krankmachend dieses Leben im Rampenlicht ist. Vier meiner Klienten haben schon zugestimmt, ihre Erfahrungen zu teilen. Und ein ehemaliger Paparazzi ist auch mein Klient, das Ganze war tatsächlich seine Idee. Mein Ziel ist, dass die Menschen einfach mal einen neutralen Bericht bekommen, wie sich das, was sie so normal finden, von der anderen Seite aus anfühlt. Ich habe überlegt, ob deine Elisabeth vielleicht auch Lust hätte, mitzumachen, ich schätze ihre ruhige Art, ihre ethisch-spirituelle Sicht einzubringen." Beeindruckt schwieg Nina für eine Weile.

Tor 33 in der Kehle. Man nennt es das Geschichten-Erzähler-Tor. Du hast die besondere Gabe, Erlebtes und Gehörtes so zusammenzufassen und wiederzugeben, dass Menschen davon profitieren und lernen können. Dafür brauchst du immer wieder Rückzug, um das Gehörte zu verarbeiten und nutzbar zu machen bzw. die Erkenntnisse dann anderen zu vermitteln.

Tor 34

„Also bei dem, was du mir erzählst, gibt es nur eine Anwältin, die ich dir empfehlen kann, und zwar meine Schulfreundin Susanne. Allerdings ist sie sehr speziell. Eine Art moderne Robin Hood. Privat ist sie mir ehrlich gestanden bissl too much, weil sie aus eigentlich allem ein Kampfgespräch macht, aber in deinem Fall passt sie total. Sie wird dafür sorgen, dass euer Chef euch für die ausstehenden Monate bezahlt und sicher noch wegen Diskriminierung drangekriegt wird."

Jamila schaute auf, zum ersten Mal seit Wochen schwang ein wenig Hoffnung in ihrer Stimme: „Das klingt ja zu gut, um wahr zu sein." Doch dann fügte sie hinzu: „Aber ich kann sie nicht bezahlen."

„Keine Sorge, darum geht's ihr auch nicht", beruhigte Iris ihre Nachbarin. „Geld hat sie genug. Ihr Anreiz ist, den vermeintlich Mächtigen, die andere mies behandeln, Grenzen zu setzen. Und meist klappt es eh, dass der andere ordentlich zahlen muss, da fällt immer was für sie ab. Und sie hat eine Menge hinter sich, du glaubst gar nicht, wie viel Steine man ihr sogar in der eigenen Kanzlei in den Weg gelegt hat für ihren „Gerechtigkeitsfimmel", wie manche sagen. Aber sie hatte eine scheußliche Kindheit, ihr Vater hat sie wohl mehrfach fast tot geprügelt. Von der Mutter kam keine Hilfe, die meinte nur, als Susanne sie gefragt hat, warum sie ihr nie geholfen hat: „Du kannst ja mit 18 ausziehen, ich muss mit ihm leben, da riskiere ich keinen Streit." Und seitdem ist Susanne an vorderster Front, wenn es um Ungerechtigkeit geht. Justizias Schwert in der Hand und auf in den Kampf!"

Tor 34 im Sakral. Power, Power, Power. Dies ist das Tor, aus dem der Kanal des Manifestierenden Generators hervorgeht. Tor 34 ist das stärkste Tor im Sakralzentrum, seine Schwingung ist Macht, Kraft, Gewalt, Energie – wofür auch immer. Du magst es, frei und unabhängig zu sein, es geht darum, deine Dinge mit dieser Kraft zu tun.

Kanal 34-10

Im Seminar. Während der Besprechung des individuellen Schaltkreises platzte Nina heraus: „Krass, ich hab gestern mal geguckt, alle meine Exmänner haben Kanal 34-10. Was will mir das denn sagen?"

„Na ja, vielleicht ist das gut-für-sich-zu-sorgen ja ein Thema, das dir gut täte", grinste Simon. „So, wie ich das verstanden habe, geht's hier ja wirklich darum, über dieses Respektieren der eigenen inneren Reaktion und Führung wirklich auch den ganz eigenen Weg zu gehen. Mein bester Freund Jo hat den Kanal, und er lebt das total. Er hat sich noch vor dem Abi selbständig gemacht mit Bergtouren – übwohl seine Eltern echt alle Register gezogen haben, um ihn abzuhalten. Aber er war einfach 1000 Prozent sicher, dass dies sein Weg ist und er Erfolg haben wird. Und heute kennt absolut jeder in Ramsau Joe-Tours als beste Adresse für Bergtouren, die dir Ausblicke zeigt, die du sonst nie sehen wirst."

Nina nickte langsam. „Das stimmt, mein erster Freund Peter hat auch diesen Kanal. Er hat bei uns auf dem Dorf Männergruppen initiiert, die haben ihn alle für bescheuert gehalten. Oder für schwul. War ihm egal, er wollte einen Raum schaffen, wo Männer einander fördern und stärken. Und das Anfang der 90er in Niederbayern. Ich hab ihn schon dafür bewundert, er hat sich einfach nix davon angenommen. Und sie haben ihn echt gequält - einmal war sein Auto rosa angesprüht und mit lauter schwulenfeindlichem Schwachsinn beschmiert."

Sarah schmunzelte. „Ja, genau das ist die Gabe darin. Menschen mit diesem Kanal haben einfach die Kraft, ihrer Überzeugung zu folgen. Egal, was die anderen sagen. Im Potenzial sind sie ein Vorbild an Selbstliebe, sie zeigen wie das geht. Denn Selbstliebe ist ja ein Verhalten, kein Gefühl - du handelst so, wie es dir, deiner inneren Führung entspricht."

„Aber auch voll egoistisch", ergänzte Susanne. „Mein Ex hat den Kanal auch, zusammen mit der 34-20. Und er hat einfach sein Ding gemacht, völlig egal, was die anderen wollten, der hat mich ja noch nicht mal gefragt, ob ich vielleicht mal mit will, wenn er was unternahm. Ein Kumpel rief an, fragte, ob Thorsten Lust hätte, mit zum Segeln zu kommen am Wochenende, und weg war er. Dass an dem Samstag meine Mutter Geburtstag hatte und er versprochen hatte, mit mir dort hinzufahren – oops, vergessen. Und das war andauernd so."

„Warum warst du denn dann trotzdem so lange mit ihm zusammen?" wollte Nina wissen. „Na ja", meinte Susanne, „wenn er denn mal bei mir war, dann war das schon echt toll, irgendwie hat er mich dann immer wieder dahinschmelzen lassen. Wenn du so voll und ganz in seinem Fokus bist, das haut dich um." Susanne hielt schmunzelnd inne. „Hey, du wirst ja rot", amüsierte sich Nina. „Ich hab mich halt an was erinnert. Einmal, im Kino, wo kaum Leute waren ...", Nina schmunzelte. „Hehe, ich kann's mir denken. Ist einfach auch cool, jemand, der so ganz und gar seines macht und so bei sich ist. Das hat einfach eine beeindruckende Ausstrahlung."

„Deshalb nennt man die 34-20 auch den Kanal des Charisma", ergänzte Sarah, „und die Kombi von beidem ist schon ... wow. Die 34 ist übrigens ein sehr besonderes Tor in Beziehungen – oft läuft das nämlich so, dass der mit der 34 seine Liebe zum anderen gerade indem er „sein Ding" macht, ausdrückt."

„Das muss man dann aber echt wissen", seufzte Nina, „was hätte ich mir an Kummer ersparen können. Und an Wut auf meine vermeintlichen Egoisten-Partner." Sie setzte sich auf. „Ab jetzt werde ich die Selbstliebe, von der du sprichst, Sarah, einfach selber lernen, anstatt mir immer wieder so einen Mann zu suchen!" Alle lachten. „Gute Idee", nickte Susanne, „ich schließe mich an."

Kanal 10-34 - eine Verbindung zwischen Selbst und Sakral.
Keine Kompromisse - du musst es dir recht machen. Sinn: Vorbild an Selbstliebe. Kann egoistisch wirken, ist es aber nicht. Es geht darum, konsequent den eigenen Überzeugungen zu folgen.

Tor 35 - eine Erinnerung von Sarah

Die ersten beiden Juniwochen waren als Kind für mich der Höhepunkt des Jahres. Denn da kam Ria zu Besuch. Ria, eine 2/4er Projektorin mit der Sonne in Tor 35, war die älteste Freundin meiner Mutter und lebte seit ihrem 28. Lebensjahr in den Blue Mountains in

Australien. Als Kind empfand ich allein schon diesen Namen als Verheißung ... ein mystisches Land aus einer anderen Zeit, die blauen Berge. So war auch Ria: mystisch und irgendwie auf eine gute Weise unberechenbar, und damit ganz und gar anders als meine pragmatische Mutter, die für alles einen Plan hatte und systematisch durch ihr Leben schritt.

Heute weiß ich, dass Renate, meine Mutter, eine geradezu archetypische „linke" Variable ist - viermal L, im Human Design der strategische, fokussierte, konzentrierte und faktenorientierte Verstand. Ihr Lob oder Tadel für meine Schulnoten war mathematisch begründet, sie ließ sich die Statistik der Noten zeigen, korrelierte meine Note mit ihrer Einschätzung meiner Übungsintensität, und dann kam ihr Urteil.

Ganz anders Ria. Sie war warm, weich, offen, erzählte die erstaunlichsten Geschichten, weil „etwas sie an etwas" denken ließ. „Planlos und unfokussiert" hatte ihre Lehrerin sie wohl immer genannt, doch erstaunlicherweise war Ria extrem erfolgreich als mediale Beraterin. Sie coachte weltweit Klienten aus allen Gesellschaftsschichten, und wenn sie in Interviews nach ihrer Methode gefragt wurde, lachte sie jedes Mal. „Methode? Die hab ich nicht zu bieten. Ich bin einfach da. Und frage nach. Das allein ist oft schon hilfreich, Fragen sind cool. Und ich hab ja eine Menge erlebt und ausprobiert in meinem Leben, da kann ich eigentlich mit fast allem irgendwie in Resonanz gehen, das spüren die Leute wohl. Ich hab da kein Urteil – es ist immer so spannend, Neues zu hören und mich mit den Menschen zu beschäftigen. Na, und wenn es mehr Infos braucht, die kommen dann einfach. Von meinem Spirit-Team, und ich gebe sie einfach weiter. Was glauben Sie, was ich da selbst alles noch lerne!" - so klangen ihre häufigsten Erklärungen in Interviews.

Und erlebt hatte Ria tatsächlich eine Menge. Sie hat immer schon eine Art „Erfahrungshunger" gehabt, und mit 15 Jahren das erste

Austauschjahr in Frankreich und später in den USA verbracht. Danach war sie zu ihrer niederländischen Großmutter nach Curacao gereist und kurzerhand dort geblieben. „Zur Schule gehen kann ich schließlich auch dort", hatte sie verkündet und alles Nötige selbst in die Wege geleitet. Ihre Eltern hatten nur unterschreiben müssen, was sie dann auch seufzend taten. „Eine Ria kann man nicht stoppen", pflegte ihr Vater zu sagen.

Es folgten eine Rundreise durch Südamerika, dann Meditations-Retreats in Indien und Nepal sowie ein halbes Jahr Arbeit in einer Touristen-Lodge in Kenia. „Nur, weil ich absolut pleite war, hab ich diesen Job gemacht", erzählte Ria später. „Aber das war nichts für mich, diese ganzen Touris, die meist nur angeben wollten, wie viele Löwen sie hätten erlegen können, und Schreikrämpfe kriegten, wenn ein Moskito unter ihr Insektenzelt geraten war. Wobei, ehrlich gesagt, auch ich meine Schwächen entdecken musste: bei Springspinnen hört es nämlich auch bei mir auf." Sie schüttelte sich.

Dass sie dann ihren Mann Robert (ein 4/1er Manifestor) ausgerechnet in Hamburg kennenlernte, bei einem Familienbesuch anlässlich des 50. Geburtstags ihres Vaters, konnte Ria selbst kaum glauben. Robert lebte in Australien als Park-Ranger in den Blue Mountains. So war sie letztendlich dort gelandet – und wirklich angekommen, wie sie sagte. „Nicht nur äußerlich, sondern vor allem in mir, endlich. Denn dieser ganze Hunger nach Erfahrungen und neuen Erlebnissen ... irgendwie ging es dabei wohl nur um mich, ich habe *mich* gesucht. Und Robert hat mir geholfen, das zu verstehen."

„Also nicht die „endlich-habe-ich-den-Mann-meines-Lebens-gefunden-und-werde-geliebt-Story"?" wollte einmal eine Freundin wissen. Ria lachte. „So etwas gibt es doch nur im Film. Tatsächlich war das harte Arbeit. Mein Gott, was haben wir gerungen. Oder ehrlicher gesagt, was habe *ich* gerungen. Um Roberts Liebe, darum, gesehen zu werden. Robert war von Anfang an absolut authentisch, einfach eine Persönlichkeit, das hat mich ja so an ihm fasziniert.

Und ich kannte bis dahin nur flüchtige Romanzen, nichts Ernstes halt. Zum ersten Mal war ich nun wirklich verliebt - und wollte verschmelzen, immer mit ihm sein. Aber Robert war, neben seiner Liebe zu mir, ganz und gar seiner Tätigkeit für die Natur verschrieben. Das war nicht leicht für mich – zu verstehen, wie es sich anfühlt, mal diejenige zu sein, die den anderen festhalten will und nicht die, die einfach geht. Zum Glück war er großartig und weise genug, mir immer wieder klarzumachen, dass erst einmal nur ich selbst für das „mich-lieben" zuständig bin. Dass seine Liebe nur die Sahne auf dem ohnehin köstlichen Kuchen sein kann. Und so war es dann auch."

Einen Augenblick schloss Ria die Augen, schaute nach innen und lächelte. „Und ich liebe die Sahne auf meinem köstlichen Kuchen. Beides zusammen ist einfach perfekt. So bin ich doch noch satt geworden in diesem köstlichen Leben." Verlegen öffnete sie wieder die Augen und grinste. „Oh je, jetzt werde ich auch noch philosophisch auf meine alten Tage."

Tor 35 in der Kehle. Ein ruheloses Tor, das Fortschritt und Abenteuer sucht und gerne Neues ausprobiert - um letztendlich Weisheit zu entwickeln.

Tor 36

6. März 2011. Ralf strahlte - es war, als wenn alles an ihm vor Begeisterung leuchtete. „Ich hab nach dem Sport jemanden kennengelernt, der liefert Luxusautos in Europa aus und fährt dann mit dem Zug zurück, das bringt locker 2000 Euro die Woche. Und er nimmt mich mit an Bord, ist das nicht cool?"

Karin musste sich ein Lächeln verkneifen, sie kannte ihren Bruder einfach zu gut. Ob aus dem „tollen Angebot" etwas werden würde? Wohl eher nicht, aber das schien Ralf nicht längerfristig davon abzuhalten, immer wieder „endlich das Richtige" zu finden und voller Begeisterung hineinzuspringen. Und – je nachdem was es war

– am Tag danach oder ein paar Wochen später zu erkennen: „Das war es ja so was von absolut nicht." Für die meisten, die ihn kannten, war Ralf ein Träumer, immer auf der Suche nach dem Objekt der Sehnsucht, dem ultimativen Leben, mit der ultimativen Frau. Oder völlig im Tief – dann glaubte er, dass es nie was werde und er allein bleiben würde. Aber Karin wusste, dass in ihrem Bruder ein außerordentlich mitfühlender, lebensbejahender Mensch steckte. Wenn er doch nur selbst Zugang zu ihm fände.

27.12.2020. Ralf schaute freundlich auf sein Gegenüber. „Ich weiß, wie sich das anfühlt, Sandra, das können Sie mir glauben", entgegnete er warm, „ich kenne das mit dem Sehnen gut aus eigener Erfahrung. Aber wenn ich eins gelernt habe: man tut sich selten einen Gefallen, Hals über Kopf in etwas hineinzuspringen. Wenn Sie drüber schlafen, wächst die Chance, dass Sie merken, ob es das Richtige ist. Und gerade wenn „Er" der Richtige ist, wird er das sicher verstehen. Und falls nicht ..." „... erspare ich mir ein neues Drama, ja, Sie haben ja recht," ergänzte Sandra seufzend. Wenn sie ehrlich war, hatte sie schon so einige Momente des Zweifelns an ihrer neuen Flamme gehabt. Aber andererseits war er einfach so wahnsinnig attraktiv. „Okay," nickte sie, „ich vertraue Ihnen. Aber nur, weil Sie echt sind. Nicht so ein "vom-hohen-heiligen-Ross-Therapeut" wie viele Ihrer Kollegen. Ihnen glaube ich es, wenn Sie sagen, dass Sie das auch kennen." Ralf schmunzelte. „Und ob!"

Tor 36 in den Emotionen. Ein sehr emotionales Tor, das ein intensives Auf und Ab in dein Leben bringt. Du fühlst unendlich viel, tief, hoch, extrem, und es scheint, als wenn krisenhafte Erlebnisse dich immer wieder finden und durchschütteln. Genau wie im gegenüberliegenden Tor 35 holt dich die Langeweile schnell ein und es treibt dich weiter, zu neuen Erkundungen. Sieh die Dramen nicht als deinen Feind, sondern als deinen Lehrer. Das führt zu Berührbarkeit – durch die Energien, die dich durchströmen -, aber auch zu Weisheit und der Gabe, ein echter Krisenmanager zu werden.

Tor 37

„Dann lass uns doch nächste Woche Mittwoch zusammen im Herbstlaub zu Mittag essen", bot Bettina Cornelia freundlich an. Als Cornelia außer Sichtweite war, schüttelte Bettinas Kollegin Nadine den Kopf. „Wie du das immer so verbinden magst ... für mich wäre das nichts. Ich wette, sie erzählt dir wieder während des ganzen Essens von ihren Problemen. Du bist einfach viel zu gutmütig. Und du hast doch schon drei „Geschäftsessen" diese Woche. Sagtest du nicht, du kommst kaum zu Pausen momentan?"

Bettina lächelte. „Du bist nicht die Einzige, die das denkt. Aber für mich ist das ganz okay. Ich mag Cornelia und ich esse einfach gern gemeinsam, da ist es doch eine gute Gelegenheit für uns beide. Und so eine persönliche Verbindung ist doch viel schöner, wir wollen schließlich über das Seminarprojekt sprechen. Ich wiederum kann mir nicht vorstellen, wie Lars das macht." Lars war der andere Kollege in ihrer Gemeinschaftspraxis für ganzheitliche Therapie, der seit Corona meist über Zoom arbeitete und über diese Möglichkeit völlig begeistert war. „Na, ich jedenfalls bin froh, dass meine Leute zu mir in die Praxis zu kommen, um sich testen zu lassen", grinste Nadine, die sich auf Psycho-Kinesiologie spezialisiert hatte, nachdem sie gemerkt hatte, dass eine reine Gesprächspraxis ihr zu ermüdend war. Sie mochte das Testen und Experimentieren und die Klarheit der körperlichen Reaktionen, ohne viel Gespräche.

Bettina war ganz zweifelsfrei die Seele der Gemeinschaftspraxis. Sie sorgte dafür, dass jeder sich an die vereinbarten Absprachen hielt, holte, wenn nötig, alle an einen Tisch und schaffte so eine Atmosphäre von liebevoller Freundlichkeit und der nötigen Portion Verbindlichkeit.

Lars und Nadine war klar, dass sie ihrer Kollegin auch einen großen Teil ihrer Kunden verdankten, denn Bettina ermutigte ihre Leute immer wieder, sich auch für ergänzende Methoden zu öffnen, was für alle prima funktionierte. „Du bist einfach die große Mama für alle", schmunzelte Nadine. „Schau nur, dass auch du genug bekommst, Süße, lass dich nicht ausnutzen." „I wo", winkte Bettina ab, „das passt schon. Cornelias Mann ist bei der Stadt und hilft mir, die Anträge für den Anbau hier an der Praxis auszufüllen. Du siehst, win-win für alle." Nadine grinste. Win-win war eines von Bettinas Lieblingsworten – wobei sie es, wie Nadine fand, nicht wirklich fair für ihre Seite auslegte. Aber das ging sie ja eigentlich nichts an. Und Menschen mit echtem Gemeinschaftssinn gab es schließlich immer weniger, umso kostbarer Bettinas Wesen.

Tor 37 in den Emotionen. Es geht um Gemeinschaft, Freundschaft, Familie, Loyalität und Zusammengehörigkeit. Mit diesem Tor ist es dir aus tiefsten Herzen wichtig, füreinander da zu sein, ein Geben und Nehmen, in Ehrlichkeit und Aufrichtigkeit. Du magst es überhaupt nicht, wenn Menschen ihr Wort nicht halten, andere ausnutzen, sich nicht sozial verhalten. Tor 37 steht für Loyalität und Ethik im Umgang miteinander. Es geht um Berührung (Umarmung, ein ehrlicher Händedruck) und man mag es zum Beispiel, in Geselligkeit gemeinsam zu essen.

Kanal 37-40

Cansa schluchzte. „Sie hatte es versprochen." Gül konnte ihre aufgelöste Tochter kaum beruhigen. „Es wird ihr etwas dazwischen gekommen sein, Liebes, das ist doch nicht so schlimm." Doch für Cansa war es schlimm. Ihre Freundin Lydia hatte fest zugesagt, um halb vier bei ihr zu sein. Und jetzt war es schon halb fünf durch und Lydia war immer noch nicht da. Cansa hatte seit drei Uhr die Straße im Auge behalten, damit sie auch sehen würde, wann ihre Freundin kommt und sie vor dem Klingeln empfangen konnte, damit Bengi, ihr Cockerspaniel, nicht wieder so bellte und Oma weckte, die bei ihnen in der Einliegerwohnung wohnte. Für Cansa war das ganz selbstverständlich, diese Rücksicht zu nehmen, das war doch Familie. Die gleichgültige Haltung, die viele ihrer Mitschüler Eltern und Großeltern gegenüber zum Ausdruck brachten, konnte sie nicht nachvollziehen.

Es war nicht das erste Mal, dass Lydia sich mit Cansa fest verabredete und dann nicht kam, aber es tat jedes Mal so unendlich weh, dass Cansa lange brauchte, um darüber hinweg zu kommen. Dann gab es wiederum schöne gemeinsame Momente in der Schule und sie schlug erneut ein Treffen mit ihrer Freundin vor. Doch mit der Zeit erkannte Cansa, dass Lydia sie gar nicht verstehen konnte, da kam dann nur ein lapidares: „Ach sorry, ja, wir hatten so einen Trubel wegen …", und dann kam irgendeine Geschichte, die meist so dramatisch und lang war, dass Cansa sich am Ende blöd vorkam, nochmal mit der geplatzten Verabredung zum Spielen anzukommen.

„Doch das ist jetzt vorbei", dachte sie entschlossen und schob das Kinn vor, „entweder die Leute halten sich an das, was vereinbart war, oder es passt nicht mit uns. Ihr Schaden, nicht meiner." Den Satz hatte sie neulich im Fernsehen gehört und er hatte ihr gefallen. Weh tat es trotzdem. Vor allem, weil sie es einfach nicht nachvollziehen konnte. Nicht einmal im Traum hätte sie das einer Freundin angetan. Eigentlich überhaupt niemandem.

Kanal 37-40, die Verbindung zwischen Emotionen und Ego-Herz-Willenszentrum. Gemeinschaft, Gerechtigkeit und ein ethischer Umgang miteinander - das sind die Werte, die hier zählen. Ein verlässlicher Mensch, sein Wort hat Wert. Es braucht den persönlichen Umgang, in Verhandlungen den direkten Kontakt, die richtige Gruppe, in der Ehrlichkeit und Fairness herrschen, wo es Loyalität gibt. Langzeitbeziehungen, die für beide erfüllend und von Vorteil sind, finden sich hier. Klare Absprachen, gemeinsam an einem Strang ziehen. Win-Win. Vertrautheit. Unterstützt gern andere, es muss aber auch für sich selbst etwas dabei herauskommen. Körperkontakt, Handshake, Geschäftsessen, Umarmen.

Tor 38

Im Seminar. Sibylle: „Als meine Mutter gestorben ist, hat mein Vater die Reifen an ihrem Auto zu Ende gewechselt. Es musste ja fertig werden. Und für alle, die jetzt denken, der arme Mann hatte einfach einen Schock durch den Tod seiner Frau: Nein. So war er einfach. Was er sich in den Kopf gesetzt hatte, das zog er durch. Er hat dann ein Jahr später wieder geheiratet. Und als ich im Herbst bei ihm und seiner neuen Frau zu Besuch war, fand ich meinen Vater, inzwischen mit Rollator unterwegs, in der Garage. Beim Reifenwechsel! Seine neue Frau meinte augenverdrehend: „Tja, ich muss ihn wohl lassen. Er hört ja noch nicht mal, was ich sage. Und ich dachte, es gäbe so etwas wie Altersweisheit."

Tor 38 in der Wurzel. Hier geht es um absolute Entschlossenheit, um Beharrlichkeit und die Fähigkeit, unbeugsam die eigene Integrität zu verteidigen. Der eigene Weg wird allen Widerständen zum Trotz gegangen. Authentisch und individuell, egal, was die anderen sagen.

Tor 39

„Wie kannst du es nur mit Daniel aushalten?" Annika schüttelte verständnislos den Kopf. „Dieses süffisante Grinsen und diese Sprüche, ich hätte ihm schon längst den Hals umgedreht." Christine lächelte verliebt. Natürlich verstand sie, was ihre beste Freundin meinte. Die Spitzen, die Daniel verteilte, saßen. Punktgenau. Aber er meinte es doch nicht böse, das war einfach seine Art, herauszufinden, wes Geistes Kind der andere war.

Bei der Erinnerung, wie er - indirekt – ihre Eltern kennengelernt hatte, musste Christine laut lachen. Sie war kurz nach ihrer ersten Begegnung nach England gefahren, Daniel nach Zypern. 1982 war das gewesen. Damals gab es noch kein Handy, um im Kontakt zu bleiben, also hatte Daniel ihr Postkarten geschrieben, an die Meldeadresse bei ihren Eltern. Und unten unter der Postkarte nach lauter Küssen und erotischen Andeutungen stand: „Aber Frau Meineke (also ihre Mutter), das sollten Sie doch gewiss nicht lesen, die Karte ist für Christine." Ihre Mutter hatte geschäumt vor Wut, noch zwei Wochen später, als Christine aus England zurück kam.

Christine liebte Daniels Sprüche, fand sie witzig und ehrlich gesagt trafen sie ja immer einen wahren Kern. „Soll der andere doch schauen, was er damit macht", hatte Daniel mal dazu erklärt, „wenn er nicht okay damit ist, wie er ist, dann ist es doch eher sein Problem. Ich sag ja nicht, dass er so nicht sein darf. Also weiss ich gar nicht, warum er sich so aufregt." Und fertig war er mit dem Thema. Eigentlich doch cool, einen Partner zu haben, an dem sich die Geister scheiden, fand Christine. Immerhin hat er Persönlichkeit.

Tor 39 in der Wurzel. Dies ist ein recht herausforderndes Tor – insofern, dass seine Energie andere dazu bringen kann, sehr intensiv zu reagieren. Es provoziert, wirkt auf andere emotional herausfordernd. Mit diesem Tor kann schon deine reine Anwesenheit diesen Effekt haben, aber du hast auch Vergnügen daran, aus anderen hervorzulocken, was in ihnen ist. Fast eine Lust, zu „pieksen", um Haltungen zu überprüfen, Authentizität zu bringen. Außerdem ein Tor mit großer Sensitivität, besonders für Musik und Schwingung.

Kanal 39-55

Ilona schleuderte wütend den Kö auf den Tisch. „Dann macht doch was ihr wollt!" zischte sie und verließ die Kneipe. „Was iss´n jetzt los? Hab ich was nicht mitgekriegt, deine Freundin war doch grad noch so gut drauf?" Sebastian sah fragend in die Runde. „So ist sie halt, denk dir nichts dabei", meinte Gert beschwichtigend, und die anderen murmelten Ähnliches. „Die beruhigt sich schon wieder." Stein des Anstoßes war eine kleine Diskussion über die Billard-Regeln gewesen, die in Aachen offensichtlich etwas anders ausgelegt wurden als in Dresden.

„Kommt, lasst uns weiterspielen", drängte Gert, aber irgendwie war die Luft raus, Ilonas Ausbruch hatte der Stimmung einen Dämpfer verpasst. Nicht zum ersten Mal. Es konnte schnell gehen bei Ilona – wie neulich, als sie eben noch voller Begeisterung vor ihrem Essen saß, alles auf einen perfekten Abend hinzudeuten schien und er sich wie ein Held fühlte, weil er das beste Restaurant gefunden hatte. Bis er dann, völlig harmlos, einfach so, nach ihrer Schwester fragte - und der Abend gelaufen war. Das Essen wurde nicht mehr angerührt und sie wollte gehen. Wenn er Glück hatte, erfuhr Gert bei solchen Vorkommnissen später den Grund, oft aber auch nicht, und Ilona war beim nächsten Treffen wieder so, als wäre nichts gewesen.

„Warum gibst du dir das eigentlich?" hatte sein Freund Sigurd schon öfter gefragt. „Weil niemand so glücklich sein kann wie Ilona. Dann kann sie zaubern. Wenn sie gut drauf ist, bin ich im Paradies, das kannst du dir nicht vorstellen. Und sie ist wenigstens nicht so "Loriot-steingrau-mausgrau[8]" wie meine Eltern."

Doch in letzter Zeit fragte sich Gert, ob die Hochphasen wirklich diese Dramen wert waren. „Wenn sie wenigstens nicht immer allen anderen daran die Schuld gäbe", seufzte Gert bei einem Treffen mit seinem Freund Sigurd. „Ich glaube, sie ist einfach so veranlagt, eben mega emotional, hoch und tief. Ich rede mal mit ihr, okay?" schlug Sigurd vor. „Ich habe da neulich einen Kurs gemacht, da gab es ein Beispiel mit genau so einer Dynamik."

Zwei Wochen später beim Tennis wartete Gert schon vor der Halle auf Sigurd. „Sag mal – Ilona-Flüsterer oder was bist du?"

Sigurd grinste, er hatte sich schon gefragt, wie das Gespräch mit Ilona im Café neulich nachgewirkt hatte. Dreieinhalb Stunden hatten sie dort gesessen und er hatte ihr von Kanal 39-55 und seiner Magie erzählt. Dass es hilft, die Stimmungen zu kommunizieren, dass sie ganz natürlich sind. Und eben gar nichts mit dem Außen zu tun haben. Dass sie aber auch ein Riesengeschenk sein können, weil sie ja so sehr auf andere wirken. Und dass es um die stimmige Geisteshaltung geht, um die Fülle (und nicht das sich-Füllen).

---

[8] Eine Anspielung für die etwas Älteren: ein Loriot-Sketch, in dem das Ehepaar frischen Wind in ihr Wohnzimmer bringen wollte (in dem alles grau ist) und sich dann wieder für Grautöne entschied.

134

Das war der Satz gewesen, ab dem Ilona wirklich zugehört hatte. Denn – wie sie ihm gestand – war sie schon bei mehreren Ärzten gewesen wegen ihrer unerklärlichen Fressattacken. Und jetzt sollte das so einfach sein? Sie suchte Fülle und das übermäßige Essen war einfach nur eine Kompensation? Ilona hatte Sigurds Erklärungen dann fast aufgesogen und, wie er jetzt von Gert erfuhr, mit beeindruckenden Ergebnissen umgesetzt: „Da sagt sie doch neulich zu meiner Mutter: Entschuldige Lisa, ich bin gerade nicht gut gelaunt und sollte besser kurz rausgehen, es hat nichts mit dir zu tun." Gert sah Sigurd dankbar an. „Du glaubst ja gar nicht, in welch anderem Drama ich diese Situationen sonst kenne. Was auch immer du zu ihr gesagt hast - du hast was gut bei mir."

Kanal 39-55, eine Verbindung zwischen Wurzel und Emotionen. Der Kanal der Emotionen, ein Design der Launenhaftigkeit. Es geht um intensive wechselnde Gefühle, das Auf und Ab emotionaler Wellen, höchste Höhen, tiefste Tiefen. Wie Ra sagte: from joy to pain and back again - von der Freude zum Schmerz und wieder zurück. Von Lebensfreude zu Lebensenttäuschung. Das Glas ist halb voll, und kurz danach halb leer. Hier ist eine außergewöhnliche Kreativität. Leidenschaftlich – oder total gedämpft. Stimmungen sind wichtig und zu achten, so entsteht Authentizität. Wenn einem zum Beispiel nicht nach Gesellschaft oder Berührung zumute ist, sollte man sich nicht dazu zwingen. Schafft man das nicht, können Süchte aller Art die Folge sein. Viele Menschen mit diesem Kanal unterdrücken die Intensität dieses Kanals in sich, weil die Gefühle so unberechenbar sind.

Tor 40 trifft einen Kanal 10-34

Summend verteilte Nina den Keksteig auf dem Blech. Extra viel Schokolade, genauso liebte Udo sie. Und ein bisschen zu braun gebacken. Nina mochte ihre Kekse am liebsten ohne Schokolade und hell, hatte aber wieder einmal nicht daran gedacht, sich Teig zu reservieren. „Du bist meine Traumfrau", hatte er gestern beim Rausgehen gesagt und sie ganz lange im Arm gehalten. Nina war bis über beide Ohren verliebt. Da half es gar nichts, wenn ihre

Freundinnen zur Vorsicht mahnten, und dass er sie ausnutzen würde. So war das schon immer bei Nina gewesen: wen sie liebte, der wurde versorgt, mit allem, was er brauchte.

Eine Woche später: „Schaut mal, die hat Nina gebacken - ich mag gerade nicht, wollt ihr Quiche?" Nina glaubte, ihren Ohren nicht zu trauen. Sie hatte sich für Udo in die Küche gestellt, sogar deswegen auf ihren Spaziergang verzichtet. Ihm wollte sie eine Freude machen mit seinem Lieblingsessen, nicht seinen nervigen Freunden. Wie kam er dazu, ihr Geschenk so zu missachten? Na dann kann er demnächst lange warten, dass ich ihm was koche! Sie schäumte innerlich vor Wut.

Pech für Nina, dass Udo ganz anders tickt. Da er (mit Kanal 34-10) immer nur macht, worauf er Lust hat, ging er natürlich davon aus, dass Nina ähnlich tickt. Dass sie eben backte, weil sie Lust dazu hatte. Warum sonst sollte sie so etwas tun, wenn nicht aus Lust dazu?

Tor 40 im Ego. Ein kraftvolles Tor, das aber mehr als andere immer wieder Rückzug braucht, um sich zu regenerieren. Alleinsein tut gut. Wichtig ist zu lernen, sich bei aller Kraft und Leistungsfähigkeit genügend Pausen zu gönnen, auch wenn Menschen mit diesem Tor gern und sehr effizient arbeiten können. Vor allem für ihre Liebsten tun sie alles, doch auch hier braucht es Ruhezeiten. In Tor 40 liegt außerdem ein starker Drang, sich weiterzuentwickeln.

Tor 41

Montag, 5. August, 16 Uhr. Jana quietschte leise vor Vorfreude, ein ganz eigener Jana-Laut. Das hatte sie wohl schon als Kind gemacht, was ihrer Mutter peinlich gewesen war, aber da hatte auch nicht viel dazu gehört - Frau Oberstudienrätin Sehlbach hatte sich mit ihrer fantasiebegabten Tochter öfter schwergetan.

Es brauchte nicht viel, um Jana zu begeistern, denn irgendeine gute Idee hatte sie eigentlich immer. Jetzt gerade dekorierte sie die Couch für den Abend mit Volker. Seine und ihre Lieblingsköstlichkeiten, der Film war schon ausgeliehen, die Bestellkarte von Bella Casa Pasta lag griffbereit auf dem Tisch – das würde ein toller Kuschel-Abend werden, endlich mal wieder. Und morgen würde sie sich bei der Agentur für den Auslandsaufenthalt in Schweden erkundigen – die nehmen auch Paare, hatte sie gehört, und schon sah sie sich und Volker in einem dieser entzückenden weißen Häusern am See … Da würde sie vielleicht einen Roman schreiben können, und dann, in ein paar Jahren, hätten sie selbst so ein Haus, mit Kind und vielleicht einer Nanny … wobei, würde sie im Haus bei ihnen wohnen? Jana sah alles genau vor sich, darin war sie gut, sie konnte mühelos Ostern schon das Weihnachtsessen planen und überlegen, wo Volkers ätzende Mutter am wenigsten Schaden anrichten könnte.

Das Telefon klingelte. Es war Carla, ihre Kollegin und Freundin aus der Agentur. „Jana, ich bin geliefert, ich hab vergessen, das Catering für den Empfang morgen zu bestellen, jetzt krieg ich doch nie und nimmer mehr was." „Ganz ruhig, das läuft schon, ich denk mir was aus", erwiderte Jana. Darin war sie unübertrefflich, ihr fiel immer etwas ein.

Der gleiche Tag, später am Abend: „Ich bin dir doch völlig egal, du liebst mich überhaupt nicht!" schrie Jana und riss ihr Bettzeug von der Matratze. So schwungvoll, dass die Lampe noch mit zu Boden ging. Nicht zum ersten Mal. Volker seufzte. Wie er diese Dramen satt hatte. Es war jedes Mal dasselbe, hatte er einmal (einmal!) keine Lust auf Sex, ging es los. „Meine Güte, Jana, jetzt spinn doch nicht wieder rum. Wir haben doch vor ein paar Tagen …" Weiter kam er nicht. Ein erneuter Anfall packte Jana, sie bekam kaum noch Luft vor lauter Tränen.

Es war Volker unverständlich, wie diese wundervolle, selbstbewusste und bildschöne Frau sich so urplötzlich in ein Wrack voller

Selbstzweifel verwandeln konnte. „Hirnschaden auf Knopfdruck", dachte er und musste wider Willen grinsen. „Ach, du findest es auch noch lustig?" fauchte sie. Und ging dann unmittelbar dazu über, ihn erneut verführen zu wollen. Entnervt wandte sich Volker ab. „Meine Güte, du bist wie ein Junkie, der seinen Fix nicht bekommt! Das ist mal was, dass du mit Martina besprechen solltest."

Martina war Janas hoch verehrte und heiß geliebte Craniosakral-Therapeutin, die Jana nach dem überraschenden Tod ihrer Mutter vor zwei Jahren sehr unterstützt hatte. Aber Volker war sich sicher, dass Janas Sex-Drama, wie er es nannte, kein Thema in den Sitzungen war. Zu sehr glaubte sich Jana ja im Recht in ihrem Bedürfnis. „Sich zu lieben und es auch körperlich zu zeigen, das gehört doch einfach zusammen", sagte sie. Puh. Zum Glück hatte er ja meist selbst Lust – aber auf die Dramen, wenn es mal nicht so war, hätte er entschieden gern verzichtet. Seufzend drehte sich Volker zu der schniefenden Jana hin. Ein letzter Versuch: „Hey, Süße, du weißt doch, dass du die absolut tollste Frau bist, die ich kenne. Und die begehrenswerteste. Ich bin nur einfach tierisch müde heute, das war ein Scheißtag im Büro. Lass uns doch bitte, bitte einfach schlafen." Und Gottseidank ging sie darauf ein. Frieden, für dieses Mal.

Dienstag, 4. September. „Volker, hast du kurz Zeit? Ich muss dir sooo dringend was erzählen." Janas Anruf (obwohl er ihr schon oft gesagt hatte, sie möge doch bitte nicht auf seinem Diensttelefon anrufen, es könne immer sein, dass er im Kundengespräch sei) kam heute dennoch irgendwie gelegen, er hatte gerade an eine Pause gedacht. „Ich bin schon vor der Tür!" Strahlend stand Jana vor ihm. „Du glaubst nicht, was ich gerade in meinem Human Design Reading gelernt habe!" „Human was?" „Human Design, das ist ne total coole Sache. Da kriegt man eine Betriebsanleitung für sich und andere." Volker verdrehte innerlich die Augen. Jana war mal wieder für etwas angesprungen, na toll. „Da hab ich gelernt, dass ich für alles, auf das ich richtig Bock habe, einfach anspringe, und der Motor läuft."

138

Ungläubig schaute Volker seine Freundin an, das waren doch gerade seine Gedanken gewesen? „Echt, erzähl mal mehr", forderte er sie auf, und Jana sprudelte los.

Tor 41 in der Wurzel. Hoffnung und Sehnsucht sind hier der Antrieb, sich zu entwickeln und neue Erfahrungen zu beginnen. Oft liegt dieser Entwicklung eine Begrenzung, eine Minderung zugrunde, die überwunden werden will und dadurch wird Kraft mobilisiert. Es gilt Klarheit zu entwickeln, über das, was verwirklicht werden soll, und was einfach kostbare Imagination bleibt. Frieden kommt, wenn du deine Erwartungen loslassen kannst und frei erlebst, was kommt - und darin dann immer wieder Neues entdeckst.

Tor 42

„Warum gehst du nicht einfach? Ich meine, du bist da seit Jahren unzufrieden. Und ganz ehrlich, Aaron, es gibt nun wirklich auch noch andere Jobs." „Du verstehst das nicht. Flatterhaft wie du bist, hast du einfach keine Ahnung, wie brutal dieses Studium war." Rena schluckte, diesen Köder würde sie nicht nehmen. „Und dann die Assistenz in der Kanzlei, von morgens um 6 bis oft 22 Uhr sitz ich da", fuhr Aaron fort. „Das kann doch nicht alles umsonst gewesen sein, ich muss eben einfach durchhalten, das wird schon." „Und was, wenn nicht? Kanzlei Krüger und Kunzmann hat nicht eben den Ruf, besonders wertschätzend mit ihren Mitarbeitern umzugehen. Und du lebst nur einmal, so platt dieser Satz auch ist, du willst doch nicht mit Vierzig im Burnout landen und merken, dass nichts mehr geht?"

Rena konnte ihren Zwillingsbruder nicht verstehen. Man muss auch mal wissen, wann es genug ist. Loslassen können. Damit etwas Neues entstehen kann. Darin war sie Meisterin. So ganz anders als ihr Zwilling blieb sie nur, solange es gut war. Und fand spannenderweise immer etwas Besseres – es war wie ein Flow, der sie leitete. Gerade indem sie nicht festhielt, hob das Leben sie immer eine Oktave höher, sobald das Alte nicht mehr stimmig war. Umso trauriger, dass der Mensch, der ihr doch eigentlich am allernächsten stehen sollte, so gar nicht offen war für einen anderen Weg.

„Aaron", versuchte Rena es erneut, „ich bin einfach ganz sicher, dass es gut wird, wenn du bereit wärst, das Neue wenigstens zu probieren. Zum Beispiel ein halbes Jahr auszusteigen – vielleicht als Berater für „Better Place", das ist eine echt coole Hilfsorganisation für Mittelamerika. Nicht so ein Licht-und-Liebe-Quatsch, die stehen mit beiden Beinen auf der Erde und setzen sich für die kleinen Leute ein. Und haben Spaß dabei. Ihre Devise ist, dass es an jedem Tag eine Balance geben muss zwischen Helfen und persönlichen Aktivitäten. Okay, dafür gibt's auch nicht besonders viel Gehalt, aber das ist ja nun der eine Punkt, wo du entspannt sein kannst." Rena lachte, im Geld-behalten war ihr Bruder eindeutig besser als sie. Auch Aaron musste grinsen. „Hast ja Recht, wann sollte ich mein Geld auch ausgeben, ich hab ja nicht mal zum online-shoppen die Zeit. Na zeig schon her, ich kann's mir ja mal anschauen", räumte er schließlich ein.

Tor 42 im Sakral. Es geht hier um Wachstum und Vollendung. Ein Tor mit dem Potential, Dinge zum Abschluss zu bringen. Daher gibt es das Bestreben, den ganzen Zyklus der Entwicklung durchzuhalten - dann kommt der Impuls der Vollendung und Neues kann beginnen. Dafür braucht es die Durchhaltekraft und Ausdauer von Tor 42.

Tor 43

Sebastian schaute in die Runde. „Wieso guckt ihr so verblüfft?" „Na ja, krasser Scheiss, was du da so mal eben aus dem Ärmel geschüttelt hast. Woher kommen dir denn diese Ideen?"

Sebastian zuckte mit den Schultern. Er hatte keine Ahnung, so war das eben manchmal, das war dann einfach da, er hörte sich selbst reden und war erstaunt. Genützt hatte ihm das bislang eher weniger, in der Schule hatten die Lehrer ihn sogar einmal für lernbehindert

140

gehalten, weil er immer so lange überlegte, bevor er eine Antwort gab. Seine Eltern waren fassungslos gewesen, als sie das beim Sprechtag hörten. Das war in der achten Klasse gewesen, eine grauenvolle Zeit. Am Ende hatte er dann einfach die Texte auswendig gelernt – wenn sie eh nur hören wollten, was ohnehin im Lehrbuch stand, bitte schön. Danach hatten sich zwar seine Noten verbessert, seine Lust auf Schule war jedoch auf den Nullpunkt gesunken. Am Tag nach seinem 18. Geburtstag hatte er dann auch prompt die Schule abgebrochen. Er schmunzelte bei der Erinnerung - was für eine Show. Danach war es jedoch nicht viel besser geworden, er passte eben einfach nicht in diese Welt.

Sechs Monate später. „Und die ist wirklich von dir?" Rena schaute ihn in einer Mischung aus Staunen und beinahe Ehrfurcht an. „Das ist meine absolute Lieblingswerbung, einfach genial." Er grinste. „Ja, der Job kam wie vom Himmel gefallen zu mir. Und sie sind tatsächlich darauf eingegangen, dass ich nur als freelancer arbeite. Wenn mir etwas einfällt, bekommen sie es. Und ansonsten sitzt mir keiner im Nacken und verlangt Leistung. Das will ich nie wieder, diesen Druck, abliefern zu müssen. Aber wenn ich einfach leben kann, bis mir was Geniales einfällt ..." Noch nie hatte Rena ihren Freund so glücklich gesehen. Offensichtlich gab es ja doch einen Platz für ihn – und seine Art.

Tor 43 im Ajna. Hier geht es um deine Fähigkeit, völlig neue Einsichten zu empfangen, in dir zu verarbeiten und – natürlich besonders in der Verbindung mit Tor 23 in der Kehle – weiterzugeben. Du kannst wirklich Neues vermitteln, den Durchbruch, die Vision einer besseren Welt, eine brilliante Erkenntnis oder Erfindung. Diese Impulse kommen einfach, ganz unerwartet. Und das ist die Herausforderung – denn es gilt dennoch zu warten, bis der andere auch bereit ist zu hören, was du zu sagen hast.

Tor 44

Es gibt Menschen, die scheinen zu ahnen, was als nächstes kommen wird. So wie Ellie. Seit fast dreißig Jahren unterrichtet sie

Klangheilung. Klar, heute findest du das überall, aber als sie damit in den 90ern begonnen hat, war die heilsame und therapeutische Wirkung von Klang noch recht unbekannt. Sie färbte sich leuchtend blaue Pullover – ein Jahr, bevor dieses Blau die absolute Trendfarbe wurde. Natürlich lehrt sie Human Design – seit 15 Jahren, also lange bevor es gesellschaftsfähig wurde. Und sie hat sich schon 2010 einen Segway gekauft – in einer die Zeit, als man hier in Deutschland noch alle zehn Meter angesprochen wurde, was denn das für ein futuristisches Gefährt sei. Ellie isst seit dreißig Jahren kein Fleisch, mag auch Eier und Milch nicht, hätte sich aber nicht als Veganerin bezeichnet, sie ist einfach so. Wenn Freunde sie als „ihrer Zeit voraus" bezeichnen, zuckt sie nur die Achseln. Oder antwortet: „Ist doch offensichtlich" oder „Ich bin halt so."

Letztes Jahr hat sich Ellie ihren Traum von einem Resthof erfüllt, zusammen mit ein paar Freunden, die ähnlich ticken wie sie. Was bedeutet, dass jeder seinen ganz und gar eigenen Bereich hat, sie sich aber in der zu einem Seminarraum ausgebauten alten Scheune treffen können. Sie sind vollkommen autark und zum Glück so vielfältig in ihren Interessen, dass Ellie zum Beispiel niemals im Garten arbeiten muss. „Das erinnert mich zu sehr an früher", erklärte sie, „schon mit fünf Jahren sollte ich lernen, wie man Verantwortung übernimmt. Was bedeutete, dass ich ein Gewächshaus betreuen musste. Gott, wie hab ich die schwarzen langen Schnecken gehasst, die immer am Salat herumkrochen." Sie schüttelte sich. „Gut, wenn andere das toll finden. Ich helfe auch – ich mache die Salatsauce."

Am Anfang wurde die kleine Gruppe von den Einheimischen sehr skeptisch betrachtet. Wer nicht mindestens drei Generationen hier gelebt hatte, war und blieb ein Fremder für sie. Aber Ellie gelang es mühelos, die Vorbehalte der Alteingesessenen aufzulösen, und dass sie leicht den Sprachklang der anderen annahm, machte es noch einfacher. „Ja mei, mir ham halt Glück gehabt, so a wunderschönes Stückl Land zu finde, und mir fühlten uns gleich zuhaus", schwärmte sie. „Des wär doch schad um den schönen Hof gewesen, wenn da keiner mehr wohnt", bayerte sie gerade genug, um nicht ganz so norddeutsch trocken zu klingen. Es war die Wahrheit, gleichzeitig aber so stimmig ausgedrückt, dass der grummelige Bauer Walters von gegenüber gar nicht anders konnte, als das Kompliment in der Aussage zu hören. Und als ihre Mitbewohner alle tatkräftig mit anpackten, als sein Traktor im Graben gelandet war und nicht mehr ansprang, begann man, die Neuankömmlinge mit freundlicheren Augen zu sehen. Sogar zum Dorffest eingeladen wurden sie, Ellie sei Dank.

Tor 44 in der Milz hat ganz viel mit der Fähigkeit zu tun, günstige Umstände zu schaffen und wahrzunehmen. Du kannst Informationen genau so formulieren, dass dein Gegenüber sie verstehen kann. Du ahnst einfach, was funktioniert, welche Trends sich durchsetzen werden, welche Ideen Sinn machen, und hast ein Gespür (einen Riecher) für Möglichkeiten und Gelegenheiten, für das, was Zukunft hat. Tor 44 kann vermitteln und verkaufen. Und hat ein Gespür für die Talente und Gaben in anderen.

Tor 45

„Weil ich es nicht möchte." Fast hätte Sarah gelacht, konnte sich aber gerade noch rechtzeitig auf die Zunge beißen. Es war nur einfach so entzückend, mit welcher Sicherheit und Autorität dieses Kind - egal wem gegenüber - auftrat. Gerade hatte Tim seiner Oma erklärt, dass er es nicht mochte, wenn sie ihm in die Wange kneift. Zutiefst ernst und aufrecht. Kopfschüttelnd wandte sich Oma Gisela an Sarah: „Was soll denn das nun wieder, Sarah, du musst wirklich härter durchgreifen. Der tanzt doch sonst allen auf der Nase herum, das geht niemals gut mit der Schule dann. Unverantwortlich."

„Mama, das ist doch nicht dein Ernst, oder? Ich finde es grandios, dass Tim sagt, was er will und was nicht. Er macht das viel besser als ich damals. Ich weiß heute noch, wie widerlich ich die Küsse von Tante Hedwig fand, wie eine Kröte, die über deine Wange kriecht, bääh." Sarah schüttelte sich bei der Erinnerung. "Und außerdem hat Tim ein ganz wundervolles Gerechtigkeitsempfinden", fügte sie hinzu. „Neulich ist er zur Leiterin der Kita gegangen und hat ihr erklärt, dass mit den für die Kita neu bewilligten Geldern, von denen in der Morgenrunde gesprochen wurde, lieber das Außengelände erweitert werden sollte, weil dann alle Kinder in seiner Gruppe etwas davon haben - statt dass weitere Waschbecken im Bad installiert werden. Denn es würde ja niemandem schaden, einen Augenblick aufs Händewaschen zu warten." (Die Erzieher hatten Sarah sehr beeindruckt von Tims Rede erzählt.) „Er sagt, was er für richtig erachtet, egal, zu wem. Das ist kein Mangel an Liebe zu dir als Oma. Aber irgendwie ist er der Chef für sein Leben. Ich bewundere das total an ihm."

Tor 45 in der Kehle. Man nennt es nicht umsonst das Tor des Königs / der Königin. Es ist gesund und stimmig, dass Menschen mit diesem Tor sich und ihre Wünsche wichtig nehmen. Dazu kommt eine Fürsorge für die Gemeinschaft, schließlich verteilt ein guter König die Ressourcen (materielle, aber auch Wissen, Bildung etc.) so, wie es für alle am dienlichsten ist. Die Übung ist, zu delegieren, Vertrauen und Vertrauenswürdigkeit zu inspirieren, die Führung weise und bedacht auszuüben.

Tor 46 - Anton, Manifestierender Generator, Kanal 34-10 und 35-36

Anton war bis zu seinem dreizehnten Lebensjahr in Ungarn aufgewachsen. Seine Eltern – so genannte Ungarndeutsche – hatten sich mit einem kleinen Bauernhof über Wasser gehalten und sich um die Großeltern gekümmert. (Erst als diese 1988 gestorben waren, wagten sie es, den langersehnten Schritt nach Deutschland zu machen, um für ihre drei Kinder bessere Lebensumstände zu schaffen.) Schon seit seiner Geburt war Anton ein Glückskind gewesen, was jedoch nicht bedeutete, dass er es immer leicht hatte. Er kam als neunpfündiger Junge zur Welt und war von Anfang an der Liebling der Großeltern. Auch wenn alles noch so knapp war, Anton bekam immer etwas Leckeres zugesteckt. Als er drei Jahre alt war, wurde er sehr krank. So krank, dass die Mutter ihn hochschwanger kilometerweit durch tiefen Schnee zum Krankenhaus trug – es war an diesem Tag niemand da, der hätte helfen können. Die Diagnose Blinddarmdurchbruch mit einer prognostizierten Überlebenschance von einem Prozent erschütterte alle. Doch Anton überlebte – wäre er zarter gewesen, hätte er keine Chance gehabt. Er musste noch viele Male ins Krankenhaus, doch immer ging alles gut, und er war der Liebling der Station.

Mit der Schulpflicht kam eine herausfordernde Zeit – Anton liebte die Natur und hatte eine fast magische Gabe mit Tieren. Sie kamen ohne jede Scheu zu ihm. War ein Tier verletzt, hielt Anton es in den Händen und es heilte. Und so brauchte er meist Stunden für den Weg durch die Wälder zur Schule, was ihm dort drakonische Prügelstrafen bescherte. Ärger gab es dann auch zuhause, wenn er spätabends heimkam, denn auch der Rückweg von der Schule führte ihn durch die Natur. Doch so war er eben – sich anzupassen kam für ihn nicht in Frage, und so entwickelte er die Gabe des Vergessens: war die Strafe vorbei, war er wieder unterwegs. In einem einzigen Sommer hatte er elf Paar Schuhe bei seinen Abenteuern in der Natur verloren – eine Tragödie in einer gerade mal mit dem Nötigsten ausgestatteten Familie – aber irgendetwas an seinem Charme gepaart mit der Sorge um seine Gesundheit ließ die Eltern auch das verzeihen. Anton war eben Anton, was letztendlich bedeutete: unbelehrbar und unbeirrbar. Seine beiden jüngeren Geschwister beteten ihn an und glichen bereitwillig aus, was er an Pflichten aufgetragen bekam, aber nicht ausführte.

Später in Deutschland half Antons Charme der Familie, er begleitete die Eltern zu Ämtern und alles wurde leichter. Mit siebzehn Jahren lernte er ein Mädchen kennen – sie suchte einen Tanzpartner, und Anton war ein Naturtalent. Die Tanzlehrerin nahm ihn unter ihre Fittiche und es dauerte nicht lang, bis er stellvertretender Leiter wurde. Er tanzte Turniere und viele Türen öffneten sich für ihn. Auch immer wieder solche, durch die er nicht gehen wollte, mit lukrativen Einladungen zu mehr als nur einem Tanz. Doch auch hier gelang es ihm irgendwie wieder, das Gute mitzunehmen – ob nun ein Fahrrad, eine neue Garderobe, ein Konzert – ohne von seinem Weg abzukommen. Es fiel ihm in den Schoß, fast als würden die Menschen ihm ihre Geschenke aufdrängen.

Ein Ortswechsel brachte Anton mit der Spiritualität in Kontakt – er lernte Yoga kennen – und wieder nahm ihn die Lehrerin nach kürzester Zeit mit an Bord. Es war, als habe Anton einen sechsten Sinn für alles, was mit dem Körper zu tun hatte. Er fühlte, ob Bewegungsabläufe korrekt waren, auch ohne die Asanas zu kennen. Und man glaubte ihm. Zum Lehrer erhoben, folgten die Yogaschüler seinem Rat. Seine beiläufigen Berührungen beim Unterrichten erreichten vor allem die weiblichen Teilnehmerinnen und sein Ruf als Yoga-Heiler wuchs, genau wie sein Wunsch, selbständig zu sein. Ulrike, seine Partnerin im Yogastudio, stellte ihm dafür alle nötigen Ressourcen zur Verfügung, ließ eine Website für ihn erstellen und Flyer drucken. Nun fehlte nur noch ein offizielles Zertifikat.

Obwohl Deutschland nicht gerade für die Flexibilität in Prüfungen bekannt ist, gelang es Anton, durch „Zufall" gerade in einer Gruppe zu landen, die durch Umstrukturierungsmaßnahmen keine schriftliche Prüfung ablegen musste. Die eingereichten Unterlagen (von Ulrike zusammengestellt, denn Anton hatte nie wirklich Lust gehabt, in Deutsch korrekt schreiben zu lernen, die Leute verstanden ihn ja, warum sollte er mehr tun?) wurden anerkannt und Anton wurde offiziell zertifizierter Yogatrainer. Doch nachdem er sich immer wieder auf kurze intensive Abenteuer mit seinen Schülerinnen einließ, endete die Yoga-Karriere und die Zusammenarbeit wegen seines unprofessionellen Verhaltens.

Als nächste Erkundung experimentierte Anton mit Harz IV und „chillte". Einzelne Yoga-Coachings hielten ihn finanziell über Wasser. War kein Geld da, zahlte er auch keine Rechnungen. So lange, bis man ihm Strom und Gas abstellte – auch das fand er spannend. Er sah nicht ein, etwas zu tun, was er nicht wollte, nur um zu funktionieren. Vor allem, da es immer wieder Freunde gab, die ihn aufnahmen, bekochten und unterstützten, sich für ihn bei den Behörden einsetzten, so dass er alles Geld, das er ihnen schuldete, vom Amt nachgezahlt bekam.

Solange Anton seinem Weg folgte, war alles gut für ihn – und das schien sich nach außen zu transportieren. Man nahm es einfach hin, wenn er nicht zum vereinbarten Termin kam, weil er gerade keine Lust hatte, oder dass er den Plastikbecher Cola von McDonalds mit ins Restaurant brachte, weil er ihn eben noch trinken wollte – Dinge, mit denen jeder andere angeeckt oder ausgegrenzt wurde, doch bei ihm hieß es nur: „Typisch Anton". Denn wenn sein Charme, diese absolute physische und innere Präsenz für einen Menschen ansprang, war fast jeder hin und weg. Nur sein Vermieter nicht. Mehr als sechs Jahre hatte dieser seinen Mieter schon geduldet, immer wieder mal angedeutet, dass er einem sofortigen Auszug nicht im Wege stehen würde, aber hier hatte sich Anton taub gestellt. Er wollte nicht umziehen, wozu also? Und was Anton nicht wollte, das passierte auch nicht.

Bis vor ein paar Tagen der Anruf kam, er müsse ausziehen und sei mit gesetzlicher Frist gekündigt. Er würde immer wieder Yogakurse in seiner Wohnung geben, das sei nicht zulässig. Aber Anton wäre nicht Anton, wenn nicht auch darin ein Gutes für ihn wäre. Noch am gleichen Tag hörte er über eine Freundin von einem Luxushotel an der Ostsee, das Yogalehrer suchte. Sie hätte schon mal die Verbindung herausgesucht, die zuständige Leiterin wäre am gleichen Nachmittag über Zoom auf Bewerbersuche. Anton war Feuer und Flamme, ein Luxushotel war ganz nach seinem Geschmack. Einmal „angesprungen" lief mal wieder alles wie von selbst: die Dame aus der Personalabteilung war begeistert von seiner Art und er war eingestellt – vorausgesetzt, er würde innerhalb der nächsten zwei Wochen anfangen können. Und wie er konnte! Seinem Vermieter teilte Anton direkt mit, dass er bald ausziehen würde, was diesen so begeisterte, dass er ihm Mieterlass für die drei Monate Kündigungsfrist anbot, wenn er so schnell wie möglich die Wohnung räumte. Natürlich nahm Anton an, und da ja so spontan kein Sperrmüll abgeholt werden konnte, stellte er mit seinen Freunden die alten Möbel einfach in den Garten. Und wie man Anton kennt, wird sich auch hier sicher jemand finden, der sie gern für ihn entsorgt.

Serendipity, glückliche Umstände. Tor 46.

Tor 46 im Selbst. Mit diesem Tor bist du wahrscheinlich öfter als andere zur rechten Zeit am rechten Ort, und zwar auf die richtige Weise. Das heißt, Glück und Zufall sind deine Verbündeten. Es geht um Erfahrung, das Erleben, ganz physisch in dieser Welt. Tor 46 hat viel mit der Liebe zum Verkörpert-sein zu tun – also ganz grundlegend werden sich deine Themen im Körper zeigen – dein Körper zeigt dir, worum es geht. Es gilt, sich um ihn zu kümmern und er bringt gleichzeitig oft sehr heilende Gaben mit sich. Du bringst auch anderen Menschen eine Öffnung zur Heilung ihres Körpers, du transportierst Körperlichkeit.

Tor 47 – oder: das Monster im Stall

Auch wenn die 46 und die 47 von der Zahl her so nah beieinander liegen – der Unterschied ist gewaltig. Tor 47, der Druck des Sinnfindens, macht meist schon früh das Leben schwer. Wie die Geschichte von Robert zeigt, die für Sarah eine der schwersten war, die sie je von einem Klienten gehört hatte.

Roberts Mutter Roswitha kam aus einem kleinen Dorf in Unterbayern, alles sehr eng und konservativ. Auf der Abschlussfahrt der Schulklasse nach München (das erste Mal im Leben in der großen Stadt, sie war hin und weg) lernte sie Benedict, einen kanadischen Austauschstudenten, kennen und wurde von ihm schwanger. Was sie aber bis zum vierten Monat nicht bemerkte. Sie wurde dann von ihren Eltern wegen der Schande, die sie damit über die ganze Familie bringen würde, für den Rest der Schwangerschaft im Stall versteckt, und man erzählte den Nachbarn, sie sei zum Austausch in Kanada.

Als Robert dann geboren wurde (viel zu klein aufgrund der recht mangelhaften Versorgung, die der in Ungnade gefallenen Roswitha bei den Eltern zuteil kam, aber ansonsten gesund), gab man vor, aus Gutherzigkeit das Kind einer verstorbenen Cousine aufgenommen zu haben. Roswitha musste weiterhin im Stall leben, schließlich wäre es zu auffällig gewesen, wenn sie und das Kind gleichzeitig aufgetaucht wären. Das führte dazu, dass Roswitha Robert die Schuld an ihrer misslichen Lage zu geben begann. Er wurde gerade mal mit dem Nötigsten versorgt; Liebe und Zärtlichkeit, wie sie ein Baby braucht, bekam er nicht. Wenn er weinte, schlug oder kniff ihn seine Mutter, und er lernte schnell, still zu sein.

Nach ein paar Monaten wurde die Rückkehr von Roswitha aus Kanada verkündet und sie durfte wieder im Haus wohnen. Am Umgang mit Robert änderte das leider nichts – er war allen lästig, und das wurde ihm deutlich gezeigt. War er krank, verhöhnte seine Mutter ihn, gab ihm irgendwelche Tabletten, um ihn ruhig zu stellen, ohne zu prüfen, ob sie überhaupt für ein Kind geeignet waren. Bekam er davon Durchfall oder Krämpfe, ließ sie ihn tagelang in seinen Ausscheidungen liegen. Seinen Namen hörte er nie, nur „Missgeburt", „Unglücksbringer" und dergleichen. Roswitha empfand ihren Sohn als Strafe. Und so lernte er früh, möglichst unsichtbar zu sein, nichts zu brauchen, nicht aufzufallen. Mit anderen Kindern spielen durfte er nicht, sein einziger Trost waren die Tiere, zu denen er ein besonderes Verhältnis hatte, fast als könnten sie ihn und er sie verstehen.

Sicher, das Leben von Roberts Mutter war bestimmt schwer. Aber die Brutalität, mit der sie ihren Sohn behandelte, hat Sarah allein beim Zuhören oft den Atem geraubt. Auf dem linken Ohr hatte Robert kaum noch Hörkraft, weil Roswitha ihm eine so feste

Ohrfeige gegeben hatte, dass sein Trommelfell geplatzt war. Nicht, dass das ein Arzt untersucht hätte, er wurde nie zum Arzt gebracht, weder wegen des Trommelfells noch wegen der unzähligen Rippenbrüche oder des Armbruchs. Wenn er nicht sofort gehorchte – weil er eben nicht mehr gut hören konnte – schlug Roswitha zu, mit allem, was sie gerade in Reichweite hatte. Einmal traf sie ihn so unglücklich am Auge, dass er mehrere Monate nichts mehr sehen konnte und schreckliche Kopfschmerzen hatte, die ihn sein Leben lang in regelmäßigen Attacken heimsuchen sollten.

Roberts Leben bestand aus Arbeit (sie hielten ihn wie einen Sklaven, er hat von morgens um 4:30 Uhr bis oft fast Mitternacht schuften müssen) und der Brutalität der Mutter, die ihren ganzen Lebenshass an ihm ausließ, ihm mehr als einmal ankündigte, ihn lieber tot sehen zu wollen. Als die Mutter Jahre später noch eine Tochter bekam, hat Robert alles getan, um die Kleine zu beschützen, und lieber selbst Prügel kassiert, als zuzulassen, dass Regine sie abbekam. Noch heute unterstützt er seine Schwester, wo er nur kann, hat ihre Ausbildung finanziert, hilft ihr immer wieder aus der Patsche, auch wenn sie es überhaupt nicht zu schätzen weiß. Dafür lieben ihn ihre Kinder, für die er die einzige echte Bezugsperson ist.

Das Schreckliche war, dass Robert gar nicht zu realisieren schien, wie unfassbar grausam seine Kindheit gewesen war, er kannte ja nichts anderes. Er suchte den Fehler bei sich, sagte tatsächlich beim ersten Beratungsgespräch zu Sarah, dass er ja als Kind wohl langsam und ungeschickt gewesen sei, und seine Mutter überfordert gewesen sei durch ihre schwierigen Lebensumstände. „Da bin ich echt nah an meine Grenzen gekommen", gab Sarah zu, „boah, ich hatte echt stellvertretend so einen Zorn auf seine Mutter. Wie kann man nur mit einem Kind so umgehen? Aber das hätte ihm ja nicht geholfen, also hab ich mir Supervision geholt und ihm weiter zugehört."

Die Horrorgeschichte ging noch weiter. Mit vierundzwanzig Jahren wurde Robert so krank, dass er tatsächlich einen Arzt aufsuchte und

– neben der Aufdeckung all der Knochenbrüche und Verletzungen – Leukämie bei ihm festgestellt wurde. Seine Familie weigerte sich, sich als Spender testen zu lassen, und für eine Weile sah es so aus, als wenn sein Leben hier enden würde. Aber es gab eine Kraft in Robert, die ihn all den Horror seiner Kindheit hatte überleben lassen - er fühlte eine innige Verbindung zum Göttlichen, das er „die Quelle" nannte. Und diese Quelle füllte ihn offensichtlich mit einem Mut, den er bisher nicht gekannt hatte.

Mit sechzehn Jahren hatte Robert einmal durch Zufall das Tagebuch seiner Mutter aufgeschlagen in ihrer Nische gesehen – ein eigenes Zimmer hatte sie nicht, dafür war der Bauernhof zu beengt, ihr Bett stand in einer Ecke der Küche, seine Matratze lag direkt dahinter unter dem Fenster. In dem Tagbuch lag eine Postkarte, die er wegen der ausländischen Marke genauer angeschaut hatte, sie stammte von Benedict Rommers, Coral Harbour, Southampton Island, Kanada. Die exotische Adresse hatte sich fest in sein Gedächtnis eingebrannt. Und als er dann bei einer weiteren Gelegenheit ein paar Seiten im Tagebuch seiner Mutter gelesen hatte, wusste er, dass dieser Benedict offensichtlich sein Vater war.

Mit einem Mut, von dem er sich selbst nicht erklären konnte, woher er ihn nahm, schrieb Robert seinen Vater an. Einige Tage vergingen, inzwischen lag er im Krankenhaus an der Infusion, die Ärzte machten ihm wenig Hoffnung. Ohne Spender würde er nicht überleben. Als die Schwester in sein Zimmer kam, das Stationstelefon in der Hand (denn natürlich hatte Robert weder Handy noch Computer) und sagte, dass ein Herr Rommers am Telefon sei, war er fassungslos. Das war dann wohl auch der Wendepunkt in seinem Leben. Wie es der Zufall wollte (und wann hatte Robert denn schon einmal so ein Glück gehabt?) war Benedict Rommers seit drei Wochen für die Hudson Bay Tierschutzorganisation Pro Wildlife in München, um auf einer internationalen Konferenz zu sprechen. Seine Eltern hatten den an ihn adressierten Brief auf seinen Wunsch hin geöffnet – und nun rief er seinen Sohn an, von dem er vor wenigen Stunden erfahren hatte.

Der Rest klingt fast wie ein Märchen: Rommers war ein Match – er hat mit einer Rückenmarkspende Roberts Leben retten können. Zum ersten Mal in vierundzwanzig Jahren hatte Robert Glück. Er wurde gesund und – für ihn fast ein größeres Wunder – war nicht mehr allein. Ermutigt von seinem Vater brach er mit der Familie von Roswitha und zog zu ihm in seine Münchner Wohnung. Er machte eine Therapie und auch hier war ihm das Schicksal gewogen, denn er fand einen sehr behutsamen Therapeuten, der auf männliche Opfer von Gewalt spezialisiert war.

Über diesen Therapeuten kam Robert dann schließlich zu Sarah, was zeigte, wie weit seine Heilung schon fortgeschritten war. Er konnte sich nun endlich auch einer weiblichen Therapeutin gegenüber öffnen und darauf vertrauen, dass sie es gut mit ihm meint. Sie haben langsam begonnen, sein Human Design Chart zu analysieren. Robert bekam immer mehr Verständnis für sich und ganz langsam sogar Mitgefühl mit sich selbst. Der berührendste Moment für Sarah war, als Robert von seinem Sonnentor gehört hat: Tor 47, Linie 5: "Hingabe – die Bürde, einen Sinn zu finden, wird akzeptiert." Es heißt im Original „der Heilige" und beschreibt einen Menschen, der es schafft, selbst in massivster Unterdrückung noch eine Verbindung zu den Peinigern aufrecht zu erhalten und „zugleich Unterdrückten zu helfen und ihnen Beistand zukommen zu lassen". Da kamen Robert die Tränen.

Heute lebt Robert in Hamburg und arbeitet als Craniosakral-Therapeut. Gerade weil er so viele eigene Verletzungen hat und so viel Therapie brauchte, hat er ein tiefes Einfühlungsvermögen in körperlich-seelische Strukturen und ist da wohl richtig gut. Und die letzte Info, die Sarah von ihm hatte, war, dass er in eine Wohngemeinschaft gezogen ist und dort freundschaftliche Kontakte geknüpft hat. Zweimal im Jahr fährt er nach Coral Harbour, zur

Familie seines Vaters, dort erfährt er das absolute Gegenteil seiner mütterlichen Linie und – soweit so etwas möglich ist – holt er da langsam nach, was ihm an familiärer Liebe so sehr gefehlt hat.

Das wirklich Besondere an Robert ist, dass er eine so tiefe Hingabe ausstrahlt, als wenn er alle zu sich einlädt, die mühsam und beladen sind, fast schon biblisch. Und auch das passt, denn in der höchsten Entwicklungsstufe von Tor 47 finden wir die Verklärung – wie Christus, der alles erlebt und erlitten hat, es transformierte und dann alles annehmen konnte in diesem großen Licht. Das Leiden wurde transformiert.

Tor 47 im Ajna. Das Tor heißt im I-Ging „Die Bedrängnis", es hält Rückschau auf das eigene Leben, auf Schwieriges und Leidvolles und sucht den Sinn darin. Es ist ein kollektives Tor, kann Lehrreiches und Inspirierendes greifbar machen. Es steht in Verbindung zu den Archetypen des Menschseins, bringt uns in Kontakt mit dem tiefsten Leid und unserer Angst – und kann zu ihrer Erlösung führen, wenn sie da sein darf, wenn sie angeschaut und erlöst wird.

Tor 48

„Frag doch Annette", schlug Elisa vor, „die weiß das bestimmt." Ralf nickte lachend. „Klar, da hätte ich auch selbst drauf kommen können, es gibt da wirklich wenig, was sie nicht weiß. Neulich zum Beispiel habe ich qualvoll lange versucht, ohne Putzzeug das alte Silber von meinen Eltern auf Vordermann zu bringen, keine Chance. „Nimm Zahnpasta", riet Annette, und ruckzuck war das Zeug sauber. Wäre ja normal, wenn sie so eine typische Hausfrau wäre, aber sie ist Philosophie- und Mathematikprofessorin", fügte er hinzu. „Was sie aber nicht davon abhält, die beste Rosenzüchterin in ganz MeckPom zu sein", grinste Elisa, die gerade dabei war, einen Strauß Rosen in die Vase zu stellen.

„Wie lange kennst du Annette nochmal?" wollte Ralf wissen. Elisa überlegte, eigentlich war Annette immer Teil ihres Lebens gewesen. Als Nachbarin ihrer Eltern, als selbstverständlicher Teil jeder Famlienfeier, später als Patin für ihre Tochter Susann, und stets verfügbare Ratgeberin. Annette hatte einen großen Bekanntenkreis, war Mitglied in Fördervereinen und der Ethikkommission an der Uni. Sie hatte an unzähligen Weiterbildungen in den unterschiedlichsten Fachbereichen teilgenommen (Tor 48 glaubt immer, es müsse noch mehr lernen) und erst in späteren Jahren damit begonnen, ihre Fülle auch für sich selbst anzunehmen.

Tor 48 in der Milz. Dieses Tor bringt den Zugang zu einer inneren Wissensdatenbank und es ist dir ein Bedürfnis, sie zu ergründen und zu teilen. Du möchtest dich auskennen und es kann die Sorge geben, nicht genug zu wissen, nicht tief genug zu sein. Es geht um ein Durchdringen und ein tiefes Verstehen, du kannst herausfinden, was wirklich funktioniert und es so ganz erfassen; so gelangst du zum Kern des Ganzen – wenn du dir Zeit lässt. Erlaube dir immer zu warten, bis Menschen zu dir kommen werden, weil deine Tiefe Wert hat, magnetisch wirkt. Aus Tor 48 kommt auch der Verbesserungsvorschlag - du siehst, wie man etwas anders machen kann, dafür braucht es aber die Bereitschaft und Offenheit des Anderen.

Tor 49

Caro traute ihren Augen kaum. Das war doch Stefan, der ihr gerade im Auto entgegenkam. Weg fuhr von seiner Wohnung, wo sie sich doch um 19 Uhr verabredet hatten. Gut, es war viertel nach, aber das war doch fast pünktlich? Er fuhr langsamer, hielt neben ihr an. „Hey, Fremder", lächelte sie, „wohin des Weges?" Doch Stefan ging nicht auf ihren lockeren Ton ein. Völlig ernst sagte er: „Hallo Caro, schönen Abend dir noch", und machte sich daran, loszufahren. „Halt!" rief Caro und legte den Rückwärtsgang ein – was war denn in den gefahren? „Was soll das, wir sind doch verabredet!" rief sie aus dem Autofenster. „Genau", entgegnete Stefan kühl, „wir waren für 19 Uhr verabredet. Ich finde, es ist das mindeste Zeichen von Wertschätzung und Respekt, dann auch da zu sein. Oder anzurufen,
154

dass es später wird." „Für die paar Minuten?" Caro konnte es nicht fassen. Ja gut, er hatte schon mal erzählt, dass ihm Pünktlichkeit sehr wichtig war, sie erinnerte sich nicht mehr genau, da war irgendwas mit seinem Vater gewesen. „Es war mehr als eine Viertelstunde. Aber darum geht es nicht, es geht um den grundsätzlichen Umgang. Ums Prinzip. Wenn du das nicht verstehst, tut es mir leid", entgegnete er vollkommen ernst und fuhr los. Fassungslos schaute Caro ihm noch eine Weile nach. Wegen einer Viertelstunde!

Noch eine 49

Cedrick warf einen Blick zu Jonathan hinüber, der wiederum angestrengt aus dem Fenster zu schauen vorgab. „Jo, nun rede schon. Was ist los?" Wobei Cedrick schon ahnte, was es war. Jonathan mochte die Gegend nicht, durch die sie fuhren. Was insofern ein Problem war, da sie sich ein Haus in eben dieser Gegend anschauen wollten. Cedrick hatte endlich etwas gefunden, was für sie beide ideal zu sein schien: ein riesiges Grundstück, auf dem Jonathans Hunde all den Auslauf haben würden, den Hundeherzen begehren, und für ihn selbst eine ausgebaute Scheune, in der sein ausgeprägtes Raumbedürfnis befriedigt werden könnte. Allerdings stand in der Anzeige etwas von Feuchtigkeitsschäden im Haupthaus, aber vielleicht würde das ja nicht so schlimm sein.

Vor Ort angekommen, hätte ein Außenstehender Jonathan nichts angemerkt von seiner Anspannung – in wie üblich vollendeter Höflichkeit begrüßte er den Immobilienmakler und sie betraten das Grundstück. Und erkannten beide sofort, dass es leider nichts für sie sein würde. Die Scheune war, anders als auf den Bildern ersichtlich, mit Setzungsrissen durchzogen und eher abbruchreif als bewohnbar. Und das Haus roch schon im Eingang nach Schimmel. Cedrick, der wusste, wie empfindlich sein Bruder auf Störfaktoren reagierte, flüsterte ihm zu: „Ej, lass uns doch einfach fahren, das passt doch eh nicht", aber Jonathan reagierte nicht. Er schaute sich alles, wirklich alles an und verabschiedete sich am Ende freundlich von dem Makler.

Erst, als sie zum Auto gingen und Jonathan sich eine halbe Flasche Desinfektionsmittel über die Hände geschüttet hatte, antwortete er, leichenblass und angespannt, seinem Bruder. „Wenn ich zugesagt habe, mir das Haus anzusehen, dann tue ich das auch. Schließlich hat der Makler doch auch seine Zeit für uns reserviert. Dann gehört sich das so. Und wenn es mir danach nicht gut geht, okay, das ist dann der Preis dafür."

Cedrick schüttelte den Kopf. „Wow, immer wieder krass, Brüderchen, wie unterschiedlich wir sind. Bei mir ist es genau andersherum. Sobald ich merke, dass es mir nicht gut tut, muss ich darauf reagieren. (Cedrick hat Tor 57, Intuition). Aber sag mal, du kannst doch auch locker nein sagen, so wie neulich bei Oma." Da hatte Jonathan konsequent auf jede Nahrungsaufnahme verzichtet, denn Oma Lara war bekannt dafür, dass sie das rohe Gehackte auch gern mal ein paar Tage im Kühlschrank liegen ließ, bevor es zu Frikadellen wurde, die dann auch mal in der Mitte noch rosa sein konnten. Außerdem stellte Oma das vorgekochte Essen in ihr Bett, damit es warm blieb, was Jonathan schon als Kind besonders entsetzt hatte. „Das ist was anderes, Ced!" erklärte Jonathan vehement. „Ich werde definitiv nichts essen, was mich vergiftet. Aber hier und heute habe ich mein Wort gegeben – für diese Besichtigung. Und mein Wort zählt. Das hat Vorrang. Und jetzt lass uns das Thema wechseln" - damit beendete er die Unterhaltung.

Ein Gutes hatte der Ausflug. Sie waren beide wesentlich klarer, was ihnen an einem Haus wichtig war, und nur wenige Monate später konnten sie ihr gemeinsames Projekt verwirklichen. Ein großes, von außen nicht einsehbares Grundstück, ein Haus, eine Scheune und ein wirklich guter Ort. Ohne Kompromisse.

Tor 49 in den Emotionen. Hier geht es um Prinzipien. Dieses Tor hat die Fähigkeit, klar das für den Menschen Richtige und Falsche zu unterscheiden und aus Situationen und Beziehungen herauszutreten, wenn sie nicht stimmig sind, andererseits aber auch den eigenen Prinzipien zu folgen, koste es, was es wolle. Es geht hier um die emotionale Stabilität und es lässt nur die Dinge und Menschen zu sich, die den eigenen Prinzipien entsprechen. Die Gabe dieser Energie ist, dass du sehr sensitiv bist, sehr einfühlsam. Wenn jemand für dich passt, schätzt du Berührung und Nähe. Deine Sensitivität ist ein Messinstrument, sie zeigt dir an, wer dazu gehören kann und wer nicht. Es muss passen, da gibt es keinen Kompromiss, ansonsten kommt dein klares und unwiderrufliches Nein.

Tor 50

„Der Salat gehört in die Schale, nicht auf den Teller!" Elvira schüttelte den Kopf. Mit einem Lächeln zwar, aber so ganz scherzhaft gemeint war das nicht. Natürlich wusste sie, dass jeder seinen Salat so essen konnte, wie er wollte, aber dennoch – richtig war es eben, ihn in das glänzende Salatschälchen rechts vom Teller zu tun. „Und Ketchup gehört nun aber ganz sicher nicht in die Sauce, Markus, wirklich!" Markus lachte nur. So war sie, seine Tante Elvira, irgendwie wusste man es doch bei ihrem Namen schon. Sie hatte feste Vorstellungen, wie die Welt sein sollte. Was man machte und was eben nicht. Das reichte von der Organisation ihrer Haus- und Gartengemeinschaft bis hin zur Leitung der Anwaltskanzlei Möllringhausen & Partner, wo Elvira seit 42 Jahren für Ordnung sorgte. Und – das musste man ihr lassen – es funktionierte. Solange die anderen sich ihrem Wertesystem anpassen konnten (und wollten), war Elvira eine sichere Burg, immer da, immer hilfsbereit. Ein durch und durch ethischer Mensch, so hatte sie ihr Chef mal genannt. Und das stimmte - Elvira engagierte sich, für ihre Familie, ihren Stadtteil, ihre Nachbarn.

Tor 50 in der Milz. Mit diesem Tor trägst du eine tiefe Ethik in dir. Regeln und Gesetze für unser Zusammenleben, damit Entwicklung für alle möglich ist. Gerade in der Familie und in der Erziehung der Kinder kommt das zum Tragen, aber auch im beruflichen Umgang mit anderen. Ein Tor, das vorgibt, was sein darf und was nicht. Menschen mit Tor 50 fühlen sich verantwortlich für ihre Gemeinschaft, kümmern sich um die anderen, unabhängig davon, ob es für sie selbst gerade das Angenehmste ist oder nicht. Sie können aber auch sehr streng sein, wenn jemand gegen die von ihnen für richtig befundenen Werte verstößt.

Tor 51

„Das ist doch lächerlich", empörte sich Carl, „du machst dir Gedanken, wie ein zweijähriges Kind dich findet?" „Warte mal ab, bis du Alina siehst, dann weißt du, was gemeint ist." Alina war Susannes Nichte und ihr Patenkind, das sie aber noch nicht kennengelernt hatte, da sie und Carl in England lebten und selten nach Münster in Deutschland reisten. Die Geschichten von Alina kannten sie natürlich alle. Wenn das Mädchen jemanden nicht mochte (ohne für die Eltern ersichtlichen Grund) schaute sie ihn ernst an, zog die Brauen zusammen und wies mit der rechten Hand und ausgestrecktem Zeigefinger von sich weg. „Damit war die Audienz dann beendet", so beschrieb es ihre Mutter, peinlich berührt, wenn Alina sich gerade mal wieder bei der Ärztin so aufgeführt hatte. Susanne war gespannt, ob sie sie vor den kritischen Augen ihrer Nichte bestehen würde.

Fünfzehn Jahre später. „Alina hat das Voll-Stipendium für die Modern Art erhalten", erzählte Alinas Mutter, „und zwar nicht nur als einzige Ausländerin, auch als einzige unter 18 Jahren und als einziges Mädel. Wie sie das geschafft hat? Sie hat die Jury in Frage gestellt. Ob Kunstschaffen von vor dreißig Jahren sie jetzt noch qualifizieren würde zu beurteilen, ob jemand begabt sei oder nicht."

„Sie hat was?" fragte Carl fassungslos. Das war wirklich die Krönung der diversen Alina-Geschichten, die sie zugegebenermaßen gern hörten, wenn sie zu Besuch kamen. „Ja, und es ging nicht etwa um sie selbst. Sondern um einen Kommilitonen, Juri, der eine Video-Präsentation mitgebracht hatte, die – so Alina – bahnbrechend neu war. Aber er sollte gar nicht erst zur Präsentation zugelassen werden, da er keine konventionelle Mappe zu bieten hatte. Tja, und da hat Alina für ihn Partei ergriffen. Das Gremium war wohl sehr schockiert, hat dann mehrere Stunden beraten und Alina und Juri schlussendlich aufgenommen. Mit Stipendium. Und sie sagt, man habe daraufhin sogar die Statuten überarbeitet. Ich garantiere dir, ohne Alina wäre Juri schnurstracks zurück nach Kasachstan gereist, anstatt demnächst seine erste Ausstellung zu haben."

Tor 51 im Ego. Du hast die Gabe, mit Schock und Veränderung gut umgehen zu können und auch andere darin zu begleiten. Du kannst dich und andere an neue, unbekannte Orte führen und äußerlich, aber vor allem auch innerlich Sprünge ins Neue begleiten und bewirken. Diese Energie kann auch schockieren - du hast eine Initiationskraft, die gern an die Grenze des Machbaren geht, du sprengst die alten Umstände. Du liebst es vielleicht, Erster bzw. Pionier auf einem neuen Gebiet zu sein, du gehst voran. Vielleicht hast du selbst auch schockierende, lebensverändernde Erfahrungen gemacht. Die Gabe ist, Dinge in Gang zu bringen, neue Möglichkeiten zu eröffnen.

Tor 52 - in Kombination mit Profil 4/6

„Wie hältst du das aus?" fragte Nolan seine Tante. „Wie kannst du so geduldig warten, bis Mom sich wieder einkriegt?" Renata lächelte. „Das ist gar nicht so schwer und spart viel Streit. Deine Mutter ist doch kein böser Mensch, sie war einfach verletzt, weil sie dachte, ich hätte mir mehr von Mutters Erbe genommen. Und du hast doch gesehen, sie war für nichts zugänglich, was man ihr gesagt hat. Also warte ich. Mit der Zeit wird sie sich erinnern, wie ich bin, und das Gespräch suchen. Und dann offen sein zu hören, dass unsere Mutter ihren Schmuck schon lange vor ihrem Tod an diese Hilfsorganisation für junge Mädchen gespendet hat. Und bis dahin warte ich und halte sie als die wunderbare Frau in Erinnerung, die sie ja ist."

Und noch ein Tor 52 – Onkel Friedhelm und der Hochstand

Als Tina klein war, ist sie während der Ferien jeden Morgen mit Onkel Friedhelm, der Jäger war, morgens um vier Uhr auf den Hochsitz gegangen. Sie hatte das geliebt. Diese Stille, einfach nur da sitzen und nichts tun. Oft war sie dann noch mal eingeschlafen, aber Onkel Friedhelm war die ganze Zeit aufmerksam – für Tina ein Rätsel, wie er das machte. Und wie auf Knopfdruck war er hundert Prozent präsent, wenn der Rehbock kam.

Tor 52 in der Wurzel. Die wahre Kraft dieses Tores liegt innen, scheinbar völlig still. Aus dieser Stille heraus zeigt sich alles Wissen, was du brauchst; und wenn du erlauben kannst, dass dieses innere vollkommene Timing sich zeigt, dann hat die Handlung, wenn sie geschieht, unendliche Kraft. Durch den Wurzeldruck ist es für Menschen mit Tor 52 aber oft schwer, lange genug innezuhalten, bis der richtige Moment kommt, doch nur im richtigen Moment ist die Energie passend eingesetzt. Ein Handeln zum falschen Zeitpunkt führt zur Frustration und zum Verschwenden von Energie. In der Ruhe liegt die Kraft – dieser Satz beschreibt die Gabe von Tor 52, eine fast meditative Besonnenheit und Gelassenheit.

Tor 53

„Das wird schon, meine Güte, ihr macht euch Sorgen. Ich finde schon eine Stelle in Australien. Hauptsache ich bin erst mal da. Hab mir gestern den Trail-Rucksack bei Globetrotter bestellt. Und Ulla leiht mir ihren Schlafsack, hab sie vorhin angerufen." Sabine strahlte begeistert. „Ich werde die nächsten sechs Wochen im Charly's kellnern, dann hab ich genug Kohle für das Ticket, hab vorhin mit dem Besitzer gesprochen, ich kenn ihn noch aus der Parallelklasse. Und den Reisepass kann ich morgen früh verlängern, das müsste dann klappen mit den sechs Wochen."

Sabines Eltern schauten sich nur an. „Was hast du erwartet, Rita, du kennst sie doch", zuckte Sabines Vater Karl die Schultern. Tatsächlich hatten sie beide die unbändige Impulskraft ihrer Tochter immer wieder erlebt. Neues zu beginnen schien für Sabine beinahe so selbstverständlich wie das Atmen zu sein. „Wenn sie nur die Hälfte all ihrer Projekte je beendet hätte, stünde sie jetzt echt gut da", seufzte Rita. „Ich garantiere dir, dass dieses „no-worries"-Projekt der Hochschule Sabine nur wegen der Wortwahl angesprochen hat. Dass die Studiengebühren für ein weiteres Studium dort massiv sind, ignoriert unser Kind doch einfach, oder was denkst du?" „Hmm", war alles, was Karl dazu sagte, wie meist.

Nur zwei Monate später flog Sabine tatsächlich – allerdings nach Ecuador, sie hatte eine Stelle in einem Umweltprojekt bekommen. Es ging um den Aufbau von kleinen Startups für junge Leute, das Thema ihrer noch unvollendeten Magisterarbeit. „Immerhin nutzt mein Projekt so viel mehr als in einem blöden Archiv zu vergammeln. Wer braucht schon den Titel, wenn was Sinnvolles draus werden kann?" war alles, was Sabine dazu sagte.

„Meine Güte, Rita", schüttelte auch Sabines Großmutter Inge den Kopf, als ihre Tochter ihr die Neuigkeiten erzählte. „Das waren doch vier Anläufe in drei Jahren, oder? Erst Anglistik, dann Sozialarbeit, dann wollte sie Heilpraktikerin werden." „Du vergisst die zwei Semester Journalistik nach der Erdbebenreportage in Bolivien, da war sie Feuer und Flamme," ergänzte Rita die Aufzählung, fügte dann aber entschlossen hinzu: „Beeindruckend finde ich aber, dass sie immer genommen wird, es klappt und sie legt sofort los." „Wenn sie doch nur irgendetwas zu Ende gebracht hätte, wäre ich beruhigter", seufzte Inge. „Sie macht das schon," meinte Rita zuversichtlich. Ihr Vertrauen in ihre Tochter ist mit der Zeit gewachsen – und wuchs weiter mit jedem kritischen Wort ihrer Mutter, das war schon immer so gewesen.

Tor 53 in der Wurzel. Die Kraft, Neues zu beginnen - Projekte, Ideen, Konzepte. Die Gefahr ist, zu viel Neues gleichzeitig auf den Weg bringen zu wollen und sich zu verzetteln. Hier braucht es unbedingt die Führung der inneren Autorität und Strategie. Menschen mit diesem Tor lieben es, selbst zu entscheiden, wann sie etwas beginnen (auch in Bezug auf die Nahrungsaufnahme).

Tor 54

Es muss weitergehen. Das war Neles Überzeugung, seit sie überhaupt denken konnte. Menschen, die einfach so vor sich hin lebten, ohne je etwas zu verändern? Undenkbar. „Du lebst wie dein Durst, ständig muss was nachgelegt werden", hatte ihre Tante immer gesagt. Dabei war es doch normal, dass man viel trinken musste, oder? Auf jeden Fall für Nele, die immer darauf achtete, nicht ohne Wasserflasche aus dem Haus zu gehen, denn wenn sie durstig war, ging nichts mehr gut. Sie bekam Kopfschmerzen, konnte sich nicht konzentrieren. Alles war blöd. Also warum sollte sie da nicht auf sich achten? Genauso unverständlich war es ihr, wie jemand sich „arrangiert", wie ihre Tante es immer genannt hatte. Wie dämlich war das denn, bitte schön? Das Leben war viel zu kurz, um irgendwo jahrelang zu parken, es musste vorwärts gehen. „Auf zu neuen Ufern", schmunzelte sie. Das war ihr Wahlspruch.

Tor 54 in der Wurzel. Ein wirklich spannendes Tor, da es so viele Ebenen berührt. Die rein Materielle des Erfolges und die sehr Spirituelle der Erleuchtung. Es geht um den Antrieb, Erfolg zu haben. Die Entschlossenheit, alles zu tun, was es braucht, um eine Basis zu haben, weiterzukommen, Erfolg zu haben, Anerkennung zu bekommen, seine Träume zu verwirklichen. Wichtig ist für die 54 das Teilen, der eigene Erfolg als Nutzen für alle.

Tor 55

Diese Geschichte stammt von Sarahs Freundin Elisabeth, sie hatte sie immer wieder mal in ihren Ausbildungsseminaren verwendet. Doch durch die Kenntnis des Human Designs war sie für Sarah noch viel beeindruckender geworden. „Die halbleere Tasse" hatte Elisabeth sie genannt.

Es war nach dem Krieg gewesen, Elisabeth noch ein Kind. Die amerikanischen Besatzer hatten bei Elisabeths Eltern, die in einem großen Haus in Berlin-Dahlem lebten, das durch wundersame Weise den Krieg unbeschädigt überstanden hatte, in der gesamten unteren und oberen Etage ihre Offiziere einquartiert. Für Elisabeth und ihre Familie waren somit nur die ehemaligen Dienstbotenzimmer ganz oben unter dem Dach geblieben. Eine Schande, wie ihre Großmutter, leicht dement und bedauerlicherweise immer mal wieder in einer früheren Schwärmerei für den Führer verwirrt, betonte. Natürlich litt auch Elisabeth, damals neun Jahre alt, unter den Einschränkungen. Doch irgendwie waren die fremden Männer in den Uniformen, die ihr öfter mal Kaugummi oder Schokolade schenkten, auch faszinierend.

Einmal kam Elisabeth aus der Schule nach Hause und hörte, wie ihre Oma und Tante den Besatzern vorhielten, welch eine Schande es wäre, dass sie im eigenen Haus wie Dienstboten leben müssten. Der Offizier blieb ganz ruhig und meinte nur, dass ihre Oma ein schönes Haus habe und sich freuen dürfe, es ja bald wieder so wie früher bewohnen zu können.

„Das habe ich bewundert, diese Ruhe. Oma konnte nämlich ganz schön krass sein", erinnerte Elisabeth sich. „Als der Offizier mich sah, wie ich zuhörte, fragte er, ob ich wissen wolle, wie man im Leben glücklich sein kann, egal wie die Umstände sind. Ich hab ja gesagt. "Weißt du, kleine Lady", hat er dann gesagt und mir einen Streifen Wrigleys gegeben, „nichts auf dieser Welt hat nur eine Seite – oder ist nur für eine Sache gut." Er nahm die Kaugummiverpackung und faltete das Papier zu einem kleinen Flugzeug. „Selbst das Papier hier, es konnte Kaugummi frisch halten, es könnte auch das benutzte Kaugummi wieder aufnehmen, du könntest etwas darauf schreiben – ein schönes oder ein gemeines Wort, oder eben ein Flugzeug falten. Genauso ist es mit uns hier und eurem Haus. Der Gedanke: „Mir klauen sie mein Haus, wie gemein" ist schrecklich, das ist klar. Aber auch: „So ein Glück, unser Haus steht noch", oder: „Die Deutschen haben ganz schlimme Dinge getan und geschehen lassen, und die Amerikaner haben unzählige Menschen gerettet und ein großes Unrecht beendet" ist auch wahr und eine Möglichkeit, es so zu sehen. Nur Gute und nur Schlechte gibt es nicht, es ist immer alles da. Was ich mit all dem sagen will: Wenn du deinen Geist auf die Schönheit des Ganzen ausrichtest, auf das Bild jenseits von Abneigung und Wunsch, auf die Annahme dessen was ist, in all seinen Facetten, wird es leichter. Dann ist nicht: „Oh wie schrecklich, es ist Nacht und dunkel'" deine Wahrheit, sondern: „Jetzt mag es dunkel sein, und bald wird es wieder hell". Tag und Nacht gemeinsam formen unser Leben und bieten so viele Erfahrungsmöglichkeiten. Schau immer, wohin du möchtest und sieh es als deine Wirklichkeit."

Damit war dieser Offizier seiner Zeit echt voraus, fand Elisabeth im Nachhinein, und es stimmte ja – was heute Joe Dispenza und Co lehren, hat dieser Offizier schon 1945 gewusst. Er hatte Elisabeth dann auch erzählt, wie er zu dieser Erkenntnis gekommen war:

"Meine Mutter, gebürtige Engländerin, war im ersten Weltkrieg als Krankenschwester mit den englischen Truppen an der Front gewesen. Dort war sie in deutsche Gefangenschaft geraten. Aber anders als ihre Mitgefangenen hatte sie sich nicht dem (verständlichen) Hass auf die Feinde hingegeben, sondern ihnen sogar ihre Hilfe angeboten. „Menschen sind Menschen", hat sie immer gesagt, „und wer verletzt ist, braucht Hilfe. Egal, welcher Nationalität er angehört." Nach anfänglichem Misstrauen hatte ihr das großen Respekt bei den Deutschen eingebracht – und dadurch für ihre Landsleute viele Hafterleichterungen. Sie hat mir mal erzählt, dass sie ganz deutlich gespürt hat, dass sie eine Wahl treffen musste: ob sie hassen will und damit den Hass auch in ihr eigenes Herz einlässt, oder ob sie sich für die Liebe entscheidet. Es gibt keinen Menschen, den ich so sehr bewundere wie meine Mutter", hat er gesagt, und Elisabeth hatte ihm zugestimmt. „Jetzt hat sie sogar mich beeinflusst", hat sie dem Offizier damals geantwortet, und als sie sah, dass ihm bei ihren Worten die Tränen kamen, wurde ihr etwas sehr Wichtiges klar — Menschen sind Menschen, egal welche Nationalität.

Tor 55 in den Emotionen. Das Tor der Fülle oder Leere – die Stimmungen wechseln, die Tasse ist eben halb voll oder halb leer. Es geht darum zu lernen, dass Fülle letztendlich eine Frage der Geisteshaltung, des Spirits, ist, und wohin wir uns ausrichten. Ein Tor, das sehr viel mit unserer Entwicklung zu tun hat, und auch mit dem Thema Essen (Fülle - sich füllen).

Tor 56

„Erinnert ihr euch noch an Nils?" fragte Tina in die Runde. Alle nickten. „Den vergess ich selbst wenn ich hundert werde nicht", sagte Sigurd. „Mein Gott, was hatte der ein Talent für die absurdesten Geschichten. Ich meine so was wie „der Hund hat meine Hausaufgaben gefressen" hatten wir ja alle drauf. Aber die Story von dem Halbbruder aus Israel, der überraschend über das Rote Kreuz zu ihnen gefunden hatte und nur diesen einen Tag zu Besuch war, weil er dann eine Rede bei den Vereinten Nationen halten musste — mega, natürlich konnte man da kein Referat vorbereiten. Und die Geschichte, die er dann aufgetischt hat über Sharons Leben in Gaza und dem Kibbuz, das war doch richtig lehrreich. Ich glaube, er hat sogar eine Eins dafür bekommen."

„Ja, Phantasie hat er", kicherte Lili, „auch wenn es diesen ominösen Halbbruder natürlich nie gab. Schwimmen war er damals gewesen und in der Sonne eingeschlafen. Und danach zu müde, ein Referat zu schreiben." „Oder wisst ihr noch, wie ihm die älteren Jungs damals die Uhr abziehen wollten?" erinnerte Tina sich. „Die Story von seinem Onkel, der sie ihm geschenkt hat, klang doch sehr, als wäre Rambo persönlich mit ihm verwandt. Und er hat die Uhr behalten."

Was macht Nils eigentlich heute?" wollte Romy wissen. „Er hält Vorträge über seine vielen Reisen und die Arbeit seiner Stiftung in

Tansania", wusste Lili zu erzählen. „An Unis und so. Und hat massenhaft Zulauf, viele machen dann dort ein Praktikum oder engagieren sich sonstwie. Ich war neulich zufällig mal in Heidelberg und habe zugehört – es ist absolut faszinierend, wie lebendig er von seinen Reisen erzählt und was man auch davon mitnimmt. Danach fühlte ich mich, als wäre ich selbst schon in Thailand gewesen. Das ist ein echtes Talent."

Tor 56 in der Kehle. Man könnte es das Geschichten-Erzähler-Tor nennen. Du kannst unglaublich gut und lebendig erzählen, du hast eine sehr besondere Sprache. Dein Sprechen öffnet für Verstehen. Es ist dir wichtig, dass deine Geschichten den Menschen helfen, ihnen eine neue Richtung zeigen. Du übersetzt – echtes Leben, Gesehenes, Gehörtes, Erlebtes - in Sprache, in kommuniziertes Verständlich-machen. Du beziehst Fakten mit ein, aber das Besondere ist vor allem die Interpretation, das Gefühl, das Mitschwingen. Du hast die Gabe, dem Gesprochenen die Richtung zu geben, damit es den gewünschten emotionalen Effekt hat.
Tor 56 ist auch das Tor des Reisenden, du gehst durch die Welt - zuhause ist, wo du gerade bist - und so kommt immer Neues in dein Erzählen hinein, du öffnest in deinen Zuhörern neue Horizonte.

Tor 57   und das Ahnen

„Wie hilfreich diese Intuition sein kann, zeigt eine Geschichte aus meinem Leben, die 57 ist ja mein Sonnentor", leitete Sarah im Seminar eine eigene Erfahrung ein, die ihr sehr nahe ging. „Als unser Sohn gerade zwei Jahre alt war, fuhren mein Mann und ich mit ihm zum Zelten nach Frankreich. Ein wunderbarer Ort, wir waren schon viele Male dort gewesen und hatten immer sehr nette Nachbarn. Dieses Mal aber tauchte mitten im Urlaub im Wohnwagen neben unserem Zelt ein Mann auf, den ich spontan absolut unangenehm fand – sowas passiert mir sehr, sehr selten. Augenscheinlich ein ganz normaler Urlauber, aber irgendwas an ihm war seltsam. Er suchte immer wieder Kontakt, sprach mich an, wenn ich mit unserem Sohn spielte, wollte dessen Aufmerksamkeit erregen. Ich folgte meinem Impuls   und   war   sehr   kühl,   für   meine   Verhältnisse   sogar unfreundlich, und ging auf Distanz. Wann immer er in die Nähe unseres spielenden Kindes kam, holte ich meinen Sohn sofort dort weg. Ich sprach darüber auch mit meinem Mann, aber weiter dachten wir uns nichts dabei.

Dann kam eines Abends ein Alarm – ein kleines Mädchen war verschwunden. Mein Mann ging mit den Anderen nach dem Kind suchen, sie durchkämmten die Dünen, auch der unangenehme Nachbar ging mit. Am Morgen stellte sich dann heraus, dass die Kleine ermordet worden war, weggelockt von den Eltern unter dem Versprechen, Brombeeren für sie zu sammeln. Und erst ein paar Tage später erfuhren wir, dass der Mann im Wohnwagen neben uns, der mit den Anderen nach dem Mädchen suchen gegangen war, der Mörder war. Er hatte schon in Deutschland zwei Morde begangen und konnte nun in Frankreich verhaftet werden. Das war eine sehr traurige Geschichte."

Sarah seufzte, bevor sie fortfuhr: „Hier noch eine andere kleine eigene Geschichte der Intuition. Die eigenen Erlebnisse sind im Rückblick ja immer so verblüffend stimmig, wenn man sein Human Design kennt. Ich war bei Freunden und fuhr abends zurück nach Hause. Es gab zwei Wege, beide gleich lang. Meine Intuition wollte mich links leiten, aber mein Denken entschied: „Nee, ich fahre rechts, da bin ich länger nicht gefahren." Als dann der freundliche Beamte mit der Kelle winkte, war direkt klar, dass ich besser meiner Intuition gefolgt wäre, denn ohne meine Fahrzeugpapiere zahlte ich nun zwanzig Mark Strafe. Lachend. Was mir fast noch einen Alkoholtest eingebracht hätte, da so viel Vergnügt-sein die Beamten misstrauisch machte." Sarah grinste. „Oder eine Klientin mit Tor 57, die glücklich berichtete, sie habe ihrer Intuition folgend im Elbtunnel scheinbar grundlos den Tunnel gewechselt. Locker durchgekommen erfuhr sie hinterher, dass ihre ursprüngliche Spur drei Stunden Stau hatte. Aber es spricht halt leise, das Tor 57."

Tor 57 in der Milz. Die Klarheit der Intuition im Jetzt. Wissen, was gerade für dich sicher, stimmig und gesund ist – und was nicht. Es geht um das persönliche Wohlergehen, um Sicherheit und das Hören der sanften Stimme der inneren Führung.

Tor 58 oder: Es fehlt ja immer Salz

Im Seminar. „Die Colleris, ein entzückendes Ehepaar," erinnerte sich Sarah. „Sie waren schon seit 30 Jahren zusammen, aber es kriselte gerade ein wenig und daher habe ich mich sehr gefreut, ihnen ihr Design erklären zu dürfen. Spannend war es dann zu sehen, dass Roberto, der Mann, den ganzen Kanal 58-18 hatte. Somit das Liebestor[9] 58, bei dem es ein Ausdruck seiner Liebe ist, zu kritisieren, aufzuzeigen, was verbessert werden muss, was der Freude (die Bedeutung von Tor 58) noch im Wege steht. Seit ich die beiden beraten durfte, nutze ich ihre Geschichte:

Sie waren gerade zusammengezogen und Emilia hatte Robertos Lieblingsessen gekocht. Es duftete köstlich und unsere 58 probierte. Und da ja klar war – mein Lieblingsessen und es riecht köstlich, somit brauchte das nicht erwähnt zu werden – war das Einzige, was Emilia zu hören bekam: „Da fehlt Salz". Das war vor 29 Jahren. Emilia (eigentlich mit ganz vielen nährenden, fürsorglichen Stammestoren ausgestattet) mochte daraufhin nicht mehr kochen. „Es fehlt ja immer Salz", war ihre lapidare Erklärung.

„Und warum kriselte es bei den beiden?" wollte Mia wissen. „Nun ja, ich glaube, Emilia hat ein wenig darunter gelitten, dass sie älter wurde und Roberto hat wohl hier und da eine für sie herausfordernde Bemerkung darüber gemacht. Das war von ihm nicht böse gemeint, aber das kennen wir ja alle, wenn wir einen wunden Punkt haben, reicht meist eine Kleinigkeit und es tut weh – Tor 58 ist eben auch sehr zielgenau, diesen aufzuzeigen. Hier hat es

---

[9] Die 10 Tore der Liebe, ein spezielles Thema, in dem die oft sehr verschiedenen Aktivierungen dieses Themas im Menschen beleuchtet werden.

beiden geholfen, dass ich ihnen die Dynamik erklären konnte. Es scheint jetzt ganz gut zu klappen, sie nimmt es mit mehr Humor und er bemüht sich sehr, auch die netten Dinge auszusprechen und nicht davon auszugehen, dass sie die doch eh wissen müßte.

Tor 58 in der Wurzel. Das Tor der Lebensfreude und der Kritik an dem, was dieser noch im Wege steht. Es gibt einen Antrieb und Impuls, Freude zu ermöglichen, und die Fähigkeit, innigste Lebensfreude auszustrahlen, eine Begeisterung für das Leben, die ansteckend wirkt. Menschen mit Tor 58 können wunderbar ihre Begeisterung teilen. Gleichzeitig gibt es den sehr klaren Blick auf alles, was verbessert oder verändert werden müsste, damit es dann gut ist. Einen Perfektionismus, der den Menschen zu einer Fehlersuchmaschine werden lassen kann. Hier gilt es zu trennen: was ist z.B. im Beruflichen dienlich und wo ist die Kritik zu viel. Für Menschen mit Tor 58 ist Kritik ein Ausdruck ihrer Liebe, doch sie sollten mit persönlicher Kritik vorsichtig sein, diese braucht eine echte Einladung.

Tor 59 und Kanal 59-6

Louisa drehte sich hilfesuchend nach ihrem Freund Sebastian um. Das kann doch einfach nicht wahr sein, dachte sie, während Herr Leitmayer, Sebastians Chef, ihr völlig ungeniert deutlich näher rückte. „Wie die Bienen zum Honig", hatte ihre Oma immer treffend geurteilt, als sie beobachtete, wie die Jungs in Louisas Klasse ihr nachliefen. Dabei machte sie nichts, sendete – soweit sie wusste – keinerlei Signale aus, und dennoch gab es ja wohl etwas, das dem anderen signalisierte: „Komm näher". Gottseidank, da kam ihr Freund. „Hi Schatzi, hast du noch einen Kaffee für mich ergattern können?" rief sie ihm entgegen. Kaffee war seit den ersten Monaten ihrer Beziehung ihr Codewort für „Komm mich bitte retten, sonst muss ich unhöflich werden". Natürlich hätte sie mühelos Herrn Leitmayer sagen können, er möge sich zum Teufel scheren. Aber sie wollte Sebastian keinen Stress mit seinem neuen Job machen, vor allem, weil sie gelernt hatte, dass die Männer, die ihr so schmerzfrei auf die Pelle rückten, sich nicht so benahmen, weil sie grundsätzlich Lustmolche waren. Bienen und Honig war eben wirklich treffend,

169

wenn sie nur wüsste, wieso. Und zwar „Bienen", die 20 oder gar 30 Jahre älter oder auch wesentlich jünger waren und augenscheinlich völlig blind für ihre echten Signale von „nein danke, ich bin nicht interessiert!"

„Komm, setz dich", bat Louisa Sebastian, als dieser sich endlich den Weg durch die vielen Stehgrüppchen im Raum gebahnt hatte, „ich muss unbedingt noch mit Tina sprechen, bevor sie wieder weg ist." Sie schlängelte sich an Herrn Leitmayer vorbei aus ihrem Sitz, küsste Sebastian demonstrativ auf die Wange und verschwand erstmal auf die Toilette. Allerdings hatte sie Schwierigkeiten, die Tür zu öffnen, da im Waschraum offensichtlich gerade eine Versammlung stattfand: acht Frauen waren in einen angeregten Austausch vertieft.

„Na ja, sie hat mich einfach bestärkt, dass es für mich mehr noch als für andere wichtig ist, dass ich wirklich liebe, was ich tue. Gerade weil ich da so eine intensive Beziehung aufbauen kann. Hat für mich einfach Sinn gemacht – ich kenne mich ja, wenn ich etwas tue, was so ganz und gar stimmt. Und dann läuft es halt auch sofort mit der Chemie untereinander. So was will ich wieder haben. Zu schade, dass ..." Mehr hörte Louisa nicht, da jetzt eine Toilette frei geworden war. Sie nahm sich vor, sich gleich beim Händewaschen ganz viel Zeit zu lassen, irgendetwas an dem Thema hatte sie berührt.

Als sie wieder in den Vorraum kam, erklärte eine Frau mit einem witzigen zweifarbigen Haarschnitt gerade: „Das ist genial, dass du das so lebst, Ann, genauso passt es auch für dich. Mit dieser Gabe von Kanal 59-6 geht's genau darum. Diese intensive, fruchtbare Nähe ganz schnell aufbauen zu können, wenn alles stimmt. Und davon profitieren in deinem Team doch echt alle, guck mal, was ihr alles geschafft habt in nur zwei Monaten." Die Angesprochene lächelte. „Ja, das ist schon irgendwie cool. Seit ich weiß, dass diese Energie halt immer wirkt, kann ich auch viel besser damit umgehen, wenn mir jemand auf die Pelle rückt, und viel klarer kommunizieren."

Louisa glaubte, sich verhört zu haben, das klang ja genau nach ihrem Thema mit Herrn Leitmayer. „Entschuldigt", sprach sie die Gruppe Frauen an, „ich konnte gerade nicht anders als zuzuhören, aber es fühlt sich an, als würdet ihr gerade über mein Thema reden." Die Frau mit der lila-blonden Frisur schmunzelte. „Lass mich raten, die Typen laufen dir nach, auch wenn du mit nichts signalisiert hast, dass du interessiert bist?" Louisa grinste erstaunt. „Genau so ist es! Woher weißt du das, beziehungsweise, gibt es eine Erklärung dafür? Manchmal denke ich schon, ich habe so einen Zettel mit „bagger mich an" auf der Stirn kleben."

„Ich bin Ann", wandte sich eine der Frauen Louisa zu, „und ich weiß so sehr, wie du dich fühlst. Als ich endlich von Lilli gehört habe, dass es mit meiner Energie zu tun hat und über die Aura wirkt, war ich so erleichtert. Das mit den Typen kennst du offensichtlich. Und wie ist es damit: manchmal rücken Leute von dir ab, ohne dass sie dich kennen? Und ohne, dass du Knoblauch gegessen oder nicht geduscht hast", lachte sie. Louisa schaute ungläubig. Das konnte doch nicht sein, würde sie jetzt endlich eine Erklärung für dieses Phänomen bekommen? „Und ob ich das kenne", antwortete sie, „selten zwar, aber wenn, dann ist das sooo seltsam."

Ann schmunzelte. „Du glaubst gar nicht, wie viele Gedanken ich mir da gemacht habe. Ich arbeite mit traumatisierten Jugendlichen. Die meiste Zeit läuft das super, sie vertrauen mir erstaunlich schnell und wir können Vieles gemeinsam anschauen und bearbeiten. Aber immer wieder ist jemand dabei, wo es wie verschlossen ist, kaum, dass wir beieinander sitzen. Regina", sie zeigte auf die Frau mit den blond-lila Haaren, „hat mir geholfen und erklärt, dass es etwas mit der Aura, dem Energiefeld zu tun hat. Offensichtlich wirkt mein Kanal 59-6 mit dem Thema Intimität und Nähe, fruchtbare Verbindungen, für Arbeit, Beziehungen etc. bei manchen Menschen so intensiv in die andere Richtung, wenn sie dort ein Problem haben. Ist nichts Persönliches, sondern reine Mechanik. Du glaubst gar nicht, wie mich das erleichtert hat. Ist halt das andere Extrem von den Typen, die einem nachlaufen …"

„Wow", entfuhr es Lisa. „Klingt alles zwar irgendwie merkwürdig, aber auch stimmig. Würde ich gern mehr zu hören, wollen wir mal zusammen einen Kaffee trinken? Kommst du aus Köln?" „Unbedingt", nickte Ann, „hätte ich dich auch gefragt. Wie wäre es Montagmittag im Extrablatt?"

Tor 59 im Sakral. Die Gabe des Tores ist es, Nähe und Intimität herzustellen. Fruchtbare Verbindungen, nicht nur in sexueller, sondern auch in beruflicher, kreativer Hinsicht. Ein Aura-durchdringendes Tor, das Hindernisse überwinden kann, oder aber auch andere triggern kann. Hat eine sehr attraktive Wirkung.

Kanal 6-59 – eine Verbindung von Emotionen und Sakral. Intimität, Fruchtbarkeit in allen Verbindungen. Wirkt einfach attraktiv! Kann aber auch Ablehnung erleben, weil der Kanal die Aura durchdringt. Zusammenarbeit: Man muss lieben, was man tut.

Tor 60 - oder auch: Annehmen, was wir nicht ändern können…

Nun, zu Tor 60 können wir sicher alle Geschichten erzählen – es ist seit Februar 2020 durch intensive Transite der Planeten für uns alle aktiviert. Und wird noch bis 2025 immer wieder durch Saturn und dann Pluto aktiviert.

3. April 2020. „Wie Hausarrest", seufzte Sabrina, „wenn ich noch einen weiteren Zoom-Call machen muss, schmeiß ich das Ding an die Wand. Ist mir völlig egal, scheint ja eh alles den Bach runterzugehen. Ich will einfach echte Leute sehen, nicht flimmernde Bildschirme. Und danach will ich rausgehen können, essen gehen, tanzen, leben." Entnervt sprang sie vom Sofa auf, auf das sie sich gerade mal vor zehn Minuten gesetzt hatte.

29. September 2020. „So relaxed wie die letzten Wochen war ich glaube ich noch nie im Leben", schmunzelte Sabrina zu ihrer Freundin Karin gewandt. „Irgendwie hat es Click gemacht, als hätte mein altes Leben losgelassen, und seitdem kann ich sogar manchmal stundenlang einfach nur in den Garten schauen. Genial. Das haben selbst vier Jahre Montagsmeditation nicht hinbekommen. Und das Beste ist, wir werden die wöchentliche Konferenz jetzt draußen machen – „walk and talk" hat sich Herr Müller aus der Personalabteilung ausgedacht. Und alle machen mit. Genial. Let go and let God, sag ich nur."

Tor 60 in der Wurzel. Hier geht es um den Druck, sich zu entwickeln, gepaart mit der Einschränkung, Begrenzung annehmen zu müssen. Annehmen was ist, als Basis der Möglichkeit, im stimmigen Moment darüber hinauszugehen. Ein schwieriges Tor, das mit Melancholie und Depression verbunden sein kann, aber auch den Schlüssel zur Erfüllung in sich trägt.

Tor 61 - und dann noch der halbe Uranus

„Du willst waaas?? Auf einem Hügel sitzen und über die Welt sinnieren, bist du jetzt völlig übergeschnappt?" Ingo konnte sich kaum zurückhalten, um nicht laut zu werden. Das gab's doch einfach nicht, war diese Frau jetzt völlig von allen guten Geistern verlassen?

„Erstens ist der Nanga Parbat kein Hügel, sondern einer der höchsten Gipfel der Welt", antwortete Raya, „und natürlich will ich nicht auf dem Gipfel sitzen, da kann man ja gar nicht atmen ohne Sauerstoffmaske. Aber ich will in die Nähe. Und einfach Zeit dort verbringen. Ich kann dir nicht sagen, warum. Ich muss das einfach tun. Sieh es doch einfach als meine Form des Sabbatical, du hast dir doch auch drei Monate Auszeit in Italien gegönnt vor drei Jahren". „Das war doch etwas völlig anderes, das war ein Forschungsstipendium", wandte Ingo ein.

Raya nahm seine Hände in ihre. „Ingo, ich muss das tun. Es schreit in mir. Ich bin jetzt 41 und du kannst es ja herzlich gern Midlife Crisis nennen. Aber ich kann nicht einen weiteren Tag in der Onkologie arbeiten und zuhören, wie Ärzte den Patienten im vierten Stadium erzählen, dass es schon wieder wird, wenn sie noch eine Runde Chemo machen. Ich muss raus. Und ich muss etwas Sinnvolles tun. Und da ich noch nicht weiß, was das sein wird, gehe ich an den einen Ort, der mich ruft." Raya hielt kurz inne. „Das war wie ein Blitz gestern in der Meditation, ich weiß jetzt, was ich tun will. Und ich wünsche mir sehr, dass du das verstehst. Ich funktioniere eben so… Wenn ich einfach nur da bin, Raum gebe, dann kommt plötzlich eine Erkenntnis, ein Funke, ein Wissen. Ich weiß nicht, wann und wie. Aber ich will offen sein, wenn es passiert." Sie schaute ihn eindringlich an: „Ich werde fahren. Mit oder ohne dein Verständnis. Aber ich würde so gern mit deinem Segen gehen."

Doch Ingo wandte sich ab, das war zu viel. „Man geht nicht einfach weg", stammelte er, und dachte im gleichen Augenblick: „Wie erbärmlich, du hast Angst, sie zu verlieren." Aber das sagte er nicht, wandte sich einfach nur ab und verließ die Wohnung. Zwei Tage später fuhr Raya zum Flughafen. Mit dem Taxi, allein.

Tor 61 – in der Krone. Tor 61 sagt: Ich weiß. Du weißt Dinge einfach, ohne sie herleiten zu können, sie sind einfach plötzlich da. Daher hat dieses Tor auch eine mystische Note. Inspiration, Erkenntnisse und Wissen sind unerwartet zugängig – oder eben nicht. Das Tor lässt sich nicht drängen. Das sind die Highlights, die Momente, wo wie ein Blitz alles klar wird. Es ermöglicht, Bewusstsein für die universellen Grundprinzipien des Lebens zu entwickeln und bringt den Druck mit sich, die Geheimnisse des Universums entschlüsseln und verstehen zu wollen.

Tor 62

„Hey, Maus, na du hast ja gute Laune, wie war's denn in der Schule?" fragte Lars, als er seine 13-jährige Tochter von der Schule abholte.

Es war großartig", strahlte Franzi, den Kopf hoch erhoben. „Großartig? Na das ist ja mal ein Wort. Und was war so großartig?" fragte Lars, der bislang selten etwas Positives über den Schultag von seiner Tochter gehört hatte – meist sprach sie überhaupt nicht mit ihm, weil Eltern ja total nervten. „Wir haben eine neue Mathe-Lehrerin. Und die kann so gut erklären, dass ich alles verstehe. Ich wusste ja nie, wie praktisch Geometrie ist. Sie hat uns gezeigt, wie in Computerspielen Winkelberechnungen verwendet werden, um Effekte realistisch wirken zu lassen, das war mega. Ich glaube, ich nehme Mathe-Leistungskurs, wenn sie dann noch bei uns ist."

Tor 62 in der Kehle. Das Tor hat eine Gabe für Details, die mithilfe von Disziplin und Geduld zu guten Ergebnissen führen können. Ein Lehrer-Tor, das gut erklären kann und logische, geistige Bilder zu versprachlichen weiß. Kann sehr komplexe Sachverhalte verständlich vermitteln, Muster aus Details deutlich werden lassen und logische Zusammenhänge greifbar machen – vermittelt Verstehen. Man sollte jedoch vermeiden, den anderen mit zu vielen Details zu überschütten.

Tor 63 - Carola und der Zweifel

Sie seufzte. „Ich bin eben ein hoffnungsloser Fall, lass es doch einfach." Carola war schon klar, dass ihre Freundin Nadine es gut meinte. Aber Nadine sah ja ohnehin immer die Sonnenseiten. Sie war eben ein Naturtalent – was sie anpackte, gelang immer irgendwie. Aber für sie, Carola, kam das einfach nicht in Frage. Sie hätte es unverantwortlich gefunden, zu sagen, dass sie etwas kann, wenn sie nicht ganz sicher war. So wie neulich bei Lindas Pferd, das schrecklich lahmte. Sie hatten gerade in der Pferde-Physio-Ausbildung gelernt, dass so etwas auch von einem falschen Sattel kommen konnte, und der Sattel hatte viel zu stark auf der linken Seite gedrückt – aber sie hatte sich nicht getraut, Linda ihre Beobachtung mitzuteilen. Was, wenn es nicht stimmt? Das war immer wieder die Stimme, die sie zurückhielt.

Zwei Tage später, als sie zufällig beim Hufe auskratzen nebeneinander standen, erzählte Linda: „Stell dir vor, der Sattel war schuld. Ich war bei diesem mega-teuren Pferdetrainer und der hat mit einem Blick gesehen, dass Cheyennes Sattel drückt." Carola seufzte. So war es oft. „Na ja, vielleicht traue ich mich, sowas zu sagen, wenn ich mit der Ausbildung fertig bin", dachte sie.

Tor 63 im Kopf. Die Gabe hier ist das Hinterfragen von Dingen und Vorgängen, um Gefahr zu vermeiden und den besten Weg zu finden. Der problematische Teil ist, dass dieser Zweifel ständig alles hinterfragt. Im Gesellschaftlichen sehr sinnvoll, im Privaten oft ein Fluch, da wir dazu neigen, dem Mentalen große Macht zu verleihen. Als Instrument ist das Tor kostbar, es prüft.

Tor 64 und der Beinbruch

Carsten angelte die Blumen von der Rückbank. Hoffentlich würde sein Vater heute besser drauf sein, die letzten Besuche im Krankenhaus waren eine Qual gewesen. Der 65-jährige hatte kein anderes Thema als die Frage, warum nur der Sturz beim Radfahren passiert war - und dass er doch auf keinen Fall in der Kanzlei fehlen könne. Und ob nicht ein anderer Arzt das Bein doch so hätte operieren können, dass ein Gips möglich wäre. Carsten wappnete sich, hatte sicherheitshalber Bilder von den Kindern und Fotos ihrer Zeugnisse mit, um ihren Opa auf andere Gedanken zu bringen. Doch als er in das Zimmer seines Vaters kam, wurde er von einem lächelnden Georg überrascht, der gerade seinen Laptop zuklappte und recht zufrieden aussah.

„Hey, Paps, schön zu sehen, dass es dir besser geht. Was ist passiert?" fragte Carsten vorsichtig. „Ich hab's verstanden, Junge, ich weiß jetzt, warum ich diesen Unfall haben musste." Carsten staunte - sein Vater und das Schicksal, das war neu.

„Ich sollte Zeit bekommen, endlich die Kanzleigeschichte aufzuschreiben. Wie Großvater in einem dunklen Hinterhof im

Gängeviertel angefangen hat, den Arbeitern von der Werft zu helfen, nachdem diese geldgierigen Reeder die Mannschaftsräume der Schiffe noch weiter verkleinert haben, damit sie ihr Opium schmuggeln konnten."

Nach einer halbe Stunde angeregten Zuhörens fragte Carsten: „Soll ich uns mal einen Kaffee holen? Das, was du gerade über die Aktion von Großvater erzählt hast, wie er die Arbeiter mehr mit einbezogen hat – ich würde gern mal mit dir überlegen, ob wir das nicht auch in der Kanzlei anwenden könnten." Georg setzte sich auf. „Da könntest du Recht haben. Donnerwetter, ich sag doch, der Beinbruch war ein Segen."

Tor 64 im Kopf. Aus Vergangenem, Erlebten, Erfahrenen sucht es in dir, einen Sinn zu finden. Die Puzzleteile der menschlichen Geschichte zusammenzufügen, um in eine gute Zukunft führen zu können.

Dream-Team oder Chaos-Crew – das Penta

„Gibt es noch etwas Dringendes oder sind wir dann durch?" fragte Direktor Mühler in die Runde.

„Eines wäre da noch…", Sebastian Krämer aus der Personalabteilung beugte sich zögernd vor. Mühler schaute ihn erwartungsvoll an, denn Krämer sprach selten, und nie ohne guten Grund, daher konnte er sich der Aufmerksamkeit aller sicher sein. „Es geht um Frau Seitz", sagte er schließlich.

„Patente Frau, perfekte Besetzung der Stelle, denk ich immer wieder. Sie ist doch hoffentlich nicht schwanger oder so was?" fragte Mühler. Krämer kam ins Stottern. „Äh, nein, also nicht dass ich wüsste. Aber Herr Friedrichs vom Einkauf, der ja leider heute nicht hier bei uns sein kann, hat mich gebeten, das Thema anzusprechen.

Wie wir alle wissen, war Frau Seitz in der Vergangenheit geradezu beeindruckend gut darin, die besten Einkaufspreise auszuhandeln. Doch in letzter Zeit kommt es immer wieder vor, dass sie wirklich ungünstige Lieferungskonditionen akzeptiert."

„Wie, so ganz allgemein?" Mühler konnte es nicht nachvollziehen - Seitz war schon über zwanzig Jahre in der Firma und galt bei den Lieferanten als knallhart, aber fair, und unter den Kollegen war sie sehr beliebt.

„Nein, tatsächlich nicht", entgegnete Krämer, „das ist es ja gerade. Nur bei Werta Tools, Hannover. Sie wissen ja, wir kaufen mehrere Produktlinien dort ein und der Mitarbeiter trifft sich monatlich mit Frau Seitz – allerdings im Augenblick ohne jede Marge für uns, beziehungsweise mit weit schlechteren Lieferzeiten als zuvor."

„Sie wollen doch nicht andeuten, dass sie sich bestechen lässt, oder?" Mühler lachte, so absurd war diese Vorstellung für ihn.

„Nein, sicher nicht", antwortete Krämer, „aber erklären kann ich es mir auch nicht. Es wird nicht anders gehen, wir müssen mit Frau Seitz sprechen."

Christine zögerte. Sollte sie etwas dazu sagen? Schließlich war sie bei den Vorstandskonferenzen nur dabei, weil sie schneller als jedes Diktierprogramm dafür sorgte, dass ihr Chef Herr Mühler jederzeit auch während einer Konferenz Zugriff auf das Protokoll hatte, das von ihr während des Schreibens sofort editiert und strukturiert wurde (siehe auch Tor 9 und Kanal 62-17). Ansonsten war und blieb sie unsichtbar. Aber Ilona Seitz war ihre Freundin und hier war ihre Chance, behilflich zu sein. Schließlich räusperte sie sich. „Entschuldigung, darf ich dazu etwas …" Weiter kam sie nicht, niemand hörte sie. Christine fasste allen Mut zusammen und sprach ihren Chef direkt an. „Herr Mühler, es ist wichtig." Sie hatte so vernehmlich gesprochen, dass alle sich ihr sofort zuwandten. „Dann mal raus damit, Frau Everinghaus", lächelte dieser gutmütig, „wenn Sie sich zu Wort melden, muss es ja wirklich wichtig sein."

Christine schluckte, das hier war ihr persönlicher Alptraum, so viele Menschen und sie sollte sprechen. „Du tust es für Ilona", dachte sie und fragte an Krämer gewandt: „Wissen Sie zufällig, ob bei Werta Tools ein anderer Mitarbeiter im Verkauf sitzt?"

Krämer zögerte. „Hm, nicht dass ich wüsste, was soll das denn auch für einen Unterschied machen? Verkauf ist Verkauf." Während er sprach, prüfte er die entsprechende Liste in seinem Laptop. „Doch, warten Sie mal, hier steht: Ronaldo Lombari, Verkauf – das ist wohl der neue Kollege bei Werta, mit dem Frau Seitz jetzt verhandelt."

„Nun", Christine schluckte abermals, „dann könnte es doch sein, dass er Frau Seitz in den Schatten triggert, das heisst ..." Mühler schaute sie fragend an. „Das müssen Sie uns nun wirklich näher erklären."

„Also, ich will hier niemanden mit den Details nerven", begann Christine schüchtern, „aber ich lerne gerade das Human Design System kennen. Das ist auch aus firmenorganisatorischer Sicht sehr interessant", bemühte sie sich schnell hinzuzufügen, „und da gibt es sogenannte Trigger, die bei jedem von uns sozusagen „eingebaut" sind. Das kennen Sie sicherlich alle, mit manchen Leuten kommen Wesenszüge in Ihnen hervor, die Sie normalerweise nicht haben."

„Ja, bei meiner Schwiegermutter", grinste Nowalnyk aus der Buchhaltung, „da muss ich meinen inneren Terminator im Zaum halten." Die Kollegen lachten.

„Seid nicht albern", rief Susanne Martin ihre Kollegen zur Ordnung. Die zweite Vorstandsvorsitzende verstand sich gut darauf, sowohl den lockeren Ton der Kollegen wie auch die Führung ihrer Abteilung zu verbinden. „Lassen wir Frau Everinghaus doch ausreden. Ich kenne so etwas nämlich gut - normalerweise bin ich recht entspannt, auch wenn unsere Nachbarn mal wieder bis spät in die Nacht feiern. Aber wenn Klaus, der Freund meines Mannes, zeitgleich bei uns zu Besuch ist, macht mich der Lärm der Nachbarn so wütend, dass ich schon um 22:05 Uhr am liebsten die Polizei holen würde. Vielleicht triggert er mich ja auch." Und zu Christine gewandt lächelte sie: „Bitte, fahren Sie fort, mich interessiert Ihre Theorie."

Christine richtete sich auf: „Was ich sagen will … ich habe das Human Design Chart, also quasi die energetische Landkarte von Frau Seitz, neulich für sie betrachtet. Und da fiel mir auf, dass sie da eine Aktivierung hat, die bei ihr dazu führen kann, dass ihre normalerweise gute Fähigkeit – im Programm beschrieben als Tor 46.6: „Die Klugheit und Entschlossenheit, die eigene Integrität zu bewahren und nichts zu versprechen, was unrealistisch ist oder zu persönlichen Einschränkungen führt" – in den Schatten triggert; so nennt man das, wenn die Anwesenheit eines anderen etwas in uns anspannt. Und dann wird daraus: „Sich übernehmen, weil die eigene Integrität nicht beachtet wird, was schließlich zu gebrochenen Versprechen und Enttäuschung anderer führt". Na, und ich könnte mir vorstellen, dass der neue Kollege bei Werta das bei Frau Seitz auslöst und sie das gar nicht richtig mitbekommt."

„Interessante Theorie", meinte Mühler, dem dennoch anzusehen war, dass er Mühe hatte, der Erklärung zu folgen. „Und da kann man dann nichts dran machen?"

„Doch, auf jeden Fall", entgegnete Christine, erleichtert, dass man ihr überhaupt zuhörte. „Also die Wirkung würde natürlich bleiben. Aber wenn Frau Seitz wüsste, was da mit ihr passiert, könnte sie quasi ihr eigenes Verhalten beobachten, vielleicht sogar einen Kollegen für die letzten Verhandlungsschritte mit Werta mit an Bord holen. Und alles wäre leichter. Und es wäre unwahrscheinlicher, dass ihr das nochmal passiert."

„Nun, ich denke, so ungewöhnlich diese Theorie auch ist, ein Versuch schadet ja nicht", beschloss Mühler, „dann nehmen Sie das doch bitte mit Frau Seitz auf, Frau Everinghaus, und berichten mir dann. Und jetzt haben wir aber wirklich den Feierabend verdient, die Sitzung ist geschlossen."

Gerade als auch Christine den Raum verlassen wollte, hielt Frau Martin sie zurück. „Frau Everinghaus, Sie haben mich tatsächlich neugierig gemacht. Mögen Sie mir noch ein wenig mehr über dieses System erzählen?"

Christine traute ihren Ohren kaum. Susanne Martin fragte sie nach Informationen, wie unglaublich war das denn bitteschön? „Das wäre mir ein absolutes Vernügen", hörte sie sich sagen, „wann passt es Ihnen denn?" „Wie wäre es gleich nach Feierabend bei Valentinos?" Valentinos war der angesagteste Italiener der Stadt, und Christine wollte dort schon seit Monaten mal essen gehen, es war aber immer alles reserviert. „Total gerne, aber glauben Sie, dass wir dort einen Platz bekommen?" Martin winkte ab und meinte: „Ja, Herr Mühler hat dort eine Dauerreservierung für einen Tisch, damit er flexibel ist, wenn unerwartet ein Geschäftsessen ansteht. Aber ich weiss mit Sicherheit, dass er heute Abend nicht dort sein wird," sie zwinkerte verschwörerisch, „Bayern München spielt. Der sitzt zuhause mit einem Bier und wir nutzen dann mal den Geschäftstisch – schließlich geht's im weiteren Sinne ja sogar um die Firma." Martin lachte und fügte hinzu: „Ich liebe Geschäftsessen."

Christine schmunzelte. „Dann kann es gut sein, dass bei Ihnen Kanal 37-40 aktiviert ist. Ich freue mich darauf, Ihnen mehr zu erzählen."

Zwei Monate später. Kommen wir zu Tagesordnungspunkt 4 – Teambildung im Penta, referiert von Frau Christine Everinghaus."

Christine stand auf, erstaunlicherweise kein bischen nervös. Sie hatte festgestellt, dass sie, wann immer es um das Human Design System ging, voll in ihrem Element war und jeden Zuhörer erreichen konnte. Das gab ihr Mut und ein Selbstvertrauen wie noch nie zuvor in ihrem Leben. Sie begann mit der ersten Folie. „Sie alle sind es ja gewohnt, mit Schaubildern und Diagrammen zu arbeiten, Dynamiken und Statistiken auszuwerten. Und dass es einen großen Unterschied zwischen verschiedenen Teams gibt, ist auch jedem klar, spätestens wenn Sie mal Teil eines dysfunktionalen Teams waren, wo die Gesamtleistung weit unter der Summe der Einzelleistungen liegt." Einige Zuhörer nickten zustimmend.

„Human Design kann helfen, so genannte Dream Teams zu bilden, wo Synergien wirken, die Arbeit Freude und Erfüllung bringt, und vor allem, wo wenig Energie verloren geht", fuhr Christine fort. „Denn wir alle kennen ja zur Genüge Gruppen, wo endlos diskutiert wird, wer was wann wie macht. Oder wie etwas präsentiert werden kann – was dann leider doch nicht klappt." Wie erwartet kam jetzt lautes zustimmendes Raunen und Seufzen aus ihrem Publikum. Wer mochte schon Endlos-Meetings, bei denen nichts herumkam?

„Wie fänden Sie es, wenn dies vermeidbar wäre? Ohne Schuldige suchen zu müssen, sogar ohne Teams zu ändern, die sich mögen oder die aus anderen Gründen so bleiben müssen?" fragte Christine. Sie sah in aufmerksame Gesichter und sprach weiter. „Ich bitte um einen kleinen Augenblick Geduld, wenn ich ein wenig aushole. Wir starten in der ursprünglichsten Form eines Teams, der Familie. Viele haben es selbst schon erlebt – da hat man sich entwickelt, an sich gearbeitet, und fällt dennoch, kaum, dass man mit Eltern und Geschwistern zusammenkommt, wieder genau in die alte Rolle, hat den gleichen Streit wie immer, landet in der altbekannten Schublade."

Die meisten nickten und Christine erzählte ein Beispiel. „Ra Uru Hu, der Begründer des Human Design Systems – und damit später auch finanziell sehr erfolgreich – amüsierte sich immer wieder darüber, dass ihn seine Mutter, immer wenn die Familie zusammenkam, besorgt betrachtete und meinte: „Junge, was soll nur aus dir werden?" Sie konnte ihren Sohn – mit den Augen des Penta der Familie – nicht wirklich sehen. Und er lachte dann. Denn für sich alleine, als Manifestor und mit seiner Energie im Chart war er extrem kraftvoll. Aber in einem Penta hatte er keine Wirkung. Daran ist niemand schuld – es ist tragisch, wenn wir denken, der andere sieht uns nicht oder dass wir etwas falsch machen. Damit hat es nichts zu tun. Es ist eine Dynamik, die entsteht, wenn Familien – oder eben auch Mitarbeiterteams – zusammenkommen."

Alle schauten interessiert und Christine erklärte weiter: „Das Penta ist eine Energieform, die in einem Team von drei bis fünf Menschen besteht und ansaugt, was sie brauchen kann und dabei alles andere ausblendet. Es geht im Archaischen um das Überleben, und heutzutage um das bestmögliche und auch materiell erfolgreiche Funktionieren. Da zählt zum einen das Sakral-Zentrum – die Powerbase der Generatoren – mit dem Thema Kraft, außerdem das Selbst, in dem das Thema der Richtung liegt, und die Kehle mit Ausdruck, Handlung und Wirkung für die Materialisation. Nur die Aktivierungen innerhalb und zwischen diesen Energiezentren zählen im Penta, das sind also zwölf Tore beziehungsweise sechs Energiekanäle in der Mitte der Körpergrafik: die drei unteren zwischen Sakralzentrum und Selbst sowie die drei oberen zwischen Selbst und Kehle."

Christine zeigte der Gruppe ein so genanntes Penta-Schaubild (ausgeliehen von 64keys.com©):

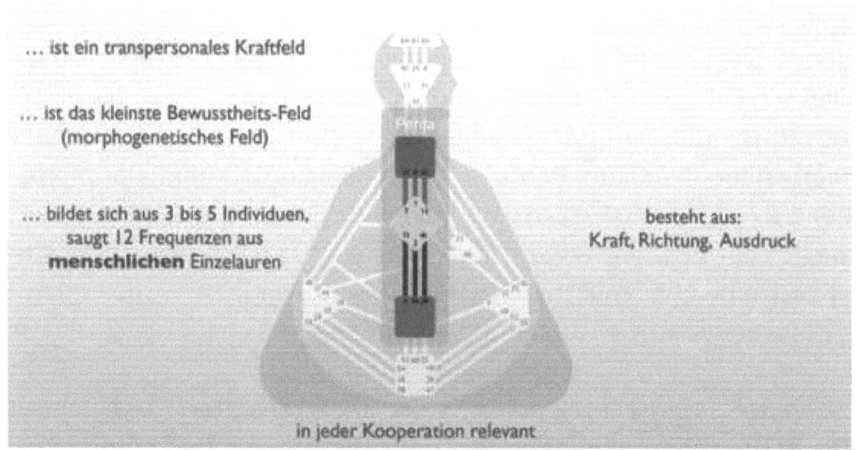

... ist ein transpersonales Kraftfeld

... ist das kleinste Bewusstheits-Feld (morphogenetisches Feld)

... bildet sich aus 3 bis 5 Individuen, saugt 12 Frequenzen aus **menschlichen** Einzelauren

besteht aus: Kraft, Richtung, Ausdruck

in jeder Kooperation relevant

„Da können Sie ja schon mal schauen, wie viele Tore oder Kanäle davon auf Ihrem persönlichen Chart markiert sind", sagte sie. „Die drei rot eingefärbten Linien in der Grafik sind die sechs Tore beziehungsweise die drei Kanäle zwischen Sakral und Selbst, sie bringen die Kraft und Energie – und die oberen, hier in Grün zwischen Selbst und Kehle, sind die sogenannten Rollentore, sie bringen die Expertise."

Christine hatte vorab für jeden der Teilnehmer eine kleine Mappe vorbereitet, in dem sie die Aktivierungen im Penta gesondert hervorgehoben hatte.

„Sorry, ich war kurz unaufmerksam, weil ich eine Frage im Kopf habe," meldete sich Christines Kollegin Nina zu Wort. „Du sagtest, ein Penta besteht aus drei bis fünf Personen eines Teams, aber was ist denn, wenn es mehr sind?"

„Wichtige Frage, danke", erwiderte Christine. „Gruppen bis zu 15 Personen teilen sich in der Zusammenarbeit wiederum in einzelne Pentas zwischen drei und fünf Personen auf, das geschieht im Arbeitsprozess meist ganz natürlich. Sie kennen das auch aus der

Gruppen- oder Projektarbeit Ihrer Schulzeit. Größere Organisationen ab 16 Personen haben wiederum andere Wirkmechanismen."

Christine sah sich in der Runde um. „Kommen wir also wieder zurück zu unserem Penta. Wenn Sie nun in so einem Penta-Team arbeiten, werden Sie merken, dass Sie sich in Gegenwart mancher Menschen anders verhalten als sonst. Und nein, ich meine nicht Ihre Schwiegermutter", lachte sie, denn Nowalnyk wollte schon wieder etwas dazu sagen, „aber wie gesagt, das wirkt durchaus auch im familiären Kontext. Dann sagt man Sachen, die man sonst eigentlich nicht sagen würde, oder stimmt Dingen zu, die man eigentlich gar nicht will. Das ist der Effekt des Pentas, es verändert uns. Und manchmal entdeckt man, dass der Blödmann aus der Gruppe im Einzelkontakt total umgänglich ist. Oder umgekehrt: der Alpha der Gruppe kann privat eine Enttäuschung sein."

Einigen nickten und Christine fuhr fort. „Die Negativ-Variante in Teams kennen wir alle; dann hindern persönliche Befindlichkeiten den Arbeitsprozess, dauernd ist etwas, um das man sich kümmern muss, bevor man zum eigentlichen Thema kommt", erklärte Christine. „Gut funktionierende Pentas folgen der Vorgabe, es geht um Leistungen und Ergebnisse, um Ziel-Realisation. Es gibt keine Störungen durch Persönliches, man ist gemeinsam effektiv. Für diese Effektivität braucht es einerseits Energie – sie kommt von den Aktivierungen unten zwischen Sakral und Selbst. Das sind dann Menschen, die ihre Kraft einsetzen und eine gewisse Führung brauchen, Micro-Mangement. Ich meine das ohne jedes Urteil oder Wertung, das ist eine unverzichtbare Zutat. Und bei den Aktivierungen zwischen Selbst und Kehle geht es um eine eigenständige Rolle – der Mensch braucht hier seinen Bereich, in dem er sein Fachwissen einbringen kann. Beides ist unverzichtbar, nur eben anders."

Christine schaute Herr Mühler an. „Hier haben wir ein wunderbares Beispiel. Herr Mühler war so nett, mir zu erlauben, sein Chart zu

zeigen. Und wie Sie sehen – er ist mit Fug und Recht unser Chef."
Alle lachten, wie erhofft, und Christine zeigte auf seine
Aktivierungen, die mit Führung und Expertise zu tun haben (hier
Kanal 31-7 zwischen Selbst und Kehle sowie die Tore 1 und 13.)

„Und Klaus Brehmer bringt die Power, auch das ist sicher allen klar."
Die Zuhörer drehten sich zu Klaus Brehmer um, der wie üblich in
solchen Sitzungen direkt neben der Tür saß – für den Fall, dass er
etwas besorgen muss. Brehmer ist die gute Seele der Firma, kennt
alle Bereiche, hat eine sehr praktische Art und packt an, wo immer
es nötig ist. Und irgendwie klappt es dann auch – firmenintern ist
jedem klar: wenn Brehmer mit an Bord ist, läuft die Sache. Brehmer
hat Kanal 29-46, Tor 15 und Tor 2, alles Aktivierungen im Energie-
Bereich.

„Sie fragen sich jetzt sicher, was es mit diesen Toren auf sich hat",
fuhr Christine fort. „Man könnte sie wie Zutaten für ein gelungenes
Kochrezept betrachten. Und jeder weiß, wenn Salz fehlt, muss man
viel Aufwand betreiben, um das geschmacklich auszugleichen. So
ähnlich ist es mit einem guten Team. Wenn alle Zutaten da sind,
läuft der Prozess fast von selbst; fehlt etwas, frisst das die meiste
Energie. Zum Beispiel ist der Penta-Kanal 5-15 zwischen dem
Sakralzentrum und dem Selbst für die innere Ordnung zuständig. Tor
5 steht für Verlässlichkeit und Tor 15 für Flexibilität. Wenn ein Kunde
also etwas Ungewöhnliches verlangt, kann das mit berücksichtigt
werden. So wie neulich bei den Amerikanern, die nach der Konferenz
in die Arena wollten – Herr Brehmer hat das souverän organisiert
und alle waren glücklich. Tor 15 wirkt „anziehend", es hält
zusammen. Und würde im Team kein Tor 5 vorhanden sein, dann
entstünde Chaos, niemand würde sich an Absprachen halten. Dann
würde eine „Dienstanweisung" nach der anderen verfasst und
dennoch käme nichts dabei heraus. Ich war mal in so einem Team;
am Ende gab es jeden Tag eine Besprechung, um festzulegen, wer
wann etwas tun soll. Und es kam nichts dabei raus, daher wurde am

nächsten Tag besprochen, woran das denn gelegen hat, und so ging es dann ständig weiter."

„Aber das sind ja andere Bedeutungen der Tore und Kanäle, als du sie neulich in meiner Analyse verwendet hast", wandte Nina ein.

„Ja, stimmt. Das ist eine spezielle Energie, der Fokus liegt auf einem anderen Aspekt", erwiderte Christine. „Ich will sie auch gar nicht alle aufzählen, aber hier einige Beispiele: da gibt es Tor 29 für Verbindlichkeit und Loyalität, für das Gefühl, wirklich Teil eines Ganzen beziehungswiese eines Teams zu sein. So wie unsere Buchhaltung." Christine sah hinüber zum Kollegen Liebrecht, der mit Sybille Maier, Karl Vierstedter und Samir Mürek zusammensaß. Die vier waren wahrlich ein super Team – seit mehr als 20 Jahren arbeiteten sie zusammen und keiner konnte sich vorstellen, was passieren würde, wenn Liebrecht in drei Jahren in Rente ging.

„Tor 14 steht für die Ressourcen, Tor 2 für eine gemeinsame Vision, Tor 7 für die Planung, und so weiter", ergänzte Christine. „Die gute Nachricht ist: sobald man weiß, was in einem Team fehlt, kann man es out-sourcen, also von außen hinzuholen", erklärte Christine, „in Form eine externer Dienstleistung, sofern kein Kollege aus der eigenen Firma eingesetzt werden kann, der die fehlenden Aspekte in seinem Energiefeld hat."

Christine wandte sich an ihren Chef. „Darf ich ein Beispiel aus der Firma nutzen, Herr Mühler?" Dieser nickte. Natürlich hatte sie das im Vorfeld mit ihm abgesprochen, wollte aber sicherstellen, dass alle sein Okay hörten. „Vor sechs Jahren hatte im Führungsteam der Firma niemand Tor 8, das für die Präsenz und Sichtbarkeit steht, und das zu einer Zeit, als man versuchte, den Namen der neuesten Tochterfirma im Markt zu etablieren. Wenn so etwas fehlt, kriegt das Penta – bzw. in diesem Fall die Firma – kein wirkliches Gesicht, keiner kennt sie (während Namen wie Apple oder Porsche wohl jeder kennt). Und mit der für Projektoren so eigenen Wahrnehmung hatte Herr Mühler das wohl im Gespür, denn er hat Susanne Martin in die Firma geholt. Und auf einmal war „Vision Tools" ein Name in der Branche, den man kannte."

Nach einem schnellen Blick zur Uhr wurde Christine klar, dass sie zum Ende kommen musste, ihr Thema war ja nur ein Tagesordnungspunkt von vielen. „Eines würde ich gerne noch betonen: Sie alle wissen ja, wie sehr mir das Thema Wertschätzung am Herzen liegt. Diese Analyse soll ausschließlich dazu dienen, Schwierigkeiten aus dem Weg zu räumen und Energieverschwendung oder Streit zu vermeiden, sie sollte nie zu Werturteilen über einzelne Mitarbeiter führen. Denn gerade auch jene von uns ohne - oder mit wenigen - Aktivierungen in diesen Penta-Kanälen sind sehr kostbare Spiegel und Guides. Und wer sich für mehr Infos dazu interessiert: Herr Mühler war so freundlich, mich freitags ab 12 Uhr freizustellen, damit ich Beratungen anbieten kann, für Teams oder auch für Sie persönlich."

„Hört hört!", rief Brehmer und lächelte ihr zu, „unsere schüchterne Christine avanciert zum Firmencoach!" Zu ihrem großen Leidwesen spürte Christine, wie sie rot wurde. „Verdammt", murmelte sie zu sich selbst. Dann spürte sie eine Hand auf ihrer Schulter und fuhr herum. „Oh Entschuldigung, ich wollte Sie nicht erschrecken", kam es von der nun wiederum überraschten Susanne Martin, „ich wollte nur sagen, wie sehr mich Ihr Vortrag angesprochen hat. Ich freue mich jetzt noch mehr auf unseren weiteren Austausch. Vielleicht haben Sie ja sogar Lust, Ihren Tätigkeitsbereich ein wenig zu erweitern?" Sie lächelte Christine freundlich zu. Und auch wenn sie sofort wieder die verräterische Röte auf ihren Wangen spürte, nickte Christine begeistert. „Das wäre grandios, ich freue mich!"

Die Reise unter die Linie

„Wollt ihr meinen Einschlaftipp hören?" Auffordernd sah Daniela in die Runde. „Ich mache einfach so viele Liegestützen und Bauchbeugen, wie ich kann. Danach schlafe ich wie ein Baby."

Ungläubig schauten die anderen ihre Freundin an. „Das meinst du doch nicht ernst?" Andrea schüttelte sich demonstrativ. „Nie im Leben könnte ich danach schlafen. Außerdem bin ich abends einfach nur tot, mehr als Couch ist da nicht mehr drin."

„Na, bei mir ist es schon so, dass ich abends gern noch koche oder Yoga mache. Das entspannt mich einfach", sagte Lisa, räumte aber ein, dass Liegestützen und Bauchbeugen auch ihr zu viel wären.

„Ich wette, dafür finden wir im Human Design eine Erklärung. Ich habe am Wochenende Kurs, da frag ich mal nach." Die Runde verdrehte die Augen – Human Design war Ricardas neues Thema No.1. Allerdings war es schon erstaunlich, fast schon ein bisschen beängstigend, wie treffend bisher alles war, was sie an Informationen vom Kurs mitgebracht hatte. „Ja, mach das, Ricci, würde mich auch interessieren", stimmte Daniela zu.

Eine Woche später trafen die Freundinnen sich erneut. Ricarda war gut vorbereitet. Kaum, dass sie die obligatorische Pasta mit Andreas geheimer Bolognese vertilgt hatten, zog sie ihre Unterlagen hervor.

„Also, ich hab mich mal schlau gemacht, Lisa. Und weiß jetzt, warum du beim Kochen entspannst und Andrea auf der Couch." Ricarda genoss es sichtlich, dass alle vollkommen fokussiert auf sie schauten. „Es gibt ja neben dem Typus, dem Profil und so noch weitere Unterscheidungen. Euch sind vielleicht in eurem Chart diese vier Pfeile über der Grafik aufgefallen, die nach rechts oder links zeigen, zwei auf der Design-Seite, zwei auf der Persönlichkeits-Seite. Auf manchen Chart-Versionen steht statt Pfeilen ein großes L oder ein R.

Ra nannte sie die Variablen. Sie geben Aufschluss darüber, ob der Mensch einen aktiven Körper und/oder Geist hat – dann ist es ein L oder ein Pfeil nach links, oder aber eine passive, wahrnehmende Art, dann steht da ein R oder ein Pfeil nach rechts. Das wirkt sich dann so aus, dass man sich zum Beispiel mit einem linken, aktiven Körper gern bewegt – man entspannt viel besser bei einem Spaziergang, bissl Yoga, Kochen, im Internet surfen und so weiter. Das linke Gehirn ist fokussiert und konzentriert, du kannst dich also gut durch Wiederholung und Üben auf etwas vorbereiten. Auf dieser "linkshirnigen" Ausrichtung beruht auch unser traditionelles Schulsystem – konzentriere dich auf eine Sache, dann lernst du sie. Und – das wird dich freuen, Lisa – dieser linke Körper, zu dem auch das Gehirn gehört, braucht Nahrung. Hungern ist also nix für dich." Alle lachten. Lisas Appetit bot immer wieder Anlass, sie zu necken.

„Und nun zu dir, Andrea. Du hast einen rezeptiven, passiven Körper…" Weiter kam sie nicht, wieder lachten alle und schauten zu Andrea, die gemütlich mit einer Decke auf dem Sofa lag. „Was?", protestierte sie lachend, „ich hab immerhin die Bolognese gekocht." „Und es ist total richtig, du entspannst wirklich am besten auf dem Sofa, im Liegen, im Nichts-tun", sagte Ricarda lächelnd. „Hier kommt auch die Erklärung, warum du oft so abgefahrene Sachen weißt: dein rechtes Gehirn ist wie ein Schwamm, du saugst alles auf. Und dann ist es wie im Amazon Warenlager: alles da, nur die Gänge sind nicht beschriftet." Lisa prustete vor Lachen. „Wie geil ist das denn?"

„Ja, und es geht noch weiter", erwiderte Ricarda, „in dem einen Programm[10], das ich benutze, haben sie den Variablen Namen gegeben, beziehungsweise die sogenannten Kognitionstypen eingeführt – und dein Typ, Andrea, heißt Alf. Ihr wisst doch, der pelzige Alien aus der Serie. Witzig, du hast ja auch immer erzählt, dass du dich in der Schule oft wie ein Alien gefühlt hast, Andrea."

---

[10] www.64keys.com

„Oh ja", erinnerte Andrea sich, „das war so übel. Dauernd gab es Ärger, weil ich angeblich nicht aufpasse. Dabei kann ich einfach besser zuhören, wenn ich nebenbei noch etwas anderes mache."

„Und genau so ist es richtig. Periphere Wahrnehmung nennt man das", erklärte Ricarda. „So nebenbei lernst du am meisten. Ra, der Begründer des Systems, sagte, die viermal Rechten seien das Internet der Zukunft, falls es mal keinen Strom gibt." „Was soll denn viermal rechts bedeuten?" unterbrach sie Lisa. „Damit ist gemeint, dass sowohl in Bezug auf den Körper in seiner „Bauweise" als auch für den Verstand diese passive, rezeptive Daseinsart verankert ist – bei der übrigens Essen nicht soo wichtig ist, liebste Andy, die rechten Variablen können auch easy mal fasten", grinste Ricarda, wohl wissend, dass Andrea Essen liebte, und fügte daher schnell hinzu: „Aber auch hier wirken andere Faktoren mit hinein. Da hast du reichlich Gründe, immer deine Schokoriegel zu bevorraten, alleine schon wegen deiner Tore 19 und 55. Aber nun zurück zu deinen rechten Variablen. Dein Körper nimmt die ganze Zeit alles um dich herum wahr. Wie eine App auf dem Handy, die ständig im Hintergrund läuft. Das ist eine Daueraktivität, daher braucht es dann nicht auch noch Leistungssport. Du spürst immer alles, was um dich herum ist, deine Umgebung also. Und bei dir kommt auch noch eine sehr relaxte Art, auf die Welt zu schauen, hinzu. Du hast nämlich die Motivation „Unschuld".

Die Freundinnen feixten: „Hört hört, unsere Andrea, ich dachte, du hättest schon mit vierzehn deinen ersten Freund gehabt," und eine Weile drehte sich das Gespräch um den coolsten Jungen aus dem Basketballteam, damals in der 9 B. Jochen, Schwarm aller Mädels und im Sommer 1978 Andreas große Liebe.

„Du hast gesagt, bei mir wäre alles so anders, was meinst du denn noch damit?" wollte Andrea nun weiter von Ricarda wissen.

„Dieses „anders" bezieht sich auf diese spezielle Weise, die Welt wahrzunehmen. Es geht dann zum Beispiel nicht primär um Zielerreichung und Optimierung, sondern es geht um die Erfahrungsreise", antwortete Ricarda. „So eine „enjoy the ride"-Haltung. Das Genießen der Erfahrung, sie passiv annehmend. Wir alle sind unterschiedlich ausgerichtet, wie wir auf das, was wir sehen und erleben, schauen. Das nennt man im Human Design Motivation. Sie könnte man – zusammen mit der Sichtweise, auf die ich gleich eingehe – mit der Software eines Computers vergleichen. Wir haben also quasi unterschiedliche und spezialisierte Anwendungsprogramme. Das ist - ihr ahnt es schon - ein weiteres riesiges Gebiet im Human Design, Ra hat es Rave Psychologie genannt. Es erklärt uns etwas über unsere ganz spezifische Art, die Welt wahrzunehmen. Zum Beispiel, wenn du einfach nur „Hallo" zu jemand sagst, können ja verschiedene Motivationen dahinter stehen. Du kannst „gutes Wetter machen" wollen, eine Verbindung herstellen wollen, den anderen öffnen wollen für dein Anliegen. Vielleicht hast du sogar Angst vor ihm und willst vorbeugen, damit nichts geschieht, oder einfach höflich sein, damit man dir nichts nachsagen kann. Das kommt immer ganz drauf an. Aber worauf ich hinaus will: im Human Design geht es ja um deine grundlegende Motivation im Leben, und das ist bei dir, Andrea, die „Unschuld". Unschuld ist in diesem Zusammenhang zu verstehen als eine Art ruhendes Potential. Neutral zu sein, offen, unparteiisch. Alles anzunehmen, ob wir es nun mögen oder nicht, sehr Zen-mäßig. Es geht nicht darum, irgendetwas bewirken zu wollen oder etwas zu brauchen, sondern darum, gerade im Moment mit allem, was ist, zu *sein*. Glücklich sein, jetzt, mit allem was ist."

„Krass", meinte Lisa, „das klingt genauso wie Eckart Tolle. Cool, dass du von Natur aus so bist, Andy."

„Und es kommt noch besser", fuhr Riccarda zu Andrea gewandt fort, „deine Sichtweise, also worauf du in deiner Umgebung, in deinem Leben schaust, wie du es betrachtest, das ist bei dir die philosophische, die auf die Möglichkeiten schaut – du siehst, was sein könnte, kannst für möglich halten, was andere sich noch gar nicht vorstellen können." „Stimmt auch", staunte Lisa, „das mit der Hofgemeinschaft, die du vor fünfzehn Jahren gegründet hast, Andrea, das konnte anfangs keiner aus unserer Clique nachvollziehen. Aber wenn du heute mal schaust – überall gründen sich Gemeinschaften."

„Wow, das ist ja mega interessant," staunte Andrea, „aber ist doch ungerecht, wenn wir nur von mir sprechen. Wie sieht es denn bei den anderen aus, was gibt es denn noch für Motivationen und Sichtweisen?"

Das ließ sich Ricarda nicht zweimal fragen, endlich konnte sie ihr neu gesammeltes Wissen präsentieren. „Also", begann sie und rückte sich am Tisch zurecht, „die erste **Motivation** ist die **Angst**. Wobei der Begriff schon irreführend ist. Ich würde diese Motivation lieber **Sicherheit** nennen. Das sind halt Menschen, die einen natürlichen Blick für das haben, was Sicherheit gibt. Eine alles prüfende, vorausschauende Sicherheitsintelligenz. Dann gibt es die **Hoffnung**, das sind Menschen wie mein Schatzi Leo, die einfach immer davon ausgehen, dass alles gut wird. Irgendwie. Und wenn ich ehrlich bin – für ihn funktioniert das auch. Die dritte Motivation ist das **Verlangen",** lachte Ricarda, „das wäre dann meine. Und auch das passt. Ich will einfach ein geiles Leben, in jeder Hinsicht. Mit dieser Motivation ist man aktiv, und es bedeutet auch, dass man führen kann, wenn es gebraucht wird, dass man ein Gespür für das hat, was funktioniert."

Die Freundinnen lachten. „Wenn wir nicht schon vorher fasziniert gewesen wären, spätestens jetzt hättest du uns überzeugt." Ricarda hatte einen untrüglichen Sinn für Wirkung – jede Firma, in der sie gearbeitet hatte, gehörte zu den Führenden am Markt.

„Aber manchmal ziehst du dich schon arg zurück", warf Daniela ein, „und schaust, als würde dich alles nichts angehen." „Du bist genial, Dany, das stimmt", erwiderte Ricarda, „jede dieser Motivationen hat ein Gegenüber, in das sie „verrutscht". Das ist ganz normal und erweitert den Horizont, aber die für dich richtige Motivation ist die weitaus klügere Entscheidungshilfe im Leben. Denn wie ihr ja schon sagt – ich kann führen, wenn es drauf ankommt. Und würde ich mich sozusagen „unschuldig" verhalten, das wäre nämlich die sechs, in die ich verrutsche – die aber für dich, Andrea, völlig korrekt ist – dann würde ich mich ja heraushalten, obwohl ich führen sollte. Und umgekehrt, wenn Andy immer meint, sie muss jetzt sagen, wo es langgeht, verpasst sie ja diesen tollen Blick von oben, der alles mitbekommt."

Ricarda machte eine kurze Pause, bevor sie fortfuhr. „Weiter geht's mit der vierten Motivation, dem **Bedürfnis**. Man sieht, was der andere braucht und will behilflich sein. Klingt super, geht aber oft damit einher, dass man sich selber nicht beachtet. Für die Vier ist es daher die wichtigste Übung, auch mitzubekommen, was ihre eigenen Bedürfnisse sind. Und darum zu bitten, es zu bekommen. Dein Mann hat das, Lisa. Und damit ist dann wohl sofort klar, wie diese Motivation funktioniert." Lisa seufzte. Michael, der Robin Hood aus Wolfratshausen. Immer da, wenn er gebraucht wurde, hilfreich, unterstützend. Und trotzdem massierte er ihr abends die Schultern, wenn er spürte, dass sie vom langen Sitzen im Büro angespannt war. Sie musste gar nichts sagen, er hatte einen siebten Sinn für alles, was andere brauchten. Was ihn letztes Jahr dann auch drei Monate außer Gefecht gesetzt hat; er war so überarbeitet, dass seine Bandscheiben einfach tschüss gesagt haben. Und er notgedrungen lernen musste zu schauen, was sein Körper braucht, bevor er sich anderen ausleiht. Seit seiner Reha, die ihm unendlich gut getan hat, fällt ihm das leichter. Ab und zu lässt er sich nun sogar massieren. Zwar im Massagestudio, wo er bezahlen kann, aber immerhin ein Anfang.

„Dann kommt noch die fünfte Motivation", erklärte Ricarda weiter, „sie hat einen echt blöden Namen, sie heißt **Schuld**. Ich finde **Verantwortung** viel passender. Denn Fünfer sind praktisch, bringen Lösungen, sehen, woran etwas liegt. Daher der Begriff Schuld: also der Blick dafür, was schuld ist, dass es nicht funktioniert – um eine Lösung zu finden." „Das hat bestimmt mein Vater, er sieht dauernd, was wo im Argen liegt", warf Daniela ein. „Weißt du seine genaue Geburtszeit?" wollte Ricarda wissen, aber Daniela schüttelte den Kopf. „Nee, das war ja im Krieg, da haben die nicht genau notiert, wann jemand geboren wurde, da hatten sie andere Sorgen, meinte meine Mutter. Ich weiß nur, dass es irgendwann vor Morgengrauen war. Aber das kann alles zwischen drei und sechs Uhr gewesen sein." „Schade", sagte Ricarda, „dann wird es schwierig, es kann sein, dass sich die Motivation dann verschiebt. Aber egal, du hast auf jeden Fall eine Vorstellung davon, wie es aussehen kann. So, und die sechste Motivation, die **Unschuld**, haben wir ja schon bei Andrea angeschaut." Die Freundinnen nickten und wollten mehr hören.

„Unsere grundlegenden **Sichtweisen** sind ähnlich unterschiedlich", erklärte Ricarda. „Hier nur ganz kurz: ich hab da die Eins – da geht es ja immer um Sicherheit, um eine gute Basis. Man nennt diese Sichtweise im Human Design **investigativ** – man hat einen guten Blick für alles, was funktioniert und wer vertrauenswürdig ist." Alle stimmten zu, das war offensichtlich bei Ricarda. „Andreas Sichtweise, die **philosophische** Zwei, hatten wir ja schon. Dann folgt die **politische** Sichtweise, die hat keine von uns. Da sieht man dann einfach auf das, was funktioniert, wo die Kraft und Power ist. Die Drei sieht Chancen und Entwicklungswege, was nützlich ist, was man ausbauen und was man weglassen sollte. Materieller Erfolg ist immer mit dabei, sie hat einfach einen Blick dafür."

„Die vierte Sichtweise ist dann eher **sozial** ausgerichtet", fuhr Ricarda zu Lisa gewandt fort: „Das ist deine Baustelle. Dieser Rote-Kreuz-Blick mit der Frage: wo wird was wann wie gebraucht?" „Sie hat gerade erst eine Lieferung für die Ukraine zusammengestellt", bestätigte Daniela, deren Gesichtsausdruck zeigte, wie stolz sie auf ihre selbstlose Freundin war. „Und wusstet ihr, dass sie ihr Ferienhaus Flüchtlingen zur Verfügung gestellt hat?" „Ist doch ganz selbstverständlich", meinte Lisa, „mach doch nicht so ein Ding daraus. Wir sind doch eh nie im Ferienhaus. Und helfen ist schön, ich wäre doch auch froh, wenn's anders herum wäre."

„Dann kommt die fünfte Sichtweise, die hat dein Mann, Daniela. **Realistisch.** Der Blick für das Machbare, das Umsetzbare. Neue Wege finden, prüfen, optimieren, gehen. Das klingt doch wie Thomas", meinte Ricarda. „Und zu guter Letzt unsere entzückende Nina. Du hast die **persönliche** Sichtweise. Damit erklärt sich, warum du am Anfang immer beleidigt warst, wenn ich mal auf die Uhr geschaut habe bei unseren Treffen. Du dachtest, mir ist langweilig und ich will gehen. Dabei wollte ich nur checken, wann ich meine Pille nehmen muss." Beide lachten. Ja, solche Missverständnisse hatten sie zum Glück schon vor langer Zeit ausgeräumt. „Aber es kann eben leicht passieren, dass du glaubst, etwas, das ein anderer tut oder nicht tut, hat mit dir zu tun, und das ist oft nicht der Fall. Und du magst es sicherlich nicht, mit anderen verglichen zu werden, oder?" Wieder lachten alle, sie kennen sich so gut. Freundinnen seit der Mittelstufe.

„Wie grandios hilfreich, so etwas zu wissen, Ricarda. Darf ich dir mal ein paar Geburtsdaten von meinen Schülern mitbringen?" fragte Lisa, die an einer Grundschule unterrichtete. „Ich könnte mir vorstellen, dass das unglaublich hilfreich wäre."

„Klar doch, gerne. Aber behalte im Hinterkopf: das ist super spannendes Wissen und sicher auch sehr, sehr dienlich. Doch vor allem geht es in unserem Alltag um unsere persönliche Führung durch unsere innere Autorität und um die zu unserem Energietyp passende Strategie, denn nur dann leben wir ja wirkich unser Leben. Ra hat das immer wieder betont."

Ricarda sah Lisas fragenden Blick und fügte hinzu: „Unsere innere Autorität ist eine wichtige Entscheidungshilfe. Mit deiner emotionalen Autorität ist es zum Beispiel nicht ratsam, dich immer sofort zu entscheiden, wenn du etwas gefragt wirst. Besonders bei Entscheidungen von gewisser Tragweite ist es wichtig, das Auf und Ab deiner emotionalen Wellen zu durchleben und zu warten, bis sich Klarheit einstellt. Und die typgerechte Strategie hilft uns, gut durchs Leben zu kommen, auch im Umgang mit anderen. Für einen Manifestor zum Beispiel lautet die empfohlene Strategie, andere Menschen zu informieren, wenn er spontan sein Ding macht, sonst gibt es Widerstände und Dissonanzen, das kann ihn wiederum zornig machen. Die Strategie des Generators ist die Reaktion, er spürt aus seinem Bauchgefühl heraus, ob er für etwas anspringt oder nicht zur Verfügung steht. Beim Projektor ist es die Einladung. Und beim Reflektor einen Mondumlauf zu warten, bevor man große Entscheidungen trifft." Sie lachte. „Das gilt natürlich nicht dafür, ob man abends eine Pizza möchte."

„Wichtig ist natürlich auch das Persönlichkeits-Profil und einige andere Dinge, also die Basics aus dem ersten Kurs", ergänzte Ricarda. „Tatsächlich nimmt gerade für die so offenen Projektoren die Motivation eine sehr wichtige Rolle ein. Denn wenn du eh nicht fürs Tun, sondern zum Wahrnehmen da bist, ist es echt entscheidend, ob du mit korrekter Motivation eintrittst oder ob du in ihr Gegenüber (die Eins in die Vier, Zwei in Fünf und Drei in Sechs - und umgekehrt) verrutschst."

„Hast du da mal ein Beispiel, damit ich das besser nachvollziehen kann?" bat Lisa. „Gern. Wenn ein Projektor merkt, dass seine echte Motivation nicht da ist, ist die Einladung, auf die er vorher reagiert hat, nicht mehr passend und im Grunde genommen beendet", erklärte Ricarda. „Zum Beispiel, wenn deine Motivation Hoffnung ist und du als Projektor eingeladen bist, mit deiner Wahrnehmung Ideen mitzuteilen, Möglichkeiten zu sehen, passt das wunderbar. Doch wenn du dich dann dabei ertappst, dir zu überlegen, wie man etwas repariert und in Ordnung bringen kann, wenn du gar selbst das Werkzeug in die Hand nimmst und schraubst – womit du in die Fünf, die Schuld, verrutschst – wird es schräg, denn die Einladung war ja eine ganz andere. Aber wie gesagt, lasst euch nicht erschlagen von all den Details. Und bring mir die Daten deiner Schüler gern nächste Woche vorbei, Lisa, da bin ich allein zuhause und kann üben."

Mutter-Tochter-Gespräche

„Ich soll was?" Ricardas Tochter Julia schaute empört hoch. „In Stille essen? Du spinnst doch. Nie schmeckt es so gut wie während einer Serie." Ricarda schmunzelte, etwas Ähnliches hatte sie sich schon gedacht. Für Julia war prinzipiell alles besser bei einer Serie. „Na ja", beeilte sie sich hinzuzufügen, „es geht eben auch um deine innere Ruhe. Und vielleicht magst du ja mal experimentieren, mit welcher Serie es dir besser bekommt, Action oder was Ruhiges." „Ach so", meinte Julia versöhnlicher, „das macht schon mehr Sinn. Mir ist aufgefallen, dass ich während der krassen Szenen in „The Walking Dead" echt Magendrücken kriege, wenn ich esse. Ich esse in letzter Zeit immer bei Bridgerton, das bekommt mir super. Was soll das überhaupt wieder sein, die nächste In-Diät?" Bei allem, was das Essen betraf, war Julia sehr skeptisch. Zum Glück hatte Ricarda ja im Kurs schon gelernt, dass Tor 21 im Ego ohnehin nicht ausstehen kann, wenn man ihm sagt, was es tun soll. Und dass die Tore 19 und 55 einen ganz besonderen Bezug zum Thema Essen haben. Diese drei Tore hatte Julia unverkennbar in ihrem chart, und Ricarda hatte im Unterricht laut lachen müssen, als sich dieser Kreis schloss.

„Nee, das ist eigentlich das totale Gegenteil von einer Diät, die einem ja was Allgemeines aufdrängt", antwortete sie ihrer Tochter. „Hier geht es darum zu schauen, welche Form der Ernährung in deiner Biologie verankert ist, was dir also die größtmögliche Unterstützung bietet und dein System am wenigsten belastet."

„Also so was wie Essen, das Rückenwind gibt?" fragte Julia. „Coole Beschreibung, ja genau so. Und da ist es so, dass manche Leute – auch wenn wir alle in 2022 leben – ein Verdauungssystem haben, das dem der urzeitlichen Jäger und Sammler entspricht. Ihr Essen sollte möglichst natürlich sein, also heutzutage bio, möglichst nicht industriell weiterverarbeitet und nicht vermischt, besser sollte alles einzeln gegessen werden. Diese Ernährungsweise wird im Human Design **Appetit** genannt."

Julia überlegte kurz und meinte dann: „Das hat sicher Basti. Der isst wirklich so. Einen Riesenteller Möhren. Nur Möhren, nix dabei. Oder auch drei Schnitzel neulich. Da hat er dem Kellner echt gesagt, er soll den ganzen Schnickschnack weglassen und nur die Schnitzel bringen. Der hat geguckt - wo sie doch so stolz auf ihre Saucen und Beilagen sind", lachte Julia. „Das kommt aus der Zeit damals, wo die Leute Mammuts gejagt haben, und wenn man eins hatte, dann gab's halt Mammut", erwiderte Ricarda, „morgens, mittags und abends. Und manche haben sich den Bauch vollgeschlagen und waren dann lange satt, andere essen den ganzen Tag über, mal hier was, mal da. Wie vom Buffet. Kann ich mir auch gut vorstellen, wenn man Beeren sammelt oder so. Das ist die zweite Form dieser Essenspräferenz - es gibt von jeder zwei Varianten."

„Spannend, Mom, erzähl weiter, was gibt's denn noch so?" wollte Julia wissen. „Na, da haben wir dann als zweite Form den **Geschmack**. Da ist es prinzipiell ausschlaggebend, einfach das zu essen, was man wirklich mag. Wie in der Jever-Reklame: Keine Kompromisse. Kein anderes Bier. Da geht es darum, was für dich das richtig Richtige ist. Manche Hardcore-Berater schlagen hier vor, alles wegzugeben, was man in der Küche hat, und dann ganz bewusst nochmal neu einkaufen zu gehen. Nur das, was man wirklich, wirklich haben will. Weil wir natürlich alle auf Kompromisse getrimmt sind und vieles tolerieren, was uns anerzogen wurde. Bei Kindern kann man das gut sehen."

Ricarda überlegte einen Augenblick - wie hieß denn gleich noch die Tochter ihrer Cousine? Richtig, Sabrina. „Du erinnerst dich bestimmt an Susis Tochter Sabrina. Wie die den Löffel richtig weggeschlagen hat, wenn Susi ihr was zu essen geben wollte, das sie nicht mochte. Und die Lippen zusammengepresst hat sie. Das wäre spannend, mal nachzuschauen, ich werde direkt mal Susi anrufen." Ricarda war schon auf dem Sprung. Das war typisch Mom, grinste Julia. Wenn sie einmal von etwas begeistert war, gab es kein Halten für sie. „Das liegt daran, dass ich eine Manifestierende Generatorin bin", hatte ihre Mutter fast ein bisschen stolz erklärt, „Ra hat gesagt, ohne uns gäbe es kein Leben." Dieser Satz hatte Ricarda gefallen, war er doch für sie wie eine Wiedergutmachung für alle Kritik, die sie sich von ihrer Mutter über ihre Sprunghaftigkeit und Impulsivität hatte anhören müssen.

„Stop, Mom, du warst doch gerade dabei, mir die anderen Essens-Varianten zu erzählen. Da beschwerst du dich immer, dir hört keiner zu, und jetzt will ich es wissen .." Weiter kam sie nicht, denn Ricarda saß schon wieder ihrer Tochter gegenüber und strahlte sie an. „Du hast so recht, Süße, und ich freu mich so, dass du das auch so spannend findest. Also wie gesagt, den Zweiern tut es gut, einfach zu essen, was ihnen schmeckt. Für die einen ist es enger, sie essen immer nur das Gleiche. Für die anderen gilt: probieren ja – und wenn's nicht passt, fällt es raus."

„Die dritte Ernährungsform kennst du, die hat Papa", erzählte Ricarda weiter. „Sie heißt **Durst**, weil das Trinken und besonders auch die Temperatur der Flüssigkeiten, die man aufnimmt, so wichtig ist. Du siehst, es ist ein bissl wie die Entwicklung der Menschheit: jetzt geht's – nach der Auswahl – um die Erfindung des Feuers und die Zubereitung der Speisen. Und dein Papa ist ganz offensichtlich die heiße Form." Beide lachten. Norbert liebte Tee. In jeder Lebenslage, zu jeder Uhrzeit und vor allem zu jeder Jahreszeit. Es konnte noch so heiß draußen sein, Norbert trank seinen Tee. Und auch das Essen konnte gar nicht heiß genug auf den Tisch kommen.

Deshalb kam es bei ihnen auch nicht in Frage, Pizza zu bestellen, denn wenn sie kam, war sie ja nicht mehr heiss. Also hatte es sich eingebürgert, dass Familie Monhof dienstags um 17 Uhr am Bosporus-Grill stand und ihre Pizza direkt aus dem Ofen aß.

„Und die zweite Variante, Durst kalt, kennst du von Tante Sibylle, Papas Zwillingssschwester", ergänzte Ricarda. Sybille war zwanzig Minuten später geboren und wahrlich das absolute Gegenteil ihres Bruders. Schon als kleines Mädchen hatte sie gesagt: "Oh, lecker, kalte Nudeln", wenn die Reste vom Vortag aufbewahrt worden waren. Sibylle liebte Eis, kaltes Bier, belegte Brote. Ihre Küche sah immer aus wie neu, denn gekocht wurde dort so gut wie nie; selbst der Wasserkocher wurde nur benutzt, wenn ihr Bruder mal vorbeikam. Praktisch fand Julia das, aber so essen hätte sie nicht wollen.

„Das waren die Essensformen, bei denen es darum geht, *was* man isst. Bei den drei höheren Farben, also vier bis sechs, geht es darum, in welcher Umgebung man isst." „Farbe?" unterbrach Julia sie, „Wieso Farbe, was soll das bedeuten?" „Ach, das ist einfach nur die Bezeichnung für diesen Aspekt, keine Ahnung, warum", antwortete Ricarda. „Das ist der Bereich, wo einfach diese Begriffe übermittelt wurden: Farbe, Ton, Base. Klingt irreführend, ich weiß. Aber wenn man sich dran gewöhnt hat, geht's. Und es sind ja die Infos wichtig, die man daraus ablesen kann", erklärte Ricarda. „Also weiter: die vierte Farbe heißt **Berührung,** und die eine Variante ist „anregend". Das meint eine lebhafte Umgebung, so wie bei einer Familienfeier, wo alle zusammensitzen, gemeinsam essen, die Kiddies laufen rum, man plaudert, es ist viel Bewegung drin. Alternativ hilft es oft, beim Fernsehen oder im Gehen zu essen. Und die andere Seite ist das totale Gegenteil, die hat Opa. Du weißt ja, er kann es nicht ausstehen, wenn bei den Mahlzeiten eine unruhige Atmosphäre herrscht. Am besten einfach nur essen, sagt er doch immer." Julia nickte: „Ja, das fand ich immer doof, als ich noch klein war."

„Na, und ein bissl ähnlich ist es halt bei der fünften Farbe, dem **Klang**. Manche, so wie du, brauchen es ruhig beim Essen, die andere Variante ist laut – da hilft echt Musik, und Restaurant ist für sie perfekt, dadurch wird die Verdauung unterstützt. Eine Freundin von mir hat das, sie hört mit Leidenschaft Heavy Metal, auch beim Essen, und für ihren Freund ist das okay. Grauenvolle Vorstellung für mich.“

„Und was hast du, Mama?“ wollte Julia nun wissen. „Bei mir ist es die sechste Farbe, **Licht**. Da ist es wichtiger, *wann* man ist als *was* man isst. Für mich als so genannte „Tag-Esserin“sollte es idealerweise bei den Mahlzeiten hell sein, und das pflanzliche Essen möglichst in der Sonne gewachsen sein. Aber das kennst du ja schon“, zwinkerte sie ihrer Tochter zu. Ja, mit Ricardas Leidenschaft für sonnengereiftes Gemüse und Obst neckte sie die ganze Familie. „Hier gibt es eine lustige Variante. Ich meine, Tages-Esserin, das ist ja doch recht normal, so leben ja die meisten, weil das in der Gesellschaft so üblich ist. Heißt einfach, ich brauche Licht zum Verdauen. Also die Tageslichtlampe über dem Esstisch, das war dann einfach Intuition. Es war schon immer so, dass ich nur gern esse, wenn es hell ist.“ Julia seufzte, die Debatten kannte sie. „Kind, doch nicht am Abend“, äffte sie mit einem Grinsen ihre Mutter nach. Für Ricarda galt: kein Essen nach 18 Uhr, aber zum Glück war sie damit keine Missionarin.

„Papas Bruder Andrew ist so ein Nachtesser“, fiel Ricarda zur anderen Variante ein. "Er kann besser verdauen, wenn er eben nicht in direktem Licht isst. Und am zufriedensten ist er, wenn er abends isst. Tagsüber brauchte er kaum etwas, nur Snacks.“

„Ja stimmt“, lachte Julia, „ich weiß noch, wie ich ihn das erste Mal abends um 22 Uhr Spaghetti Bolognese habe machen sehen, mit voll viel Käse drauf. Dabei ist er doch total schlank und fit, wie macht er das?“

„Na ja, für ihn passt das halt. Ich mag mir gar nicht vorstellen, wie ich aussehen würde, wenn ich das gleiche machen würde. Und dass er nur Kartoffeln und Möhren isst! „Das reicht mir an Gemüse", sagte er immer. Aber jetzt, wo ich das weiß, macht das ja sogar Sinn, denn das meiste Gemüse und Obst wächst ja in der Sonne," schmunzelte Ricarda. „Zum Nacht-Esser habe ich übrigens noch eine sehr coole andere Geschichte von einer Klientin. Ihre Tochter hat – vorher vollkommen gesund – mit neun Jahren auf einmal nachts epileptische Anfälle bekommen, die treten wohl sonst eher vormittags auf. Die Ärzte fanden keine Erklärung dafür. Das ging dann ein gutes Jahr so. Bis ihre Mutter dann Human Design kennenlernte und somit herausfand, dass Elli eine Nacht-Esserin ist. Und sie waren offen dafür – oder auch verzweifelt genug – es wirklich auszuprobieren. Und oh Wunder, die Anfälle hörten auf. Die nachträgliche Erklärung war dann, dass Elli wohl durch „normales" Essen zu den gesellschaftlich üblichen Zeiten einfach nicht die Nährstoffe verwerten konnte, die sie brauchte. Heute ist sie fast dreizehn und hat überhaupt keine Probleme mehr. Dass sie sich vorzugsweise von Kartoffeln, roter Beete und Möhren als Gemüse ernährt, passt ja auch prima." Ricarda lachte. „Und ihre geliebte Pizza abends um 22 Uhr kommt ja auch nicht aus der Sonne."

„Du siehst, so viel Vielfalt und man darf das einfach so annehmen, eben keine allgemeinen Vorschriften." Ricarda lehnte sich entspannt zurück. „Und es wird noch lustiger. Es gibt Leute, die Unmengen von Salz essen können und es schadet ihnen gar nichts. Oder überhaupt keines brauchen. Wir sind schon eine faszinierende Spezies. Und das Coole ist: all diese Infos betreffen ja unsere Körper, das ist klar, aber es geht dabei um mehr als nur die Nahrungsaufnahme. Auch unser Gehirn ist ja ein Teil unseres Körpers, und daher kann man auch viel darüber ableiten, wie wir Informationen aufnehmen und verarbeiten."

Julia lachte. „Hehe, dann braucht mein Gehirn also Ruhe beim Denken? Wobei – stimmt eigentlich, ich konnte noch nie verstehen, wie man sich bei den Hausaufgaben Musik anmachen kann", erkannte Julia und wollte wissen, ob es noch mehr Unterscheidungen nach Farben gibt. „Tut es, Süße, aber ich glaube, du musst eh schon rennen, wenn du pünktlich bei deinem Praktikum sein willst. Ich erzähl einfach heute Abend weiter, okay?"

Aus dem Abend wurde zwar nichts, aber ein paar Tage später, auf dem Weg zum gemeinsamen Wocheneinkauf, griff Julia tatsächlich erneut das Thema auf. „Okay, Mom, dann lass doch mal hören, wo **mein guter Ort** ist. Du hast ja gesagt, dass man das auch ablesen kann." „Kann man, und das wird dir gefallen. Dein guter Ort ist die **6**, der **Übergang**. Also quasi so was wie am Meer, beziehungsweise wo Strand und Meer zusammenkommen, es also mehr als nur eine Landschaftsform gibt. Oder Wald und Feld, und so weiter." „Passt", bekräftigte Julia, „drei Wochen nur noch, dann geht's endlich nach Zandvoort." Dort traf sie sich schon im dritten Jahr mit Freunden aus der Schule, zum chillen, schwimmen, kiten. „Was gibt es noch, was hast du und was hat Paps?" wollte sie wissen.

„Bei mir ist es die **5, das Tal**. Bedeutet, mir tut es gut, in der Nähe einer Stadt, der Zivisilation, zu leben. In der Variante „weites Tal", also nicht mitten in der Stadt, aber so, dass ich alles easy erreichen kann. Und die andere Variante, das „enge Tal", profitiert sogar davon, mitten in der Stadt zu sein. Mal eben runter ins Café gehen zu können, da kommt man dann vielleicht ins Gespräch mit dem Nachbarn oder eine Bekannte kommt vorbei. Also so mitten drin halt. Und die **4** ist **der Berg**. Aktiv, dann tut es dir gut, da rauf zu kraxeln, so wie Opa. Von oben zu schauen, den Überblick zu haben. Nicht umsonst wohnt er ganz oben in seiner Altbauwohnung und sagt, dass die Treppen sein täglicher Berg sind. Die andere Variante – lustigerweise hat Oma die – ist auch Berg, aber man kann auch gern mit dem Fahrstuhl hochfahren, also die passive Variante." Julia lachte. „Dass passt ja. Omi war total empört, als der mal zwei Wochen ausgefallen ist."

„Bei der **3** wirst du lachen", fuhr Ricarda fort, „die hat nämlich Papa. Sie heißt **Küche**. Oder auch **Produktion**. Da ist der gute Ort dort, wo Energien umgewandelt werden, wie eine Art Hexenküche. Das kann auch auf der geistigen Ebene sein, so wie bei Papa, der vor allem mentale Prozesse begleitet, wo es mental-kühl sein darf. Bei der anderen Variante darf es heiss hergehen, es wird aktiv etwas verändert – wie in einer Bäckerei oder Schmiede – oder es laufen sehr emotionale Prozesse ab." „Aber Paps kocht doch echt gerne," warf Julia ein. „Ja, stimmt, das schließt die Variante „kühl" auch nicht aus. Für ihn ist die Küche ein guter, wichtiger Ort. Weißt du noch, wie er mal diesen Typ da hatte, der ihm ein so lukratives Geschäft vorgeschlagen hatte. Papa war kurz davor zu unterschreiben. Aber dann sind sie in die Küche gegangen. Und in der Küche hat er auf einmal Wesenszüge an dem Geschäftspartner bemerkt, die ihm überhaupt nicht gefielen. Er hat abgesagt und ein paar Tage danach erfahren, dass der Mann ein Betrüger war, der zwar wirklich für diese Firma gearbeitet hatte, aber wegen Unterschlagung gekündigt worden war. Nur noch nicht alle Unterlagen zurück gegeben hatte. Und Papa wäre nicht nur seinen guten Ruf, sondern auch richtig viel Geld losgewesen, wenn er unterschrieben hätte. Somit hat die Küche, sein guter Ort, ihn gerettet."

Ricarda überlegte kurz, welche Umgebungen sie noch nicht aufgegriffen hatte. „Dann gibt es noch die Umgebung **Marktplatz, die 2.** Da brauchen die Leute eine Auswahl. Ob nun real, also physisch auf dem Markt, oder im Internet. Entweder in der Variante aktiv, auf andere zugehend, oder eher passiv, so dass das Richtige zu dir finden kann. Das hat meine Freundin Lisa – wenn sie auf eine Messe geht, bleibt sie meist einfach an ihrem Stand und dann ergeben sich immer genau die passenden Kontakte. Und nun noch die **Eins – die Höhle**. Unübersehbar die Umgebung von Jannis", erklärte Ricarda. Jannis war Julias Halbbruder, der schon 28 war und längst alleine lebte. „Hier geht es darum, dass man seinen eigenen Raum braucht. Der sicher ist, wo niemand reinkommt, den du nicht einlädst. Und – welche Überraschung – Menschen mit dieser

Aktivierung brauchen es nicht wirklich, raus zu gehen. Sie sind meist gern drinnen, aber natürlich ist das schon auch individuell unterschiedlich. Aber die meisten Höhle-Typen mögen Räume, wo die Fenster nicht allzu groß sind und wo sie ein Gefühl von Geborgenheit und Schutz haben." „Weißt du noch der Urlaub in England?" fiel Julia ein. „Wir alle haben den Strand, die Altstadt, die Umgebung genossen. Nur Jannis nicht, der fand das alte Haus so toll, mit der Bibliothek, und er ist doch nur zu den Mahlzeiten zu uns in die Küche gekommen. Und einmal mit raus in den Garten."

„Ja, stimmt", erinnerte sich Ricarda. „Da fällt mir gerade eine Klientin ein, deren Mann hatte ein absolutes Architektenhaus. Es hat sogar Preise gewonnen. Und da war alles aus Glas. Ich fände das ja supercool, total viel Ausblick und Licht und noch dazu in den österreichischen Alpen. Aber meine Klientin konnte es da kaum aushalten. Wann immer sie konnte, ist sie auf die Almhütte gezogen – in so ein altes dunkles Ding mit winzigen Fenstern, hoch oben auf dem Berg, da ging es ihr gut. Und ich habe natürlich direkt mal nachgeschaut – ihre optimale Umgebung ist die „Höhle exklusiv." Erstaunlich, wie gut das alles passt, oder?"

„Duuh, Moom?" Julia zog das Mom in die Länge, wie sie es nur tat, wenn sie eine ihr wichtige Frage stellen wollte. Ricarda wandte sich ihrer Tochter zu. „Ja, Spatz, spuck's aus, worum geht's?" „Sag mal, so eine Human Design Ausbildung, ist die sehr teuer?" Ricarda brauchte einen Augenblick. Könnte es sein, dass ihre 19-jährige Tochter sich tatsächlich ernsthaft für etwas interessierte, was für sie selbst gerade auch das Erfüllendste war? „Nö, das passt schon, warum fragst du?" antwortete sie betont neutral. Auch das hatte sie gelernt, nicht für jeden war ein Lospreschen die korrekte Vorgehensweise. „Ich habe mir überlegt, ob das nicht was für mich wäre. Es klingt so cool und hilfreich, und ich mag es doch auch, mit Menschen zu arbeiten. Und die Infos fühlen sich so viel respektvoller an als dieses „in Schubladen stecken" aus der Uni."

Eigentlich hatte Julia für ein Psychologie-Studium gebrannt, hatte schon mit sechzehn alle gängigen Richtungen erforscht. Doch seit sie in der Uni angefangen hatte, war ihr ein Großteil ihrer ursprünglichen Begeisterung abhanden gekommen. Einerseits, weil sie den Anteil an Statistik und Methodenlehre einfach unterschätzt hatte. „Wenn ich gehobene Mathematik hätte studieren wollen, dann hätte ich das getan, was soll dieser Scheiß?" hatte sie nicht nur einmal gestöhnt, als das Semester begann. Auch die Professoren waren nicht so, wie Julia es sich erhofft hatte. „Man hat die Wahl", sagte sie trocken, „entweder du hast so gelangweilte alte Säcke, die ihre Vorlesungen vor hundert Jahren aufgeschrieben haben und noch immer so halten. Oder aber echte Freaks, die für ihren Bereich brennen und wollen, dass du ´zig Versuchskaninchenstunden absolvierst. Klar gibt es Ausnahmen. Aber nichts, was mich wirklich erreicht."

Und erreicht werden musste Julia, sonst stimmte es nicht, das war Ricarda klar. Ihre Tochter hat das Persönlichkeitsprofil 2/4, ein selektives Naturtalent. Für sie musste es also das wirklich richtig Richtige sein. Dann war es leicht und gut. Ansonsten keine Chance. Etwas zu lernen, das Julia nicht interessierte, war schon während der Schulzeit schwierig gewesen. Zum Glück hatte sie Philosophie, Deutsch, Englisch und Biologie interessiert. Darin war sie eine Art Überflieger gewesen, alles Einsen. Mathe, Latein und Chemie waren allerdings nicht ihr Ding gewesen, aber zum Glück hatte ihr Vertrauenslehrer und Latein- und Erdkundelehrer Herr Straubing einen Narren an ihr gefressen. Weil sie doch in der siebten Klasse in seinem Erdkundeunterricht so engagiert und außergewöhnlich brilliant mitgemacht hatte. Und an dieser hohen Meinung hatte er dann auch später im Lateinunterricht festgehalten, auch wenn schnell klar geworden war, dass hier von Brillianz keine Spur war. Dennoch hatte er ihr einmal im Quartal die Chance gegeben, in deutsch über die Texte zu sprechen – und mit der Eins, die sie dafür bekam, hatte es dann zu einer Vier auf dem Zeugnis gereicht – das kleine Latinum war ja Voraussetzung für das Psychologiestudium.

Es war eigentlich einfach bei Julia. Etwas passte – fantastisch, es war ihres, Julia war dabei. Was aber selten vorkam, denn das meiste passte eben nicht. Dann zog sie sich höflich zurück. Und wenn Julia jetzt so für das Human Design ansprang, auch wenn sie als Projektorin keinen Motor zum anspringen hatte, grinste Ricarda über ihre eigenen Gedanken, dann war das vielleicht genau das Richtige.

„Also Süße, natürlich müssten wir da nochmal genauer darüber reden. Aber ich könnte mir das schon gut vorstellen. Ra hat ja immer gesagt, dass das Human Design genau für diese Übergangszeit, in der wir gerade leben, gekommen ist. Um den Menschen eine innere Orientierung an die Hand zu geben, gerade weil im Außen alles im Wandel ist. Und da braucht es natürlich auch junge Leute, die sich da auskennen." Jetzt konnte sie ihre Begeisterung nicht mehr im Zaum halten und fügte hinzu: „Mein Gott, Julie, wie cool wäre das, wir beide mit Human Design, wir könnten dann ..." „Stop, Mom", unterbrach Julia ihre Mutter, zum Glück lächelnd. „Ruhig, Brauner, du erinnerst dich, nicht jeder rast direkt los. Wenn du mir versprichst, deinen Enthusiasmus ein bisschen zu zügeln, ich hätte da noch ein paar Fragen." „Wo habe ich nur so eine weise, abgeklärte Tochter her", schmunzelte Ricarda. „Du hast ja recht, ich höre einfach mal zu. Frag, was magst du wissen?" Es war ein gutes Gespräch.

Die nächsten Tage waren für Ricarda gar nicht so einfach. Am liebsten hätte sie Julia sofort angemeldet und für sie beide das Sommercamp auf Ibiza gebucht. Oder gleich in den USA. Aber sie hatte ja schließlich dazu gelernt. Und wusste, dass ihre Tochter als emotionaler Mensch Zeit für ihre Entscheidungen brauchte. Und dass sie selbst als Manifestierende Generatorin ihre Impulsivität zwar gern für sich, aber eben nicht für andere als Führung nutzen konnte.

Der Vorteil war, dass Ricarda, um sich abzulenken, tatsächlich genügend Motivation fand, endlich einmal all ihre Schränke aufzuräumen. Sie war so vertieft in ihre Marie-Kondo-nimm-es-in-den-Arm-und-fühle-ob-es-dir-gut-tut-Praxis, dass sie zuerst Julia gar nicht hörte. Erst als ein lauteres „Mooom, wo bist du?" durchs Haus schallte, reagierte sie. „Hier oben, am Kleiderschrank." „What?" entfuhr es Julia mit einem Blick auf die Stapel am Boden, „willst du ausziehen?" „Nee," grinste ihre Mutter, „ich mach nur endlich, was ich seit Jahren vorhatte – aussortieren. Tut richtig gut." Julia konnte es kaum fassen. „Wer bist du, und wo ist meine Mutter? Ich wollte ihr nämlich sagen, dass ich gern die Ausbildung machen würde." Weiter kam sie nicht - Ricarda war aufgesprungen und umarmte ihre Tochter. „Juchu, das wird großartig! Ach Süße, ick freu mir", berlinierte sie in ihrer Begeisterung. Julia lachte. „Ich mich auch. Endlich mal etwas, wo ich wirklich Freude dran habe. Schau mal, ich hab die Charts von allen aus der Clique zusammengestellt. Wie würdest du …?"

Nachdem sie eine Weile ausführlich die unterschiedlichen Typen in Julias Freundeskreis betrachtet hatten – es waren erstaunlich viele sakral offene dabei („wahrscheinlich konnten wir deshalb immer so gut gemeinsam chillen", meinte Julia), kamen sie wieder zurück auf die Variablen. „Ich habe das neulich noch nicht ganz verstanden, glaube ich", sagte Julia, „also man kann die Farbe unter der Linie ablesen. Zum Beispiel für die Motivation, die auf der Seite der Persönlichkeit ist, unter der Linie in Sonne und Erde. Also in der Betrachtung ist es dann so: Erst kommt das Tor. Und weil mein Sonnentor die 48 ist und dahinter eine 2 steht, also 48.2, steht das Sonnentor in der zweiten Linie. Den Rest, also Farben, Töne und so, kann man auf dem normalen Chart nicht direkt ablesen. Also meine Motivation wird bestimmt durch die Farbe, und es gibt ja sechs Farben unter der Linie, die kann man in so einem Programm nachsehen, sagtest du. Und diese Farbe ist bei mir die sechs, die heißt dann Unschuld …"

Ricarda nickte begeistert: „Krass, du bist echt ein Naturtalent. Ich hab ewig gebraucht, bis ich mir das merken konnte." Unbeirrt durch das Lob fuhr Julia fort: „Und auf der anderen, also der roten Seite des Designs, ist dann, wieder in Sonne und Erde unter der Linie abzulesen, welche Art von Ernährung mich unterstützt. Das beides habe ich verstanden. Aber wie kommt man dann zu den Farben für Sichtweise und Umgebung?"

„Die ergeben sich aus den Farben, die aus den Mondknoten abgelesen werden. Auf der Design-Seite findet man da die stimmige Umgebung und auf der Persönlichkeitsseite die Art, wie wir auf das schauen, was wir beobachten, das ist unsere Sichtweise. Die Farbe unserer Sichtweise prägt unseren Blick auf die Welt, wie eine Sonnenbrillenfarbe, eingefärbt auf Sicherheit, oder auf Möglichkeiten, oder darauf, wo die Power ist. Weiterhin kann unser Blick sozial, realistisch oder selbstbezogen sein."

„Ach ja, Mondknoten haben immer mit der Umgebung zu tun, in der wir sind", erinnerte sich Julia. „Ich hab mal was darüber gelesen, dass wir uns in den Mondknoten entwickeln: von den südlichen, die repräsentieren, was wir mitgebracht haben und einfach so können, hin zu den nördlichen. Das finde ich superspannend und hab es mal bei mir angeschaut. Ich hab ja in den Mondknoten genau die gleichen Linien wie in meinem Profil, also auch hier die Zwei im Bewussten und die Vier im Unbewussten. Daher kenne ich ihre Wirkung ja schon ein bisschen. Und jetzt also die Farben dazu. Dann die fünfte Farbe in der Motivation, also müsste das ...", Julia blätterte kurz in ihren Aufzeichnungen, „hier hab ich's, das ist die fünfte Farbe, also realistisch. Ich gucke somit realistisch auf die Welt. Jo, das passt." Sie schmunzelte. „Und in der Umgebung hab ich eine Sechs als Farbe... ach, das war das mit dem Strand." Julia sah, dass ihre Mutter etwas sagen wollte und kam ihr zuvor: „Ich weiß, nicht nur Strand, Übergänge aller Art. Gibt es eigentlich noch mehr, so unter der Farbe?"

„Tut es, aber wenn ich ehrlich bin, so wirklich viel damit anfangen kann ich nicht", gab Ricarda zu. „Es gibt dann noch Töne, die

210

wiederum die Farbe modifizieren. Das ist superinteressant, kommt aber für mich erst im nächsten Kurs, daher kann ich nur so viel sagen: diese Töne sagen etwas über den Weg, den der Einzelne nimmt in der Art, wie er in seiner Sichtweise funktioniert. Ich habe ein Beispiel für dich. Bei der ersten Motivation, Angst, gibt es die Unterscheidung Gemeinschaftsmensch oder Separatist. Und da ist klar, dass der eine sich, um Sicherheit zu erlangen, eher einer Gemeinschaft anschließen wird, und für den anderen mehr Sicherheit darin liegt, es alleine zu machen. So kommen beide letztendlich zum gleichen Ziel – Sicherheit. Aber eben auf einem sehr anderen Weg. Mehr dazu, wenn ich's gelernt habe, beziehungsweise, so wie ich dich einschätze, wirst du mich da noch überholen. Ich habe übrigens mit Sarah, meiner Lehrerin, gesprochen, und von dir erzählt. Sie hat angeboten, dass du, wenn du willst, mit ihr mal einzeln arbeiten kannst, und die ersten Kurse einfach mithilfe der Aufzeichnungen nachholst. Dann könnten wir tatsächlich demnächst zusammen weitermachen. Aber damit lass dir Zeit, kann ja sein, dass du lieber alleine neu anfangen willst."

„Lass uns darüber später reden", meinte Julia, „jetzt gerade will ich noch das letzte Puzzleteil haben. Das sind glaube ich die Basen?" Ricarda seufzte. „Ja, da hast du recht. Aber die finde ich noch ungreifbarer als den Rest. Also gut, ich versuch's … Das, was wir als Aura und Typ bezeichnen, ist eigentlich erst die letzte Auswirkung unserer Geburtsenergien. Es ist ja alles Schwingung und beginnt im kleinsten, feinsten Wirkungsrahmen. Das bedeutet, es fängt bei der Base an (kann man sich gut merken, ähnelt ja dem Wort Basis, Grundlage). Also andersherum als von der Oberfläche, der Körpergrafik, aus gesehen. Ra hat ja die Information bekommen, dass die Neutrinos – elektrisch neutrale Elementarteilchen mit sehr geringer Masse, die alles durchdringen und damit quasi „einfärben" können, uns jeweils in einer ganz bestimmten Weise prägen. Er spricht da von einem Designkristall – keine Sorge, das ist jetzt einfach eine Info, wir müssen da nichts weiter mit machen. Also, dieser erste Kontakt mit diesem Designkristall führt dazu, dass eine von fünf Seiten des Kristalls aktiviert wird. Das ist die Base, die erste, fixierende Ebene. Ihr kennt das doch von Licht, das auf einen Kristall trifft - der Eintrittswinkel bestimmt die Farbe, die wir dann wahrnehmen. Aus der dann für jedes Tor 1080 Möglichkeiten werden, das ist einfach unglaublich, oder?"

„Wie meinst du das?" fragte Julia irritiert, „wie kommen die denn zustande?" „Na ja, es sind fünf Basen, die sich wiederum zu sechs Tönen ausdifferenzieren. Diese dann zu sechs Farben, die sechs Farben dann zu sechs Linien. Je tiefer die Ebene, desto kürzer die Zeiträume der Wechsel, daher braucht man für diese Ebenen die sehr genaue Geburtszeit. In einer Linie ist die Sonne fast 23 Stunden, aber in der Base nur 7,6 Minuten, da gibt es schon echt viele Varianten. So entsteht unsere Geburtsmatrix, übrigens ein altes Wort für Gebärmutter. Der Neutrinostrom imprägniert also unseren Designkristall und den Persönlichkeitskristall mit einer bestimmten, einzigartigen Schwingung. Und der Magnetische Monopol gibt dann unsere Richtung vor. Ich weiss", unterbrach Ricarda sich,, „das sind viele komische Begriffe. Meine Ausbilderin meinte, dass auch dieser Bereich später sehr interessant sein könne, aber zum Verständnis unserer Charts erstmal nicht nötig sei. Das war dann für mich die Erlaubnis, mich erst einmal nicht weiter damit zu beschäftigen, tut mir also leid, wenn ich es nicht ganz so ausführlich erklären kann."

Julia jedoch war bereits Feuer und Flamme. „Sehr cool", nickte sie, „also es heißt ja, wir sind einfach der Fahrgast, der in seinem Körper-Fahrzeug sitzt, aus dem Fenster schaut und dabei seine ganz eigene Sichtweise und Motivation hat. Somit etwas total Einzigartiges sieht, was die anderen so nicht sehen können. Wie genial – wenn wir dann zusammenkommen und unsere verschiedenen Sichtweisen zusammentragen. Dann kriegen wir ja ein echtes 3D-Bild. Und der Fahrer, der uns auf unsere persönliche Reise navigiert, ist der Magnetische Monopol. Abgefahren."

Ricarda schmunzelte. Sie selbst konnte diesen tieferen Ebenen gar nicht so viel abgewinnen, schaute lieber spezifisch, wenn es ihr passend erschien, im Gespräch mit dem Gegenüber dorthin. Aber für Julia schienen gerade diese Ebenen große Faszination zu haben. Und sie musste zugeben: was ihre Tochter sogar ohne den entsprechenden Kurs besucht zu haben, schon über diese Dinge verstand, war beeindruckend.

„Ich habe mir die Audios angehört", gestand Julia, als sie den verblüfften Blick ihrer Mutter sah, „die von deinem Seminar – ihr kriegt ja immer beides, das Skript und die Audios, wusstest du bestimmt gar nicht", neckte sie ihre Mutter. „Und die Erklärungen machen so viel Sinn. Weil, guck mal, je nachdem, wie du auf ein Erlebnis schaust, fühlt es sich anders an, macht andere Synapsensprünge in deinem Gehirn, andere Gedankenmuster, Gefühle, Reaktionen, Bewertungen. Wie die Story mit dem Hammer. Wo der Typ sich einen Hammer beim Nachbarn leihen will und sich so viel Kopfkino macht über dessen mögliche Reaktionen, dass er am Ende wütend beim Nachbarn anklopft und ihn anschreit: „Dann behalten Sie doch Ihren Scheiß-Hammer!" Ich finde auch diese Geschichten so genial, wo man verschiedene Leute zu dem gleichen äußeren Event befragt und vollkommen andere Deutungen zu hören bekommt. Andere Erfahrungen, andere Bewertungen. Wir hatten in der Schule in Philo die Geschichte von den acht Blinden, die einen Elefanten beschreiben sollten. Kannst du dir sicher vorstellen, er war einmal lang und dünn, dann riesig und gewaltig und so weiter. Und so kommt mir das hier vor - nun habe ich endlich ein Beschreibungsinstrument für all diese Differenzierungen."

Die Welt der Linien und Profile

Kaum war ihr Vater am nächsten Morgen vom gemeinsamen Frühstückstisch aufgestanden, holte Julia ihren Laptop hervor. „Okay Mom, du hast mir gestern so viel Spannendes über die 2/4, mein Profil erzählt. Ich fände es super, wenn du mir die anderen Linien und Profile auch kurz erklären könntest, im Internet findet man sooo viel Verschiedenes, da komm ich ja nie zu einem roten Faden."

Ricarda lächelte. „Supergerne. Sobald ich den Aufschnitt weggeräumt habe, geht's los. Aber lass uns in den Garten gehen, dort haben wir es ruhig und ich kann ein bissl Sonne tanken dabei."

Gesagt, getan. Ricarda machte es sich in ihrem Sonnensessel bequem und begann zu erzählen. „Die Persönlichkeitsprofile entstehen ja aus den Linien der Tore in Sonne/Erde, und zwar sowohl aus der bewussten Persönlichkeits-Seite als auch der unbewussten Design-Seite. Dabei ist natürlich der Körper das erste, was sich entwickelt. Die Linien-Qualität hier ist somit das Fundament für die Persönlichkeit, die dann im letzten Schwangerschaftsdrittel entwickelt wird. Das ist also nicht beliebig, sondern hat viel miteinander zu tun. Es ist ja ein Riesenunterschied, ob ich zum Beispiel ein Haus auf einem Betonuntergrund hoch auf dem Berg baue oder auf einer Bambuskonstruktion über dem Wasser, es wirkt sich auch auf das Haus aus."

Ricarda hielt inne. „Interessant eigentlich", sagte sie, „wir sind es gestern andersherum angegangen als es üblicherweise in den Kursen vermittelt wird, und das ist vom Entstehungshintergrund auch richtig so. Aber sichtbar ist eben erst einmal die Oberfläche, repräsentiert durch die Körpergrafik. Ich habe in meiner Ausbildung zuerst die Typen, Zentren, Kanäle und Tore kennengelernt, und dann die Ebene der Linien. Wir beide haben aber gestern zuerst die Ebenen *unter* der Linie besprochen, und genau so entsteht ja unser genetischer

Bauplan. Wie gestern schon gesagt: Die Basen sind die Basis, daraus entstehen die Töne, dann die Farben und schließlich die Linien."

„Bei den Persönlichkeitsprofilen geht´s ja jetzt um die Linien, wenn ich das gerade richtig verstanden habe", sagte Julia, „also die aus der Persönlichkeits-Sonne und der Design-Sonne. Da bin ich gespannt."

„Genau", bestätigte Ricarda. „Dazu erst einmal grundsätzlich: Die sechs Linien sind so eine Art Fokus oder Filter für eine ganz bestimmte Energie. Ra hat damals das Beispiel von einem Haus benutzt. In diesem Beispiel wäre die Eins das Fundament. Und das muss ja sicher sein, sonst kann man da nix drauf bauen. Daraus folgt, dass erste Linien ein großes Thema mit der Sicherheit haben. Sie wollen sich sicher sein. Sie prüfen, forschen, erkunden. Damit das Fundament auch trägt. Aber stell dir mal vor, der Bauingenieur würde in das Fundament für ein Haus überall Probebohrungen machen, um zu checken, ob alles in Ordnung ist – irgendwann wäre das Fundament wie ein Schweizer Käse und nicht mehr tragfähig. Daher ist es total wichtig, dass die Eins sich irgendwann sicher genug ist, um in die Handlung zu kommen. Sie will sich auskennen, und dafür forscht sie, probiert aus. Und wenn sie mal sicher geworden ist, kann sie sehr autoritär sein. Bestes Beispiel wäre dein Opa. Du weißt ja, wenn er einmal von etwas überzeugt ist …" Beide lachten. „Ja", grinste Julia, „dann ist er wie eine Dampfwalze. Nach dem Motto: ich kenne die Wahrheit, alle mir nach."

„In meiner Ausbildung hieß es immer, die Eins hätte zehn Doktortitel und noch niemals einen Job gehabt, weil man ja immer noch mehr und tiefer studieren kann – wenn sie nicht die Drei dabei hätte, wie in Profil 1/3. Das zeigt, wie wichtig die hintere der beiden Linien sein kann. Aber ich bemühe mich jetzt einfach mal, ganz systematisch vorzugehen", rief Ricarda sich zur Ordnung und fuhr fort: „Bei der Zwei – das kennst du ja selber gut – geht's um das Naturtalent. Etwas passt – oder eben nicht. Die zwei ist selektiv. Aber wenn etwas stimmt, so wie eben jetzt offensichtlich das Human Design für dich, dann ist es genau passend und du bist voll da, es fällt dir leicht. Für dich gilt: wenn es leicht und passend ist, dann ist es deine besondere Gabe. Sehr cool eigentlich. Aber anderen nicht so leicht zu vermitteln. Denn wenn etwas nicht stimmt, gibt es die berühmte Mauer bei der Zwei. Den Rückzug – idealerweise in deinen eigenen Raum, und wenn das nicht geht, hinter die Mauer in dir. In dem Hausbeispiel wäre die Zwei dann das Erdgeschoss, verborgen hinter der Mauer, aber es gibt ein „Fenster", durch das sie von außen gesehen werden kann. Und dann tanzt die Zwei drinnen, ganz bei sich, und kommt gar nicht drauf, dass sie gesehen werden könnte. Bis jemand durchs Fenster hineinschaut, den Tanz sieht und die Zwei herauszurufen versucht. (Möchtest du auf meiner Bühne tanzen? Oder auch: Zeig mir, wie dein Tanz geht.) Das ist dann besonders schwierig für die Zwei, denn sie kann es ja einfach, weiß aber gar nicht, wie es geht, wie man es lehrt. Sie ist ja ein Naturtalent, hatte es also nicht einüben müssen. Doch in unserer Welt gilt ja immer noch die Maxime: lernen, hart arbeiten, Prüfung machen - erst dann kann man langsam etwas. Und dann kommt die Zwei und kann es einfach so. Ohne Zertifikat … hehe."

Ricarda lehnte sich etwas vor. „Gaaanz anders wird es bei der Drei. Da nehmen wir Paps als Beispiel. Ein Pragmatiker. Die Drei testet, probiert aus. Findet auf diese Weise auch heraus, was nicht passt, nicht stimmt." Julia lachte. „Oh ja, weißt du noch, wie wir dreimal mit dem neuen Rasenmäher bei Hornbach waren? Kaum hatte Paps ihn in der Hand, stimmte etwas an dem Teil nicht. Oder er greift nach etwas und der Henkel fällt ab. Aber – das muss man ihm zugestehen – wenn ich mal eine Autopanne ohne Werkzeug in der Wüste hätte, ich würde mir niemand anderen als Paps dabei wünschen. Der findet ja wirklich immer eine Lösung. Wenn er nur in manchen Dingen nicht so pessimistisch wäre, was das Neue angeht. Du weißt schon, das Austauschjahr." Da hatte Julias Vater allerdings große Schwierigkeiten. Wenn es um seinen Augenstern, wie er Julia liebevoll nannte, ging, war er weniger fürs Ausprobieren als für die Sicherheit, denn er wisse ja schließlich aus Erfahrung, was alles schief gehen könne … das war sein Vorbehalt, wenn das Thema Schüleraustausch angesprochen wurde. Doch waren sie sich sicher, dass er sein Einverständnis letztendlich geben würde, schließlich war er selbst nicht nur einmal, sondern insgesamt viermal während der Schul- und Studienzeit im Ausland gewesen. Frankreich zu Beginn, dann die USA und schließlich ein Entwicklungsprojekt in Guatemala.

„Stimmt, der Freiheitsdrang deines Vaters hat mir am Anfang auch ein bissl Angst gemacht, so faszinierend ich es auch fand", erinnerte sich Ricarda. „Aber ich finde es auch beeindruckend, er ist halt ein Grenzgänger. Das Normale, was alle machen, interessiert ihn nicht. Aber Schule gründen im Urwald, da war er voll dabei. Wusstest du eigentlich, dass er damals einen Ratgeber herausgegeben hat?" „Klar. Die Dschungelschule. 100 Dinge, die ihr bei einem Schuljahr im Dschungel lieber unterlassen solltet." Julia lachte. „Lass mich raten, mit der bahnbrechenden Auflagenzahl von zehn Exemplaren." „So ungefähr", grinste Ricarda, „es gibt aber sicherlich nur wenige 17-Jährige, die ein halbes Jahr in einer Hängematte im Dschungel ohne Internet verbringen möchten. Aber das Buch war total interessant. Manchmal denke ich, wenn Paps heute so etwas gemacht hätte, würde er es sicher auf YouTube posten. So wie der Fritz Meineke, den du dir gern ansiehst. Da hätte er sicher eine Menge follower. Die Drei ist im Hausbeispiel übrigens die Treppe in den zweiten Stock, sehr beweglich, hin und her kann es gehen."

„Nun zur vierten Linie", fuhr Ricarda direkt fort. „Für mich als Vier sind meine Freunde total wichtig. Ich mag und brauche meine Leute um mich. Okay, das geht auch mal übers Telefon oder Zoom. Aber ohne diesen Austausch, das Gemeinsame, nee, das würde mir nicht gefallen. Man nennt die Vier auch den Netzwerker. Ra hat ihn Opportunist genannt, das finde ich eine total schwierige Bezeichnung, klingt für uns in der deutschen Bedeutung so negativ. Aber gemeint hat er damit, dass es um günstige Gelegenheiten geht, es kommt von „opportunity" aus dem Englischen. Es darf also - und muss sogar – leicht und stimmig sein. Weil die Vier ja eine Botschaft hat, die sie mit der Welt teilen will." Ricarda lachte. „Hehe, wie gut, ich darf sie sogar mit meiner Lieblingstochter teilen."

„Du hast nur eine", grummelte Julia scherzhaft, „aber gut, natürlich wäre ich deine Liebste, egal wie viele Kinder du noch hättest", fügte sie hinzu. „Okay, also die Vier will ihre Botschaft vermitteln, klingt ja so ein bisschen missionarisch."

„Stimmt, so kann es rüberkommen. Aber das Tolle ist, wenn alles stimmt, also wenn die Leute passen – deswegen eben das mit "deine Leute, dein Netzwerk" – dann ist es genau so wie gerade mit uns beiden, dann ist es eine geniale Verbindung, alles stimmt. Ich liebe es, über Human Design zu erzählen. Und du hast offensichtlich total Bock, etwas darüber zu hören. Perfekt. Und in Einem sind wir beide auch ähnlich: wenn jetzt Frau Büngert herüber käme und über die Flüchtlingspolitik und die bösen Migranten sinnieren wollte..," „… würden wir beide dringend wegmüssen", vollendete Julia lachend Ricardas Satz. Frau Büngert von nebenan war ihrer beider Alptraum. Was man tut und was man nicht tut, darin war die Nachbarin nicht zu stoppen. Doch alle drei Meinerts hatten hier die gleiche Haltung gefunden – sie gingen einfach weg. Am schwierigsten war es für Ricarda, die sich immer ein wenig schuldig fühlte, weil Frau Büngert ja schließlich die Nachbarin war… doch auch sie ertrug die negativen Tiraden über den Zustand der Welt im Allgemeinen und in Böblingen im Speziellen einfach nicht.

„Da fällt mir zur Vier noch etwas ein", sagte Ricarda. „Also eigentlich ist die Vier eine superfreundliche Linie. Sie mag Menschen. Freunde sind wichtig, und sie tut viel für andere. Aber wenn die Vier sehr verletzt ist, kann sie zu Eis erstarren. Dann ist nichts mehr von der Freundlichkeit zu spüren, dann macht sie dicht und wirkt hart und unnahbar. Und es kann so weit gehen, dass sie all das, was sie über jemanden weiß, dann gegen ihn verwendet. Denn es ist ja so, dass die Vier, um einflussreich sein zu können, Infos über den Anderen sammelt. Hier ein Beispiel: wenn ich jemandem Human Design nahebringen will, dann kann ich natürlich sagen: „He, ist total spannend, es gibt hier Infos über dich." Doch das ist ja nicht sehr wirkungsvoll. Wenn aber mein Gegenüber erzählt, dass er Probleme in seiner Beziehung hat, und ich sage, dass Human Design helfen kann, sich und den anderen und damit das Miteinander besser zu verstehen, dann habe ich natürlich direkt viel mehr Erfolg. Und solche Infos sammelt die Vier."

„Krass," meinte Julia, „also Freundlichkeit und Gemeinheit als die beiden Extreme der Linie? Das erinnert mich an Tina, du weißt schon, meine frühere Freundin aus der Grundschule. Ich mochte sie eigentlich total gerne. Bis sie dann Streit mit Lydia hatte. Lydia war ja ihre beste Freundin, die beiden waren unzertrennlich. Aber dann gab es wohl irgendeinen Zwischenfall mit einem Jungen, den Tina total mochte und mit dem sich aber Lydia verabredet hatte. Und darüber war Tina so wütend – wobei ich eher denke, verletzt und eifersüchtig – dass sie Lydias privatestes Geheimnis, nämlich dass sie, bis sie acht Jahre war, mittags nach der Schule ein Babynuckelfläschchen mit Kakao getrunken hat, in der Schulzeitung öffentlich gemacht hat. Kannst dir ja vorstellen, was da los war. Und die beiden ignorieren sich bis heute, da geht nichts mehr."

„Ja, das ist tragisch, wenn die eigentlich so warmherzige Vier so zumacht", bestätigte Ricarda. „Helfen würde da nur, liebevoll und zugewandt zu bleiben, dann taut sie wieder auf. Nur ist das meist nicht so einfach. Aber wie gesagt, das ist die Ausnahme, nicht die Regel. In unserem Haus wäre die Vier der Boden der zweiten Etage. Hingewandt zur Welt über den Kontakt mit ihrem Netzwerk, aber immer noch mit dem eigenen Prozess beschäftigt, wie die unteren drei Linien. Man sagt, die Profile 1/3 bis 4/6 sind personal. Das bedeutet, es geht um das eigene Erleben, die eigene Entwicklung, den eigenen Weg. Erst ab der fünften Linie geht es dann ins Außen, zum Anderen, zur Welt. Die Profile 5/1 bis 6/3 sind transpersonal, der Welt zugewandt. Aber auch leichter zu beeinflussen von der Welt."

„Hört sich spannend an," Julia rückte näher zu ihrer Mutter herüber, „dann also weiter mit der Fünf." „Die fünfte Linie ist die Linie der Verbreitung. Optimalerweise soll hier der Allgemeinheit etwas Nützliches zugängig gemacht werden, zum Beispiel praktische Lösungen für das Kollektiv in Form von Informationen. Die typische Dynamik im zwischenmenschlichen Bereich sieht allerdings so aus, dass alle erst einmal offen für die Fünf sind, aber jeder auch auf sie projiziert, was er gern in ihr sehen möchte. Es gibt also eine große Erwartungshaltung, und eine ebenso große Enttäuschung, wenn diese nicht erfüllt wird. Jeder hat natürlich eine andere Erwartung, aber in dieser transpersonalen Linie geht es eben nicht so persönlich zu wie bei der Vier. Wenn eine Vier zum Beispiel verreist, schickt sie „ihren Leuten" Fotos und Filmchen. Die Fünf würde vielleicht eher einen Reisebericht als Blog für eine interessierte Community online stellen, auch mit praktischen Informationen. Damit hat sie eine andere Reichweite und sie muss die Menschen, für die sie die Infos veröffentlicht, natürlich nicht persönlich kennen. Auch Politiker und Autoren sind häufig Fünfer-Profile."

Ricarda nippte an ihrer Teetasse und erklärte dann weiter: „Zusammen mit den Sechsern sind die Fünfer in der Minderheit, denn zwei Drittel der Menschen hat ein persönliches Profil, das heißt, es gibt insgesamt acht persönliche und vier transpersonale Profile. Oh, da kommt mir doch gleich eine Idee", unterbrach Ricarda sich selbst, „nachher kommt eine neue Bekannte vorbei. Sie ist eine 5/1, komm doch gern mal dazu am Anfang, dann kannst du quasi im lebendigen Experiment spüren, was ich meine." Julia nickte erfreut.

„Okay, dann noch die sechste Linie. Sie ist total spannend, weil sie drei sehr unterschiedliche Erlebensphasen hat. Sie startet in den ersten Jahren eigentlich wie eine Drei. Da geht es also ums Ausprobieren und Herausfinden. Aber sie ist keine Drei – die echte Drei findet darin nämlich eine gewisse Befriedigung, die Sechs jedoch nicht. Denn eigentlich sucht die Sechs das, was über das ganz „Normale" hinausgeht, also das Besondere. Viele junge Sechser fragen sich, wie sie denn nur in ihre Familie geraten sind. Und suchen ihre „wahre" Familie, ihre Heimat. Was aber leider meist nicht so gut funktioniert. Daher wenden sich viele einer Fantasiewelt zu, spielen Computerspiele, lesen von anderen Galaxien. Sind enttäuscht von der Welt. Das kann sehr, sehr melancholisch machen; keine andere Linie hat es auch in der Pubertät so schwer wie die sechste. Vor allem, weil „normal" ja einfach nicht erfüllend ist für sie. Wenn dann zum Beispiel die erste Beziehung schief geht, kann so eine Sechs schon mal beschließen, dass sie so etwas nicht braucht und lieber alleine ist."

„Das klingt ja schrecklich", meinte Julia, „bleibt das denn so?" „Nee, zum Glück meist nicht", antwortete Ricarda. „und das heißt auch nicht, dass alles Mist ist, was die Sechs erlebt. Aber es kann sich für sie eben sehr schwierig anfühlen. Besser wird es meist so ab dem ersten Saturn-Return, das ist meist ein bisschen vor dem dreißigsten Geburtstag. Dann wird es irgendwie heller, optimistischer. Da beginnt die zweite Phase - nach dem Ausprobieren in der Welt dann der Rückzug aufs Dach. Gemeint ist damit eine Beobachterposition, man schaut von oben, also von der Meta-Ebene, man ist nicht so involviert, kann eine gewisse Distanz einnehmen. Das ist angenehm für die meisten Sechser. In dieser Zeit kommt dann zwar auch ein Einlassen auf die Erlebnisse in der Welt, auf Beruf und Beziehungen, aber eben immer ein bissl mit Blick von oben. Und dann, so Richtung Fünfzig, wird es richtig interessant. Dann kommt ja der Chiron-Return, ein astrologischer Aspekt, der mit unserer Urwunde, aber auch mit unserer Meisterschaft zu tun hat. Chiron wird daher auch der verletzte Heiler genannt. Er fragt, ob du das lebst, wofür du hier auf die Erde gekommen bist. Dann ist es an der Zeit, dass unsere Sechs herunter vom Dach muss und wieder rein in die Welt. Als Rollenvorbild im Authentisch-sein."

„Wie meinst du das, Rollenvorbild, sollen die Sechser den anderen jetzt irgendwas vorspielen?" fragte Julia verwirrt. „Nee, super Frage. Ganz im Gegenteil. Es geht darum, total echt zu sein, eben gerade nichts vorzuspielen. Und dieses Echt-sein ist für die anderen dann als vorbildhaft zu verstehen. Von daher ist die Sechs ein Wegweiser in die Zukunft, zumal wir uns mit dem Jahr 2027 in eine Zeit der sechsten Linie bewegen. Und das kann man ja heute schon merken, gerade an den jungen Leuten. Ihr habt ja keinen Bock mehr, vierzig Stunden die Woche für irgendeinen Job im Büro zu hängen und brav zu allem ja zu sagen – ihr wollt Sinn. Ihr wollt einen Unterschied machen, authentisch sein. Und genau dafür ist die Sechs ein Wegweiser."

„Okay," nickte Julia und schaute auf ihre Notizen, „das mit den Linien verstehe ich jetzt schon besser. Aber du hast ja bei mir von Profil 2/4 gesprochen, ist das dann die zweite und die vierte Linie zusammen? Wie soll das gehen?"

Ricarda lachte. „Du bist echt klasse, Kind. Ja, wie soll das gehen, das ist eine gute Frage. Die beiden Linien, aus denen sich das Persönlichkeits-Profil zusammensetzt, sind fast alle sehr gegensätzlich. Das ist, als wärst du zwei Personen gleichzeitig. Einer meiner Lehrer hat mal gesagt, jedes Profil sei eine unlösbare Aufgabe, das passt echt gut. Wenn es prima läuft, merkt man davon wenig, dann gehen beide Linien auch mal gemeinsam in eine Richtung. Bei dir vielleicht dann, wenn du mit jemandem zusammen bist, den du wirklich, wirklich magst. Der dich „erreicht" hat. Dann ist ja auch die scheue Zwei voll da und im Kontakt. Und deine Vier, die ja auf der Körperseite ist, ist eben auch froh, in guter Gemeinschaft mit dieser Person zu sein. Also grundsätzlich werden wir natürlich durch die Profile noch weiter differenziert. Generator ist eben nicht Generator – wenn er Profil 2/4 hat, ist er zum Beispiel ein total anderer Mensch als einer mit Profil 3/5."

„Wie entstehen denn die Profile eigentlich genau?" fragte Julia. „Ich weiß ja, es sind die Linien von Sonne und Erde in Persönlichkeit und Design. Aber wieso sind sie unterschiedlich?"

„Das liegt daran, dass ja 88 Grad, also knapp drei Monate Unterschied, zwischen der Design-Sonne/Erde und der Persönlichkeits-Sonne/Erde liegen. Letzteres wird ja fixiert, wenn das Kind geboren wird, das ist der Berechnungszeitpunkt. Und von da ausgehend wird dann eben das Design ablesbar. Das ist die rechnerische Betrachtung - natürlich ist das Design, also der Körper, vor der Entwicklung der Persönlichkeit da. Und sei mir nicht böse, Julchen, dieser Berechnungsaspekt vom Human Design ist nicht so meins, du kennst mich ja, alles, was mich auch nur entfernt an mathematische Formeln oder Physik erinnert, lähmt mein Gehirn", seufzte Ricarda. „Was ich aber sagen kann: Durch diese 88-Grad-Sache gibt es zwischen den häufigen Profilen wie 1/3, der 2/4, der 3/5 etc. auch welche, die seltener sind, daher haben sie nur 2,5 Prozent der Menschen – das sind dann die 1/4, die 2/5, die 3/6 bis hin zur 6/3. Ich würde auch gar nicht versuchen, das alles auswendig zu lernen. Mir hat es total geholfen, mir für jedes Profil eine Person auszugucken, die diese Eigenschaften für mich sehr fühlbar macht. Du als 2/4 bist ein Superbeispiel. Weil du entweder zurückgezogen und sehr selektiv bist – oder voll da. Und das, was du so grandios kannst, ist einfach schon eingebaut, lernen musstest du ja eigentlich nie." Das stimmte, Julia war das perfekte Beispiel für ein Naturtalent, immer schon gewesen. Und was sie nicht mochte oder wollte, hatte eh keine Chance. So wie Mathe. Aber das machte nichts, denn es gab ja zum Glück die Biologie, die sie begeisterte, und damit hatte es auch fürs Abi gereicht.

„Die Profile bitte der Reihe nach, Mom, dann kann ich mir ein paar Stichworte hinter die Linien von vorhin schreiben," bat Julia.

„Also, die 1/3. Tante Sophie, ganz eindeutig." Das reichte eigentlich schon. Denn beide hatten die gleiche Assoziation. Tante Sophie hatte nie geheiratet, sie war schon als Kind eine kleine Forscherin und auch später hatte nichts anderes Platz gehabt in ihrem Leben. Sie hat Chemie studiert, promoviert, mehrere Doktortitel in organischer und anorganischer Chemie erworben und mehrere Forschungsstipendien erhalten – das letzte war eine Expedition ins sibirische Eis, um Bodenproben zu nehmen. Sie hatte nie lehren wollen, weil es ja immer noch viel mehr zu berücksichtigen galt, als sie bis dahin wusste, so hatte sie es erklärt. Jetzt mit 65 Jahren ist sie Dekanin geworden und hat sich endlich bereit erklärt, auszubilden. Hatte mehrere Fachbücher veröffentlicht und offensichtlich zu der Sicherheit gefunden, die ihr jetzt die Autorität einbringen ließ, die sie schon Jahrzehnte vorher gehabt hatte.

„Für eine 1/4 habe ich Richard Wetzel im Angebot, Papas Kollegen und Freund", fuhr Ricarda fort. „Da ist ganz offensichtlich auch die Suche nach Sicherheit und Erkenntnissen. Aber er will das dann auch teilen; du erinnerst dich, dass er immer irgendwas gefördert hat. Den Forscherclub am Gymnasium, den Debattierclub in der zwölften Klasse, den Ruderverein. Grandios und hilfreich, aber manchmal auch sehr vereinnahmend." „Stimmt, ich war ja mal mit dabei, als er die morgendliche Joggingrunde eingeführt hatte", fiel Julia ein. „Der ist schon nett. Aber ich wollte doch nicht jeden Tag mit ihm laufen gehen, halt nur manchmal. Doch er wiederum wollte mich „weit bringen", wie er meinte, weil er doch mein Talent sah." „Aber im Großen und Ganzen sind die 1/4-Profile halt sehr interessiert am anderen, hingewandt und zuverlässig", relativierte Ricarda. „Stimmt, Richard hatte immer ein offenes Ohr für alle. Das war toll, man hatte das Gefühl, ihm alles erzählen zu können", erinnerte sich Julia.

„Dann kommt die 2/4, das haben wir ja vorhin schon an deinem Beispiel angeschaut. Die 2/5 ist „vorne" ähnlich wie du, aber mit der fünften Linie kommt halt das Projektionsfeld stark mit hinein. Und das kann schwierig werden, weil die Zwei ja so selektiv ist. Und wenn dann der andere noch auf dich projiziert, dass du sein neuer bester Freund bis …. daher ergreifen viele 2/5er von vornherein die Flucht, sind sehr zurückgezogen, außer es passt eben wirklich, wirklich gut. Sie sind aber gleichzeitig super charmant und können oft wirklich etwas sehr Besonderes vermitteln. Das erinnert mich an meine Schauspiellehrerin Raya Müller. Allein schon der Name", schmunzelte Ricarda bei der Erinnerung. „Sie war so toll, wir waren alle ein bissl verliebt in sie. Und im Unterricht war sie grandios. Hat uns wirklich was beigebracht. Aber wehe, du fragtest sie etwas Privates – bums, war die Jalousie runter und die Mauer aufgebaut. Ich glaube, sie hatte einfach totale Angst, man würde sie vereinnahmen wollen. Dabei wollten wir einfach nur ein paar mehr Tipps von ihr haben. Ich glaube, sie hat ihre Begabung manchmal verflucht, aber gleichzeitig war sie einfach die bereicherndste Lehrerin, die ich je kennengelernt habe."

Ricarda machte eine kurze Pause, bevor es weiterging. „Nun zu Profil 3/5. Susanne. Mehr brauche ich nicht zu sagen, oder?" Sie lachte. Susanne, ihre Schwester war eine leidenschaftliche Fotografin. Und Bühnengestalterin, Coach, Paartherapeutin, Meisterin im Reparier-alles. Hauptsache neu, unerwartet, herausfordernd und bitte nicht langweilig. In ihrem Fotostudio baute sie jeden Tag neue Fotowelten, fuhr zu Klienten nach Hause oder mit ihnen den Wildwasser-Canyon hinunter. Abwechslung bitte. Das faszinierte die Männer, und jeder, der Susanne kennenlernte, glaubte, mit ihr nun die Frau fürs Leben gefunden zu haben. Und anfangs war es immer toll, beide haben die Beziehung genossen, bis Susanne es dann aber meist zu eng wurde. Vor allem, wenn ein Ring ins Spiel kam. Sie sei doch kein Vogel, dem man einen Ring anlegen und ihn dann in den Käfig sperren könne, hatte Susanne dazu gemeint. Und weg war sie. Nicht immer ohne Kummer, aber bei der Entscheidung „Liebe oder Freiheit" gewann die Freiheit, jedes Mal. „Das haben wir doch schon in Reli gelernt, du sollst dir kein Bild machen", grummelte Susanne, wenn wieder mal ein Kerl ihr erzählen wollte, wie sie denn sei und wie ihr gemeinsames Leben seiner Vorstellung nach aussehen würde. „Am Anfang finden sie es toll, was ich so alles unternehme. Aber kaum sind wir zusammen, erwarten sie, dass ich jeden Abend mit ihnen „Wer wird Millionär" gucke, die ham' sie doch nicht mehr alle", empörte sie sich."

„Perfekt, Mom, danke. Dieses Bild der 3/5 werde ich mir gut merken können. Inwieweit ist denn dann die 3/6 anders?" fragte Julia. „Na ja, es bleibt das Experimentieren der Drei. Aber nun ist sie ja auf der körperlichen Seite gepaart mit dem sehr „eigenen" Körper der sechsten Linie, du erinnerst dich, eine Sechs muss ja sehr authentisch, eben „eigen" sein, es geht um das Darüber-hinaus. Und da ist eben vieles, was nicht passt. Worauf man sich nicht einlassen will. Das kann grandios sein, dann experimentieren sie mit etwas Ungewöhnlichem. Aber im Schatten wollen sie einfach weg, weil die Welt, so wie sie ist, für sie nicht stimmt. Dann streitet in ihnen ein „reinspringen" mit einem „igitt, weg von hier." Ricarda lachte. „Dann können sie schon ordentlich von oben herab schauen auf die Mängel der Welt. Meine Oma war so. Ihr Standardurteil für das meiste war „belanglos" - ob es nun die Serie war, die meine Mutter gern guckte oder das Treffen mit Freunden. Dabei konnte sie echt toll sein. Einmal (ich hatte gerade meinen Führerschein und wir waren zusammen unterwegs) war es glatt auf der Straße und das Auto hat sich einmal gedreht; zum Glück war niemand da und es ist nichts passiert. Da hat Oma nur völlig cool gemeint: „Muss ja keiner wissen, fahr uns jetzt mal schön nach Hause". Das war mega."

„Moment mal!" rief Ricarda plötzlich und sprang auf, kramte in ihrer Sammelschublade, in der alle Zettel landeten, die sie als relevant einstufte, aber nicht wusste, wohin damit. „Da, ich wußte es", strahlte sie und kam mit einem Stück Zeitung zurück, auf dem ein Geburtsdatum stand. Annika Westfahlen. Eine Kommilitonin aus der Uni, ebenfalls mit Profil 3/6. „Das war ein schräger Vogel, sag ich dir. Einerseits ging ihr Familie über alles, traditionsbewusst organisierte sie Feste mit über hundert Verwandten aus aller Welt. Fantastische Künstlerin, sie malte in Öl, Acryl, und experimentell mit den Füßen, war ihrer Zeit aber irgendwie voraus – jedenfalls wurde es nie etwas mit dem Erfolg. Aber weshalb ich das erzähle – sie hatte so ein Ding mit sehr speziellen Dating-Apps." Ricarda zögerte, sie hatte in ihrer „ich darf über Human Design erzählen" – Begeisterung kurz vergessen, dass ihr gegenüber ja ihre Tochter saß.

„Mom, jetzt erzähl weiter, oder glaubst du, ich weiß nicht, was es für Dating-Apps gibt? Und wenn du es so zögernd beschreibst, ist es wohl nicht einfach ein swipe bei Tinder, oder?" drängte Julia grinsend. Ricarda räusperte sich. Irgendwie erschien es ihr ein wenig unpassend, der eigenen Tochter von den speziellen Vorlieben ihrer Bekannten zu erzählen. Sie seufzte. „Na gut. Also. Annika stand auf so Rollenspiele, wo sie dann tun musste, was der Mann will." „Du meinst BDSM", sagte Julia trocken. Ricarda schluckte. „Ich bin wohl doch spießiger als ich dachte, Julchen. Na ja, wieder eine Erkenntnis mehr über mich. Also ja, genau das. Und das passt ja schon auch zur Drei. Grenzgängerisch, ausprobieren, Wege gehen, die andere noch nicht gegangen sind. Aber der Clou daran war, dass sie, mit ihrem sechslinigen Körper, in der echten Begegnung mit dem Mann oft sofort ausgestiegen ist, so nach dem Motto: "in echt geht der gar nicht". Oder aber – und das fand ich damals so absurd, verstehe es heute natürlich besser – sie wollte auf diesem Weg ihren Lebenspartner finden. Also sich auf Seelenebene austauschen und so. Und war dann immer total enttäuscht, wenn die Typen dafür keinen Sinn hatten."

„Und wie ging das weiter?" wollte Julia wissen. „Das Leben hat eingegriffen", meinte Ricarda, „nachdem Annika, bedingt durch einen Unfall und langer Arbeitsunfähigkeit, in der Reha dann auch Therapie gemacht hatte, war dieses Bedürfnis in ihr dann einfach weg. Sie hat in der Klinik sogar noch ihren späteren Mann kennengelernt, ab da waren sie unzertrennlich. Krasser Typ, Kampfmittelräumer beim Bund war er glaube ich. Somit auch ein Grenzgänger. Aber unglaublich herzlich. Und sehr spirituell. Ich glaube, da hat sie dann wirklich alles gefunden, was sie bei den anderen Experimenten gesucht hatte."

Mit diesen Worten beendete Ricarda erst einmal ihre Beispiel-Geschichten zu den Profilen und begann den Tisch freizuräumen. „So Süße, morgen mehr, ich muss jetzt den Kuchen belegen, gleich kommt doch meine 5/1er Freundin. Bin gespannt, wie du sie findest." Julia ging in die Küche, holte das Kaffeegeschirr und schnell war alles vorbereitet. Sie liebte Kuchen über alles, allein schon dafür war es gut, dass ihre Mutter sie dazu gebeten hatte, sonst hätte sie wohlerzogen warten müssen, bis der Besuch weg war.

Drei Stunden später half Julia ihrer Mutter beim Abräumen. „Und?" wollte Ricarda wissen, „wie fandest du sie? Ich hatte den Eindruck, dass ihr euch mochtet." „Ja und wie!" Julia war begeistert, „Die ist ja krass nett. Und dass ich sie echt auf ihrem Hof besuchen soll, wenn sie die Fohlen haben, genial. Sie ist mit Abstand die netteste Freundin von dir, Mom. Ich könnte mir echt vorstellen, im Sommer auf ihrem Hof mitzumachen."

Ja, Annette hatte voll gepunktet bei Julia, dachte Ricarda, sagte aber zu ihrer Tochter: „Nun, wie Oma Inge immer gesagt hat: immer schön langsam mit den jungen Pferden. Stimmt, Annette ist supernett. Und die Einladung ernst gemeint. Dennoch wäre mein Rat, sie nicht zur „neuen besten Tante" zu machen, denn sie kann auch sehr launisch und sehr eigen sein. Und dann ist sie nicht verfügbar, auch wenn man etwas mit ihr unternehmen will. Versteh mich nicht falsch, natürlich erwarte ich nicht, dass sie parat steht, wenn ich ausgehen will. Aber es war anfangs gar nicht leicht, zu verstehen, dass sie einerseits wirklich der tollste, aufgeschlossenste, hingewandteste Mensch ist, und dann ist die Tür zu und sie ist weg. Kein Kontakt.

Da war ich erstmal sehr enttäuscht. Mithilfe des Human Design habe ich mittlerweile verstanden, dass man einfach viel von den eigenen Wünschen auf so eine Fünf projiziert. Ich suchte halt eine coole Freundin, mit der man auch mal was unternehmen kann. Wir waren sechzehn und wollten die Welt erobern. Und ich dachte, Annette sei perfekt dafür. War sie auch, bis sie es eben dann auch mal nicht war. Und über die Jahre habe ich sie natürlich besser kennengelernt. Sie konnte beides sein – total da, dann klappt alles, was man mit ihr anpackt, oder sie war weg und ich musste lernen, dass es ja meine

Erwartung war, die ent-täuscht wurde, nicht etwa, dass Annette falsch war", erinnerte sich Ricarda.

„Annette hatte ein krasses Leben", erzählte sie schließlich weiter. „Ihre Familie hat schon, als sie ganz klein war, beschlossen, dass sie genau so eine große Pianistin werden müsste wie ihre Großtante Lene mütterlicherseits es hätte werden können (die mit Anfang zwanzig von den Nazis ermordet wurde, weil sie einer jüdischen Frau Unterschlupf in ihrem Keller gewährt hatte). Na, und Annette sollte nun quasi Großtante Lenes Unvollendetes erfüllen. Während andere Kinder im Sandkasten spielten, musste Annette Klavier üben; wenn andere Kinder sich mit Freunden trafen, war sie in der Akademie. Das Wunderkind, so haben sie alle genannt. Und schließlich hatte sie dann auch den von allen ersehnten Auftritt in der Carnegie Hall. Was Annette selber wollte, hat sie lange gar nicht gewusst, die anderen wussten es ja offensichtlich eh besser, und so hatte sie sich angepasst. Erst mit 42 Jahren ist sie aufgewacht. Hat von einem Tag auf den anderen ihre Musikkarriere beendet, einen Pferdehof gekauft und sich aus der Öffentlichkeit zurückgezogen. Du hättest mal die Presse lesen sollen, grauenvoll, was da alles an vermeintlichen Enthüllungsstories kursierte. Das ist das Drama der Fünf – erst einmal sehen alle das Tolle in dir, das, was sie sehen wollen. Und wenn du dann anders bist – beziehungsweise so, wie du im Grunde deines Wesens immer warst – dann sind sie von dir enttäuscht und machen einen Riesenwirbel drum. Sooo ungerecht."

„Aber", warf Julia ein, „du hast doch erzählt, dass Annette total viel für einen anderen Umgang in der Pferdezucht und bei Wettbewerben für Turnierpferde bewirkt hat?" Ricarda nickte. „Ja, hat sie. Die Tierschutz-Organisationen haben sie richtig gehyped, da hat ihr Name wirklich geholfen. Sie hat für jede Zucht individuelle Verbesserungen entwickelt, total genial. Aber auch da wieder – die Leute machen sich halt ein Bild von ihr. Der echte Mensch Annette wird nicht gesehen. Daher geht sie selten aus, höchstens mal so ein Kaffeetrinken bei Freundinnen, wie heute hier. Aber dich mochte sie wirklich, Julia, das hat sie mir im Hinausgehen gesagt." Ricarda schmunzelte. „Nichts anderes habe ich erwartet. Wer mein Lieblingskind nicht mag, wäre eh nicht meine Freundin", sagte sie und küsste Julia liebevoll auf die Nase. „Kuhkuss gefällig?" neckte sie ihre Tochter, die sich erwartungsgemäß schüttelte beim Gedanken an die Szene in einem Film aus der Kindergartenzeit.

„Nix da, Mutter", meinte Julia mit gespielter Strenge, „jetzt fehlen mir also noch die 5/2, die 6/2 und die 6/3. Was ist mit denen?"

„Also: alle diese Profile ab der 5/1 nennt man, wie gesagt, transpersonal. Weil sie eben die Anderen, das Außen im Blick haben. Und dadurch auch beeinflusst werden, weit mehr als die vorherigen Profile. Die 5/2 ist eine herausfordernde Mischung, weil eben das Projektionsfeld der Fünf sich mit der scheuen, zurückgezogenen, selektiven Zwei trifft. Onkel Hans wäre für mich das perfekte Beispiel für die 5/2, obwohl ich bei ihm nicht ganz sicher bin wegen der Uhrzeit, das ist ein bisschen auf der Kippe. Aber so, wie er sich auf Permakultur mit alten Sorten konzentriert hat und – obwohl er ja nun überhaupt nichts mit Facebook, Instagramm und anderer Werbung zu tun hat, keine Homepage und keine Visitenkarten hat – in der Szene als die Koryphäe schlechthin gilt, also der muss einfach eine 5/2 sein. Wie war noch gleich der Lehrbuchsatz? Ich vermittle der Welt spezialisierte, praktische Lösungen aus meiner Passion heraus."

„Das passt so sehr auf Onkel Hans", fand Julia. „Allemal passender als „egozentrischer elitärer Spinner", wie Tante Linett ihn beim letzten Familientreffen genannt hat," nickte Ricarda. „Ja, die liebe Familie, da passt eben nur rein, wer sich entsprechend verhält", dachte sie.

„Nun zur 6/2, vielleicht eines der wichtigsten Profile für die „Neue Zeit." „Hehe, meine Mutter, die New-Agerin", neckte Julia Ricarda, „aber ich ahne schon, was du damit meinst. Die Sechs will doch immer über das Normale, Gewöhnliche hinaus, oder? Und das war doch auch die Linie mit den drei Phasen." „Genau", nickte Ricarda. „Und hier habe ich ein richtig cooles Beispiel. Komm, wir gehen ins Wohnzimmer auf die Couch, hier im Garten wird's mir langsam zu frisch, und die Geschichte dauert ein bissl. Außerdem brauche ich noch einen Tee."

Nachdem sie es sich auf der großen Couch gemütlich gemacht hatten, begann Ricarda zu erzählen. „Die Geschichte handelt von Nathan, dem Sohn unserer Nachbarn – also in der Zeit, als ich in die Oberstufe ging, danach sind wir ja nach Rheinsberg gezogen. Nathan war natürlich schon durch seinen Namen irgendwie anders, fiel auf, aber das war ihm egal. Irgendwie hatte ich bei ihm immer den Eindruck, dass er eigentlich gar nicht hier auf der Erde sein will. Wir haben uns manchmal unterhalten, weil er sich ein Baumhaus gebaut hat, das direkt neben meinem Lieblingskletterbaum war – das Zurückziehen-wollen von der Familie hatten wir auf jeden Fall gemeinsam.

Nathan war ein total faszinierender Gesprächspartner, weil er sich mit ganz vielen Dingen unglaublich gut auskannte. So Ungewöhnliches halt, von Quantenphysik über Ökosysteme bis hin zur Raumfahrt. Aber vor allem hat er Programme geschrieben – das mit dem Computer war ja in den 90ern groß im Kommen. Und Fantasy-Romane hat er gelesen; er verschlang alles, was mit anderen Welten zu tun hatte. Dafür hatte er sich sogar eine Lampe in seinem Baumhaus installiert. Einmal meinte er, das wäre der einzige Ort auf der Welt, wo er sich halbwegs okay fühlen würde. Habe ich damals gar nicht so ganz verstehen können, wie tragisch das eigentlich für ihn gewesen sein muss."

Ricarda seufzte und erzählte dann weiter: „Nathans Vater ist verunglückt, als er sechzehn war, und wenig später ist seine kleine Schwester an Leukämie erkrankt. Und da er ja schon so „groß" war, hat ihn die Mutter dann einfach alleine zuhause bleiben lassen, wenn sie mit der Schwester in die Klink und später in die ganzen Rehas musste. Er hat immer gesagt, dass es voll okay ist, aber heute denke ich, das war schon ein bisschen viel für einen so jungen Menschen. Ich glaube, dass er schon sehr depressive Züge hatte, er ist dann auch nicht mehr zur Schule gegangen, obwohl er wirklich brilliant klug war. Aber eben auch klug genug, sich die Leute vom Leib zu halten. Seine Mutter hat ihm dann aber quasi die Pistole auf die Brust gesetzt und gesagt, er soll entweder eine Lehre machen oder zu ihrem Bruder nach Kanada auf die Ranch gehen. Natürlich hat sie nicht damit gerechnet, dass er wirklich geht – sie war total schockiert. Aber was sollte sie tun, es war ja ihr eigener Vorschlag gewesen, wenn auch aus der Hilflosigkeit geboren. Und Nathan hat einfach sein Zeug gepackt, eine Tasche nur", Ricarda grinste bei der Vorstellung, „für mich unvorstellbar, ich brauch ja immer kofferweise Zeugs. Aber er meinte nur trocken: „Bedeutet mir eh nix. Was soll ich es also mitschleppen." Und ging. Dann habe ich fast fünfzehn Jahre nichts von ihm gehört; außer durch Hörensagen von meiner Mutter, dass er wohl eine Weile bei seinem Onkel auf der Farm gewohnt hat, dann aber einfach auf und davon in die Wildnis gegangen sei."

„Krass", entfuhr es Julia, „wie der Typ bei „Into the Wild" von Sean Penn - das ist so ein geiler Film, nach einer wahren Begebenheit. Da geht er auch einfach los, raus in die Wildnis. Allerdings endet es tragisch, er vergiftet sich aus Versehen und keiner weiß Bescheid."

„Den haben wir doch sogar zusammen gesehen", erinnerte sich Ricarda. „Ja, bissl ähnlich stelle ich es mir tatsächlich vor. Wobei Nathans Geschichte schon eine grandiose Wendung genommen hat. Er hat wohl tatsächlich fast ein ganzes Jahr allein in der Wildnis gelebt. Über diese Zeit hat er später nie gesprochen. Dann ist er bei einer seiner Kanutouren einem anderen Einsiedler begegnet. Der Typ war schon über siebzig, aber topfit und lebte immer wieder jahrelang in einer Art Lodge in den Bergen. Er war nur zufällig unten am See zum Fischen. Lange Geschichte kurz: er lud Nathan ein, mit zu ihm in die Lodge zu kommen und Nathan nahm an. Daraus wurde wohl so eine Art Meister-Schüler-Beziehung wie in den Asienfilmen. So genau hat Nathan auch das nie erzählt, nur, dass es ihn vollkommen verwandelt hat. Und verändert war er in der Tat. Der Mann, der nach fünfzehn Jahren kanadischer Wildnis zurückkam, war ein völlig anderer als der pessimistische, weltfliehende Jugendliche. Unglaublich charismatisch." Ricarda machte eine kurze Pause und lachte. „Wenn ich damals nicht schon in deinen Vater verliebt gewesen wäre – wer weiß." Als sie den entsetzten Blick ihrer Tochter sah, musste sie grinsen. „Jetzt guck nicht so schockiert, da war nie was und stand auch nie zur Diskussion. Aber Nathan war eben ein Wahnsinnstyp, weil du einfach diese innere Stärke gespürt hast, irgendetwas, das wirklich nicht von dieser Welt war. So eine Klarheit und Echtheit. Unbeugsam und authentisch, und dabei irgendwie gütig."

„Und wo ist er jetzt?" wollte Julia wissen. „Er lebt, glaube ich, irgendwo ländlich im Hunsrück, mit seiner Frau und drei Kindern aus ihrer ersten Ehe. Hat ein Grundstück gekauft, riesig, ohne Ende Wald und Felder. Hat das meiste da wohl selbst gebaut und lebt autark." „Und wie finanziert er das?" wollte Julia wissen.

„Das war wohl ein weiterer Glücksgriff. Nathan hat – nachdem er aus der jahrelangen Einsiedelei in Kanada zurückkam – eine Weile in Frankfurt gelebt, weil seine Mutter inzwischen dort wohnte und seine Hilfe brauchte. Und hat „just for fun", wie er es nannte, ein bisschen an der Börse gespielt. Ich glaube, er war damit genau deshalb so erfolgreich, weil es ihm nicht so wichtig war, wie es ausgeht. Und dann hat er, als es für das Grundstück und das Haus reichte, einfach aufgehört. Alle waren entsetzt, jetzt, wo es doch gerade so gut lief. Hat ihn aber nicht interessiert – wieder hat er alles losgelassen und ist aufs Land gezogen. Das war vor vier Jahren. Und jetzt lehrt er ein Leben mit der Natur, er gibt Seminare. Ganz ohne Agenda. Einfach mit ihm sein – das bewirkt wohl so viel in den Leuten, dass es mittlerweile mehrere Orte in Deutschland gibt, wo die Nathan-No-Method angewandt wird."

Julia griff nach ihrem Handy. „Was machst du?" fragte Ricarda. „Ich schau mal, was es so über ihn im Internet gibt, der Typ klingt echt so spannend", erwiderte Julia. „Boah, guck mal, der hat sogar ein Buch geschrieben – gibt es allerdings nur auf Englisch – „Beyond the realm of the ordinary" heißt es. Ich glaube, das bestell ich mir." Ganz offensichtlich war es für den Abend vorbei mit dem Human Design, was aber auch Ricarda entgegenkam, denn es war gerade eine neue Staffel ihrer Lieblingsserie erschienen und sie freute sich darauf.

Bereits am nächsten Morgen – es waren ja Ferien – wollte Julia etwas über das Persönlichkeitsprofi 6/3 erfahren. „Das steht ganz am Ende der Reise", begann Ricarda, „und ist eine Herausforderung. Da hast du die Selektivität der sechsten Linie - und die Körper-Drei zieht sie immer wieder raus ins Leben, ins Experimentieren. Ganz hart am Anfang, so als Doppel-Drei."

„Ja, weil ja die ersten rund dreißig Jahre die sechste Linie wie eine dritte Linie Erfahrungen sammelt, aber nicht so robust ist wie die Drei, und deshalb oft enttäuscht oder zumindest nicht erfüllt wird von den Experimenten", ergänzte Julia.

„Mein Gott, Kind, du überholst mich noch bis zum Ferienende", lachte Ricarda. „Aber ja, so ähnlich ist das. Trial and Error, Versuch und Irrtum. Verbindungen eingehen – und wieder heraustreten. Buntes Leben. Und alles auf der Suche nach dem Besonderen, das darüber hinausgeht. Mega innovativ, visionär. Oder so enttäuscht von der Welt, dass sie sich total zurückziehen."

Ricarda dachte einen Augenblick nach. „Ich erinnere mich an die Tochter einer langjährigen Klientin, die dieses Profil hat", fiel Ricarda plötzlich ein. „Ihre Mutter ist bestimmt zehn Jahre regelmäßig zu mir gekommen und später dann in größeren Abständen, daher kenne ich die Geschichte gut. Es war nicht einfach für meine Klientin, ihre Tochter hat derart heftige Eskapaden hingelegt, dass sie selbst bei sich schauen musste, wie sie damit umgehen kann. Feride heißt ihre

Tochter, als hätten die Eltern schon gewusst, dass das ein besonderer Weg wird." „Wieso?", wollte Julia wissen. „Feride ist persisch und heißt einmalig, einzigartig, eigensinnig. Und das war sie wirklich seit ihrer Geburt. Ich fang mal so an: zum Glück hatte sie entspannte Eltern. Ich hätte, glaube ich, die Krise gekriegt, wenn du so viel Chaos gebracht hättest", schmunzelte Ricarda bei der Vorstellung und erzählte weiter:

„Ferides Kleinkindzeit lasse ich aus, auch wenn das schon besonders war. Sie hatte nämlich ein Faible für Obdachlose, hat lange Unterhaltungen mit ihnen geführt (mit zwei Jahren sicher sehr niedlich) und ihr Essen mit ihnen geteilt. Einmal kam sogar einer zu ihnen nach Hause, weil Feride ihn eingeladen hatte, in der Garage zu wohnen. Da war sie vier. Mit fünf ist sie dann von zuhause weggelaufen. Aber nicht so ein kindliches „ich-geh-mal-um-die-Ecke-und-bin-nach-zwei-Stunden-wieder-da-weglaufen". Sie war fast zwei Tage verschwunden. Feride hatte ganz allein den Bus in die Stadt genommen und ist von dort in einen Reisebus nach Italien eingestiegen."

„What?" unterbrach Julia ihre Mutter, „mit fünf Jahren? Das denkst du dir doch aus!" Ricarda schmunzelte. „Gerade, weil die Geschichte so unglaubwürdig war, habe ich es mir so gut gemerkt. Hintergrund war, dass Feride mit ihren Eltern kurze Zeit vorher in Italien im Urlaub gewesen war. Und da der Vater beruflich dort zuvor zu tun gehabt hatte, war ihre Mutter mit ihr im Reisebus runtergefahren, um den Vater vor Ort für den Urlaub zu treffen. Feride hatte sich wohl den Namen des Busses gemerkt – lesen konnte sie natürlich noch nicht, aber für das Bild des Reisziels auf dem Bus hatte es wohl gereicht. (Darauf gekommen war sie, weil im Radio eine Frau in der Lokalzeit erzählt hatte, dass sie am folgenden Tag mit dem Reisebus nach Amalfi fahren würde). Und da auf der Tour viele Familien mit Kindern waren, ist sie einfach nicht aufgefallen – jeder dachte, sie gehöre zu der Familie nebenan. Daher hat sie auch ausreichend Essen und Trinken gehabt, Kinder teilen ja gern."

„Ja, aber warum hat sie das denn gemacht, einfach so aus Jux und Dollerei?" fragte Julia. „Nicht ganz. Im Urlaub hatte Feride Freundschaft mit dem Restaurantbesitzer geschlossen, bei dem sie immer zu Mittag aßen, und - er sprach fließend Deutsch und hat ihr ein echtes Seepferdchen geschenkt - sich wohl bei ihm heimisch gefühlt. Ihre Eltern haben versucht, herauszufinden, was genau es war, das sie so zu ihm hingezogen hatte, konnten es sich aber nicht erklären. Es war wohl ein echtes Drama, als sie abgereist sind, Feride hatte geschluchzt, als würde sie ihr Leben verlieren. Und deshalb ist sie wieder hingefahren. Der muss geguckt haben, als die kleine Maus einfach bei ihm vor der Tür stand, ganz alleine. Zum Glück hat er dann sofoert die Polizei und natürlich die Eltern kontaktiert, und Feride wurde abgeholt. Aber damit fing die ganze Geschichte eigentlich erst an. Ich meine, na klar, alle Kinder bauen mal Mist, doch Feride hat immer noch einen drauf gesetzt. Aber, das muss man ihr zugute halten, es waren immer nur kurze Phasen. Mit 13 Jahren hatte sie einen 37-jährigen Freund, der war so ein Weltverbesserer-Typ, Sozi mit Esoterik-Touch und einer Prise Osho. Klar kann das einen Teenager faszinieren. Stell dir vor, er wollte sie dann heiraten!! Das war ihr allerdings too much und sie trennte sich. Dann kam ein kurzes Drogen-Intermezzo, aber Gottseidank hat sie da die Kurve gekriegt. Auch hier ist ihr Grund interessant: nicht etwa, weil sie einen schlechten Trip gehabt hätte oder so. Auch nicht aus Sorge um ihre Gesundheit, ihr Leben war ihr gar nicht so wichtig, sagte sie immer, diese Welt gefiele ihr sowieso nicht. Aber sie fand, dass alles, was mit Hilfe von Drogen erlebt würde, ja nicht wirklich echt sei, keine große Leistung also. Wenn schon, dann wollte sie echte Erleuchtung."

„Mega", fand Julia, „und weiter?" „Mit fünfzehn ist sie dann ein Jahr im Schüleraustausch nach Australien gegangen – nix einfach Frankreich oder USA – nee, für sie war es Ozziland, wie die Australier sagen. Nach einer Jahrgangsreise dort hat sie sich ins Outback zu den Aborigines abgesetzt, mit denen sie dann über fast drei Monate herumgezogen ist. Zum Glück hatte sie diesmal wenigstens eine

Nachricht für ihre Eltern hinterlassen. Die haben sogar beschwichtigend auf die Schulbehörde eingewirkt und ihr damit den Arsch gerettet, sonst wäre sie von der Schule geflogen."

„Aber die müssen doch mega besorgt gewesen sein – und sauer", warf Julia ein. „Ich stell mir gerade vor, ich wäre, als ich in der Neunten in St. Laurent im Austausch war, einfach abgehauen, so „ciao, ich bin mal auf Segeltour mit Claude'", lachte sie. „Ihr hättet mich mit Interpol suchen lassen und wahrscheinlich zu lebenslangem Hausarrest verdonnert", fantasierte Julia weiter. „Wann bitteschön hattest du denn mal Hausarrest?" fragte Ricarda mit gespielter Empörung. „Aber im Ernst", fuhr Julia fort, „die Story ist ja selbst für mich krass, und du sagst, das war vor zwanzig Jahren?" „Ja, stimmt", antwortete Ricarda, „krass war das wirklich mit Feride. Aber auch hinreißend. Dieser Humor, den sie schon ganz früh hatte, einfach grandios. Bissl schwarz, bissl ironisch, aber nie persönlich verletzend. Und wahnsinnig charismatisch. Ich kenne niemanden, der so geheimnisvoll wirkt und gleichzeitig so eine Weisheit und irgendwie Transzendenz ausstrahlt wie Feride."

„Was kam nach Australien?" fragte Julia neugierig. „Nachdem sie zurückkam, war sie verändert, irgendwie auch ruhiger. Als hätte sie dort etwas Wichtiges gefunden. Erzählt hat sie es nie. Aber man merkte es ihr an. Ihre Eltern waren äußerst erstaunt, aber natürlich extrem erleichtert, als sie fast ohne dramatische Zwischenfälle ihr Abitur machte. Danach hat sie ein Jahr in einem Hilfsprojekt in Gutatemala gearbeitet, am Atatlán See, der ja wohl echt sehr magisch sein soll. Als sie wiederkam, einen dicken Hefter mit Gedichten im Gepäck, die zauberhafter nicht sein könnten (sie hat sie unter dem Namen Sandron Thesaré veröffentlicht und spontan den Peter-Huchel-Preis für Lyrik gewonnen), hat sie verkündet, dass sie nun Medizin studieren wird. Hat sie dann auch getan – und nun lebt und arbeitet sie im Hochland Südamerikas als Ärztin. Eine faszinierende Frau – mit der Sechs, die immer "darüber-hinaus" gehen will, wahrlich erfüllt, und dem Dreier-Körper, der sie in all diese Abenteuer geführt hat."

Julia schaute angestrengt auf ihr Handy. „Scheiss Sonne, ich seh nix", fluchte sie und tauchte kurz in den Schatten unter dem Tisch ab. „Yes, wusste ich's doch. Hab grad mal geschaut, wer noch so eine 6/3 ist", triumphierend schaute sie ihre Mutter an. „Harrison Ford! Wie genial ist das denn?" Harrison war der Held aus Julias Kindheit, sie hatte die Filme über seine Suche nach verborgenen Schätzen und Abenteuern geliebt und – sicherlich pädagogisch völlig unpassend – schon sehr früh mit ihren Eltern anschauen dürfen.

Innere Führung – wer ist hier der Chef?[11]

Emotionale Autorität – Der Ausflug zum See

Bettina summte leise vor sich hin, so ein schöner Tag. Frei. Zeit für mich. Juchu! Als das Telefon klingelte, nahm sie schwungvoll den Hörer auf: „Mühlheim, hallo?" „Hey, Tinchen, hast du Lust, morgen Abend mit uns zum See zu fahren?" platzte ihre Freundin Carola heraus. Und weil die Welt gerade so schön war, sagte Bettina direkt zu. „Ähm, und könntest du fahren? In deinen Bus kriegen wir alle rein, und Marks Auto ist in der Werkstatt." Nachdem sie auch dazu ja gesagt hatte, schon nicht mehr ganz so enthusiastisch, legte sie auf. Es war, als hätte jemand ihr den Stecker gezogen – die Energie, die noch vor ein paar Minuten durch sie geflossen war, versiegte langsam.

„Warum hab ich das nur gemacht", fluchte sie innerlich, „verdammt nochmal. Morgen hab ich so einen vollen Tag. Und dann abends Taxi zum See spielen." Sie wusste aus Erfahrung, wie das enden würde.

---

[11]Über unsere innere Autorität/Führung kommen wir zu den für uns stimmigen Entscheidungen. Sie ist individuell einem bestimmten Energiezentrum zugeordnet und lässt sich aus unserem Chart ablesen.

238

Sie würde irgendwann müde sein und nach Hause fahren wollen, die anderen würden noch bleiben wollen, sie keine Spielverderberin sein und bleiben, bis tief in die Nacht am See frieren, dann alle nach Hause fahren und Freitag völlig fertig ihren Vortrag in der Firma halten. „Ich könnte mich in den Hintern treten", fluchte sie. Immer wieder passierte ihr so etwas. Warum halte ich nicht meine Klappe, bis ich wirklich weiß, was ich will? dachte sie nicht zum ersten Mal. Und erinnerte sich an den Rat ihrer Kollegin Sophia. „Schlafe über alle Entscheidungen, die mehr sind als „willst du einen Kaffee". Lass dich nicht drängen – was für dich ist, wird dann auch noch da sein. Und du ersparst dir, immer wieder in Zusagen zu hängen, die dir nicht gut tun."

Recht hat sie, dachte Bettina, ich rufe jetzt Carola an und sage ab - beziehungsweise lasse es mir offen, ob ich morgen Lust habe oder nicht. Und das mit dem Auto sowieso. Entschlossen griff sie zum Hörer. „Hi Carola, sorry, aber ich muss meine Zusage zurücknehmen, ich kann noch nicht sagen, ob das morgen Abend klappt. Und bitte plant mich nicht mit dem Bus ein. Falls ich mitkomme, wäre ich gern flexibel, weil ich sicher nicht so lange bleiben werde wie manche von euch. Habe Freitag einen wichtigen Termin in der Firma." Schweigen auf der anderen Seite. „Carola, hast du mich gehört?" Von der anderen Seite kam ein Lachen. „Wow, Süße, wo kam das denn her, so kenne ich dich ja gar nicht." Bettina musste selbst schmunzeln. „Na ja, es ist bekanntlich nie zu spät, ein bissl weiser zu werden. Und dass ich immer vorschnell ja sage, wissen wir ja alle." „Bis vielleicht morgen dann", sagte ihre Freundin, „und – ich bin stolz auf dich."

Noch mal emotionale Autorität – Die Buddhas

Im Seminar. „Diese Geschichte habe ich von einer Kollegin und Freundin geklaut", sagte Sarah, „aber sie hat mir erlaubt, sie mit in mein Repertoire aufzunehmen, weil sie so schön deutlich zeigt, wie teuer es einem kommen kann, spontan zu sein. Ich lese sie euch teilweise im Original-Ton vor, so wie Christiane, so heisst meine Kollegin, sie mir erzählte:

„Vor ein paar Jahren war ich mit meinem damaligen Freund (beide sind wir emotional definiert) in Hamburg in einem wunderschönen Fachgeschäft für spirituelle Kunst aus Tibet und Nepal, das ich schon von vergangenen Besuchen kannte. (Beide Male hatte ich wunderschöne Buddhafiguren gekauft, die weit über meinem Budget, aber irgendwie noch bezahlbar waren und die ich auch heute noch sehr schätze.) Wir wurden aufs Herzlichste und sehr emotional begrüßt, wie uralte Freunde, oder verlorene Verwandte. Alles toll, unsere Welle war eh oben. Alles war berührend, erhaben, wunderschön. Dann zeigte uns der Besitzer des Ladens in seinem privaten Raum („hier lasse ich nur besondere Menschen hinein") eine ganz besonders schöne Buddha-Statue. Es kamen noch zwei weitere hinzu - sie gehören zusammen, erklärte er uns. Sie würden großen Segen bringen, er würde sie nicht jedem verkaufen wollen (ja, ja, naiv, ich weiß – Erfahrungen machen das Leben aus). Der Preis: 60.000 Mark damals. Ja, ich könne sie gerne nach und nach abzahlen. Und direkt mitnehmen. Und wir schauten uns an und wussten – all das, was wir uns für unser Leben wünschten, würde bestimmt mit diesem Segen kommen, das war den Preis doch sicher wert.

Völlig benommen von der eigenen Entscheidung zogen wir also ab, mit den drei Buddha-Schätzen, die wirklich wunderschön waren. Was man allerdings wissen muss – nicht nur hatte ich zum damaligen Zeitpunkt weder 60.000 Mark noch überhaupt Geld, sondern ein erhebliches Minus auf meinem Konto und viele finanzielle Verpflichtungen, die mich ohnehin schon taumeln ließen. Aber egal, die Welle war oben, das schaffe ich schon - schließlich bringen die Buddhas ja auch Segen und Fülle. Nach ein paar Tagen wurde mir immer mulmiger – immer deutlicher war klar, dass ich den Kaufpreis auf keinen Fall zahlen konnte, die 1000 Mark Anzahlung waren der letzte Rest vom Dispo-Limit gewesen und brachten mich eh schon in

Probleme mit der Miete. Da es in mir total verboten war, Versprechen nicht einzuhalten (das Nicht-Selbst im offenen Ego), ging es in meinem offenen Kopf ununterbrochen hin und her. Letztendlich siegte die Klarheit und ich beschloss, die Buddhas zurück zu geben. Die 1000 Mark blieben beim Verkäufer fürs Zurücknehmen. Lehrgeld."

Spontanität kann emotional definierten Menschen also sehr teuer zu stehen kommen. Umgekehrt macht es aber auch Sinn, bei einmal korrekt getroffenen Entscheidungen zu bleiben. So wie bei Sina: Sie hatte sich eine ganze Weile Zeit gelassen, bis sie sich für das ersehnte Aikido-Wochenendseminar anmeldete. Doch am Tag vor dem Kurs zögerte sie, hatte überhaupt keine Lust mehr teilzunehmen. Doch die Entscheidung war ja korrekt und über lange Zeit getroffen worden. Daher riet meine Freundin Christiane ihr, sich daran zu halten – und das Wochenende war ein voller Erfolg.

Sakrale Autorität

Sie saßen in der Seminarpause zusammen und irgendwie landete das Gespräch beim Thema „jemanden nachts zum Flughafen bringen". Sarahs persönlicher Alptraum – mitten in der Nacht aufzustehen, um Taxi zu spielen. Aber dann schauten alle auf Marion. Es war ein solches Leuchten in ihrem Gesicht, sie hüpfte fast auf und ab, so energetisiert war die Generatorin. „Au ja, sofort bitte, ich bin so was von angesprungen!" Alle lachten, aber das Bild dieser Begeisterung und Energie, einfach nur bei dem Gedanken an etwas, ist Sarah in Erinnerung geblieben. Inzwischen gibt es noch ein zweites: Carla und das Trecker-fahren.

Milz-Autorität – und Profil 3/5

Regina strahlte – morgen, endlich! – und packte die letzten T-Shirts in ihr sehr überschaubares Gepäck. Nichts hasste sie mehr als mit tausend Koffern zu reisen. Sie kaufte sich lieber, was fehlte, vor Ort. Hauptsache beweglich. Und Hauptsache unterwegs. Um 4:30 Uhr würde das Taxi kommen, um 9 Uhr ging der Flieger nach Khao Lak. Für diese Thailandreise hatte sie drei Monate Büro ertragen, ein gewaltiges Opfer für die freiheitsliebende und reisebegeisterte Regina. Aber für neun Wochen Sonne, Strand, Erkundung war es okay.

Doch als sie morgens am Flughafen angekommen war und während des Eincheckens auf das Flugzeug schaute, beschlich sie ein unerklärliches Gefühl der Vorahnung. Sie wollte dort nicht einsteigen. „Sei nicht bescheuert", schalt sie sich selbst, „du spinnst ja wohl". Ihr Körper jedoch war so eindeutig in seinen Signalen, so laut, wie sie es das letzte Mal erlebt hatte, als sie mit neun Jahren nicht in den Lift gestiegen war – und so verhindert hatte, dass die ganze Familie mit der Gondel abstürzt. Sogar in der Zeitung gestanden hatte das kleine Mädchen mit dem sechsten Sinn.

Aber das heute ... was sollte schon passieren? Ein völlig normaler Linienflug nach Thailand (für 1.200 Euro!), sogar mit Lufthansa und keinem Billigflieger. Aber es war, als könnte sie sich keinen Meter weiter bewegen, ihr Körper hatte ganz klar die Kontrolle übernommen. Und seine Entscheidung war: „Stopp. Geh nicht weiter. Steig nicht in das Flugzeug." (Gehe nicht über Los, sondern bleibe im Gefängnis, kommentierte ihr Kopf). Aber Regina kannte ihre Intuition inzwischen und hörte sich zur Stewardess sagen: „Sorry, ich kann nicht mitfliegen."

Die nächsten Stunden waren wie in einer Art Nebel, als würde sie neben sich stehen. Dann der Anruf – ihre Mutter, panisch. „Regina, oh mein Gott, wo bist du, geht es dir gut? Dass ich dich erreiche, Papa und ich hatten schon mit dem Schlimmsten gerechnet." „Mama, alles okay, was ist denn los?" erwiderte Regina verblüfft. „Ja aber du musst es doch mitbekommen haben, der Tsunami, so viele sind tot, genau da, wo du bist!" „Ich bin in meiner Wohnung" war alles, was Regina sagen konnte, sie lief zum Rechner und schaltete die Nachrichten an. Unvorstellbar, diese Bilder der Vernichtung. Regina schüttelte es am ganzen Körper. „Das wirst du jetzt nicht glauben, Mama, es war das gleiche Gefühl wie damals, ich konnte einfach nicht ins Flugzeug steigen." Weiter kam sie nicht, das erleichterte Schluchzen ihrer Mutter schwappte auch zu ihr über. Ihre Intuition hatte sie gerettet – wieder einmal.

Ego-Autorität

„Ich will es einfach nicht, fertig." Tom wandte sich wieder der Kaffeemaschine zu, alles an seiner Körperhaltung strahlte Verschlossenheit aus. Nein war nein, warum konnte Sybille das nicht verstehen. Immer wieder brachte sie die gleichen Themen aufs Tapet, als wenn er nicht seine Meinung deutlich zum Ausdruck gebracht hätte. Nicht, dass er noch nie seine Haltung geändert hätte. Wenn Beweise und Erkenntnisse vorlagen – aber nicht, wenn es um so etwas wie Besuch bei den Schwiegereltern ging. Und auch, wenn er anfangs Sybille zuliebe mitgekommen war, er hatte es immer bereut. Es tat ihm nicht gut, jedes Mal fühlte er sich danach wie krank. Somit stand seine Entscheidung fest. Überhaupt hatte er erkannt, dass es für ihn nicht gut war, seinen inneren Willen zu ignorieren, und seitdem folgte er ihm. Egal, was die anderen dazu sagten. Und diese Haltung tat ihm gut, schließlich ersparte er sich eine Menge damit. Irgendwann hoffentlich auch die Fragen seiner Frau.

„Tom macht einfach nur, was ER will", beschwerte Sybille sich bei ihrer Freundin Sophie. „Ja, aber das ist doch auch genau richtig für ihn", fand Sophie. Sybille starrte die Freundin entgeistert an. Jetzt war auch sie auf seiner Seite? „Wie meinst du das denn?" fragte sie empört. „Na ja, ich mein ja nur, bei ihm ist sein Ego seine innere Autorität, seine Führung." „Ja klar, sein Ego, da hast du den Nagel auf den Kopf getroffen, das ist so was von egoistisch, wie er sich oft verhält …" Sophie unterbrach ihre Freundin, die gerade wieder in Fahrt zu kommen drohte. Toms vermeintlicher Egoismus war immer wieder ein Thema in den Gesprächen. Nur an sich zu denken war für die von Haus aus extrem angepasste Sybille, für die ihre Herkunftsfamilie über alles ging, unverständlich. Sophie setzte erneut an: „Ich meine damit nicht egoistisch. Ich meine, für ihn ist es total wichtig, darauf zu schauen, was er will. Weil es ihn zu dem führt, was für ihn richtig ist. So wie bei dir eben das, worauf du wirklich „Bock" hast, darüber haben wir uns doch neulich unterhalten."

Sophie, absolut begeisterte Human-Design-Studentin, hatte all ihre Freundinnen schon mit dem „System zur Erkenntnis deiner Einzigartigkeit", wie sie es nannte, bekannt gemacht. „Ja, aber er kann doch auch mal was einfach mir zuliebe machen. Tu ich doch auch für ihn." „Aber Süße, macht er doch. Wenn es für ihn stimmt. Denk doch nur an dein Baumhaus." Tom hatte, als Sybille davon erzählte, wie sehr sie sich als Kind ein Baumhaus gewünscht hatte, in ihrer Abwesenheit ein traumhaftes Baumhaus zu ihrem Geburtstag in die Buche in ihrem Garten gebaut. „Aber wenn er merkt, dass etwas nicht gut für ihn ist – und das zeigt sich bei ihm einfach dadurch, dass er es nicht will – dann ist es doch nur wünschenswert, dass er Nein sagt. Denn du kennst doch die Wirkung, wenn er es trotzdem tut". Die kannte Sophie tatsächlich. „Als wenn alles Widerhaken hat, es passiert ihm ein Missgeschick nach dem anderen. Du hast ja recht", grummelte sie, „aber es wäre so schön, wenn es anders wäre." „Dann sag ihm das doch genau so. Und ihr findet sicher etwas, was ihr beide wollt."

Autorität aus dem Selbst

„Ist schon toll, so ein Hund", hörte Carl sich sagen, als er bei seinen Freunden im Garten saß, ein Jever in der Hand und vor sich einen Teller mit gemischtem Feta-Grillgemüse, während Robby, der dreijährige Golden Retriever von Ines halb auf, halb unter seinen Füssen lag. „Vielleicht sollte ich den Schritt wirklich wagen und mir einen Hund anschaffen", überlegte er. Abends jedoch, auf dem Weg nach Hause in die Innenstadt, war er sich schon nicht mehr ganz so sicher. Der innere Dialog führte jetzt alle Hindernisse auf, die Hundehaltung in einer Millionenstadt so mit sich brachte. Die engen Straßen, der Verkehr in der Innenstadt, kein eigener Garten. All das sprach nun wirklich nicht für ein Hundeglück.

Als Carl aber dann Nina kurz vor dem Englischen Garten traf, sie sich beide spontan noch eine Weile auf die Bank am Planetarium setzten und die bunte Meute von zwei Schäferhunden, einem Mischling, einem Windhund und einem Jack Russel beobachteten, die um eine offensichtlich sehr junge Bulldogge herumtobten, war der Gedanke an einen eigenen Hund wieder da, stärker als je zuvor. Und er hörte sich Nina erzählten, wie wundervoll das Leben mit einem Hund doch wäre. Nina lachte. „Das musst du mir nicht sagen, ich habe Hunde gehabt, seit ich ein kleines Mädchen war. Ohne Hund kann ich mir kein Leben vorstellen. Käme einfach nicht in Frage. Obwohl Thorsten meinen Ollie nicht wirklich mag - er findet das Schnaufen nervig und abgeleckt werden mag er auch nicht. Aber er ist klug genug, nichts dazu zu sagen." Sie lachte. „Ich glaube, er weiß, dass ich mich, wenn's hart auf hart käme, für Ollie entscheiden würde. Mach doch einfach, was soll schon schiefgehen?"

Als Carl dann am Wochenende bei seinen Eltern in Wolfratshausen entzückt zum Hund ihrer Nachbarn schaute und eine ganze Stunde Ball mit ihm spielte, sich (wie einen verliebten Trottel, kommentierte er in Gedanken) über das Leben mit einem Hund sprechen hörte, stand sein Entschluss schließlich fest. Schon hörte er sich seinen Eltern und den Nachbarn erzählen: „Ich werde mir übrigens auch einen Hund anschaffen. Am Montag fahre ich zum Boxer-Züchter."

Mentale Autorität – die, die keine sein kann

Anne erinnerte sich noch genau an die Worte ihres Human Design Ausbilders: „Dort, wo innere Autorität sein kann, ist bei dir Offenheit. Und dort, wo keine Autorität sein kann, da bist du definiert." (Im Human Design heißt es, dass der Verstand nie innere Autorität sein kann, er sollte nur dienen, aber nicht führen.) Dabei waren doch ihre einzigen definierten Energiezentren der Kopf und das Ajna. Aber sie könne wiederum für andere sehr inspirierend sein, hatte er sie ermutigt. Super, wieso hatte sie auch dieses bescheuerte Design? Mentaler Projektor, alleine der Ausdruck war für die zweisprachig aufgewachsene Anne eine Beleidigung, denn im Englischen bedeutete „mental" auch übergeschnappt, verrückt.

Na ja, bestenfalls erklärte es, wieso es für sie so mühsam war, Entscheidungen zu treffen. Schon ihre Eltern hatten sie damit aufgezogen. „Unsere Denkerin evaluiert das Für und Wider", das war ihr Spruch gewesen. Dass sie ihr nicht erklären wollten, was diese Worte bedeuteten, hatte Anne, die damals noch klein war, nur noch mehr geärgert. Allerdings auch dafür gesorgt, dass sie schon mit acht Jahren vor dem Brockhaus gesessen hatte.

Anne fand es immer schon schwierig, sich zu entscheiden, zumal sie einfach so vieles gleichzeitig wahrnahm, was es doch zu berücksichtigen galt. Ihrer Lehrerin in der Oberstufe hatte sie einmal erklärt: „Es ist, als wäre jede auch noch so vermeintlich klare Entscheidung zusammengesetzt aus einer ganze Reihe von Möglichkeiten, die ich mit berücksichtigen muss, wie die Baumdiagramme der Stochastik." Da Frau Müller-Thüringhausen Mathematik und Erdkunde unterrichtete, hatte sie den Vergleich sofort verstanden und war eine wunderbare Mentorin geworden. Sie hatte ihr geraten, sich eine mentale Notiz von allem zu machen, was gut gelaufen war. Zum Beispiel, dass ihr das Steak mit Pommes eigentlich immer gut bekam, egal, wo sie essen ging. Eigentlich lächerlich, aber das hatte ihr unendlich viel Druck genommen, wenn sie mit Freunden ausging und nicht wusste, was sie bestellen sollte. Und so hatte sie über die Jahre eine ganze Reihe von „bewährten Entscheidungen" parat, die ihr guttaten. Und wenn Anne spürte, dass ihr Umfeld in zu großer Aufruhr war, erlaubte sie sich heute, sich einfach eine Weile zurückzuziehen, einen Waldspaziergang zu machen oder schwimmen zu gehen. Einfach, um Abstand zu bekommen. Und klarer wahrnehmen zu können, was sie selbst war und wo sie nur die anderen wahrnahm. So wie neulich, als sie dachte, sie müsse vor Stress kollabieren – dabei hatte sie nur Aarons Stress gespürt, der sich Sorgen machte wegen der Verteidigung seiner Doktorarbeit. Inzwischen war sie ganz gut darin geworden, zu unterscheiden, was ihres war, und was sie von der Umgebung wahrnahm.

Für Annes neuen Job war diese Gabe durchaus sehr nützlich, sie war Beraterin eines international operierenden Konsortiums. Und gerade bei Gesprächen mit den asiatischen Kooperationspartnern waren ihre Vorgesetzten früher oft ratlos gewesen, da sie die eigentliche Haltung ihres Gegenübers nicht hatten entschlüsseln können. Für Anne war das ein Leichtes, sie blickte ja fast körperlich „hinter die Fassade" ihres Gegenübers und konnte ihrem Chef so durch vereinbarte Signale einen Hinweis darauf geben, wenn der andere nicht ehrlich wirkte oder verdächtig angespannt war. Auf diese Weise hatten sie wesentlich bessere Konditionen verhandeln können – und neulich sogar einen fatalen Fehlgriff abwenden können. Der Deal hatte zwar perfekt geklungen, Anne hatte aber die versteckte Unruhe und ungewohnte Eile im Gegenüber gespürt und mit dem besprochenen Zeichen ihrem Chef signalisiert. Das hatte ihn davon abgehalten, den so gewinnversprechenden Handel direkt abzuschließen. Wie sich herausgestellt hatte, beinhaltete der Vertragsentwurf mit dem taiwanesischen Unternehmen einen Posten, der von der Zustimmung Chinas abhängig war und damit ein viel zu großes Risiko für ihre Firma dargestellt hätte. Als Wertschätzung für ihre Beratung hatte ihr Chef ihr einen fetten

Bonus zukommen lassen, den Anne wie ein Versöhnungsgeschenk für ihre Feinfühligkeit empfand.

Dass Anne für ihre privaten Entscheidungen ebenfalls ein bisschen länger brauchte, konnte ihr Freund Oliver inzwischen tolerieren. Er hatte sie vor drei Monaten gefragt, ob sie seine Frau werden wolle. Seitdem erzählte sie ihren Freundinnen – und, wenn sich die Gelegenheit bot, zuweilen auch Fremden – von ihrer Beziehung, um möglichst viele Perspektiven zu kennen und sich dann selbst gut zuzuhören; genau so, wie es im Seminar erklärt worden war. „Ich glaube, ich will", dachte sie, „neunzig Prozent reicht sicherlich", und grinste sich innerlich zu. Heute Abend würde sie es ihm sagen.

Ein weiteres offenes Emotional-Zentrum – gepaart mit einer offenen Milz

Entgeistert schaute Beate auf ihr Gegenüber. „Das verstehst du nicht. Klaus kann eben nicht ohne mich. Da zählt es nicht, dass es nicht so toll läuft, wie du dir offensichtlich eine Ehe ausmalst. Das ist eben verantwortlicher Alltag." „Dein Ernst?" platzte die zwanzig Jahre jüngere Kim heraus. Beide hatten sich in der Kur kennengelernt. Kim war dort gewesen, weil sie mit zweiunddreißig Jahren einen massiven Burnout erlitten hatte und ihren 18-Stunden-Job an der Börse nicht mehr machen konnte. „Wie dämlich ist das denn bitteschön? Du bleibst unglücklich bei ihm, weil er nicht ohne dich leben kann? Toll, damit sind dann direkt zwei Menschen unglücklich. Und gleichzeitig bezeichnest du ihn ja indirekt als Looser, der dich zum Leben braucht. Und du bist die edle Retterin, die auf ihr eigenes Glück verzichtet und sich damit nobel fühlt? Wach auf, Beate. Das ist nun wirklich ein Glaubenssatz, der mal in den Müll darf."

Ein völlig offenes Emotional-Zentrum: kein einziges aktiviertes Tor

„Hast du eigentlich eine bipolare Störung? Das kann doch nicht normal sein, von einer Emotion in die andere zu kippen." Klaus schüttelte verständnislos den Kopf.

Rebecca, die Drama-Queen. Wie satt sie diese Kommentare hatte, die sie unsäglich ungerecht fand. Denn wenn Rebecca mit sich alleine war, glich ihre Gefühlswelt eher einem entspannten, ruhigen Fluss. Es war himmlisch, friedlich, dann war sie so gechillt, wie sie es gern immer wäre – nur leider glaubte ihr das keiner ihrer Freunde. Und es stimmte schon, in deren Gegenwart ging es ihr eben ganz anders, eher wie auf einer Achterbahn, egal, wie sehr sie sich um Ausgleich bemühte. Anfangs bemühte sie sich natürlich, auf alle einzugehen und gute Stimmung zu verbreiten. Aber immer wieder passierte es ihr, dass sie vollkommen grundlos traurig wurde. Oder wütend. Sie wusste ja nicht, dass sie die Emotionen der anderen spürte und unbewusst ausagierte. Und am Ende hieß es dann immer: „Mein Gott, Rebecca, sei doch nicht so dramatisch." Nur, wenn sie ausgelassen und fröhlich war, schien das okay zu sein. Und sie gab sich Mühe. Aber manchmal, vor allem, seit Pete in der Gruppe war, gelang es ihr immer seltener.

Das offene Sakral

„Ist kein Ding, Steffi, das schaff ich, kein Problem." Fahrig strich sich Falk mit der Hand den Schweiß von der Stirn und realisierte zu spät, dass er nun auch noch voller Mehl war. Der Geburtstagskuchen für ihren gemeinsamen Sohn musste fertig werden, bevor Kendrik aus der Schule kam. Falk hatte extra seine Mittagspause so gelegt, dass er schnell nach Hause konnte, um den Kuchen vorzubereiten – der war schließlich Papas besonderer Beitrag, ein Ritual aus vergangenen Zeiten, wo er noch Zeit für so etwas gehabt hatte. Aber er brachte es nicht übers Herz, seinen Sohn zu enttäuschen, und so war er morgens um fünf schon in die Kanzlei gefahren, um dafür mittags backen zu können. Und gerade hatte seine Assistentin ihm mitgeteilt, dass nun doch *er* die neue Mandantin übernehmen solle – neben all den Terminen, die ihn ohnehin bis zum Abend in der Kanzlei halten würden. Aber er würde es schaffen, wie immer. Und um 22 Uhr waren sie beim Italiener verabredet, sein Chef hatte extra drauf bestanden, dass Falk und seine Frau zu seiner Geburtstagsfeier kommen müssten, was ja schließlich auch eine große Ehre war. Nur hatte Steffi überhaupt keine Lust dazu („Schatzi, ich bin abends müde, da mag ich Couch und Serie, und um 22 Uhr Essen gehen tut mir nicht gut, du weißt doch, dass ich dann schlechter schlafe.") und er musste sich eine glaubhafte Ausrede für sie ausdenken. Steffi war konsequent, Feierabend war Feierabend. Und da war Zeit für ihren Sohn und für sie – Falk war um die Zeit ja eh nie da.

„Wer sich nichts gibt, kann nichts geben" war Tinas Motto, und irgendwie bewunderte Falk seine Frau für die Konsequenz, mit der sie die Dinge tat, die ihr guttaten. Nur, dass er sich das eben nicht leisten konnte. Egal, wer vorankommen will, muss eben Opfer bringen. Und es war ja nicht so schlimm, mal nur drei Stunden zu schlafen, schließlich würde er dann alles geschafft haben … und das zählte.

Die offene Wurzel

„Verdammt nochmal, Achim, wo bleibst du denn? Wir warten seit einer halben Stunde, dass wir mit der Aufstellung anfangen können", schimpfte Sybille in die Mailbox ihres Partners. Sie kochte innerlich vor Wut. Wie konnte ein Mensch nur so unzuverlässig sein? Wie soll man eine seriöse Aufstellungsarbeit anbieten, wenn der Stellvertreter nicht kommt? Eigentlich hätte sie es schon von Anfang an wissen können, denn bei ihrem ersten Treffen für die Kooperation hatte Achim am Telefon angekündigt: „Ach, dann komm ich einfach jetzt direkt mal bei Ihnen vorbei und wir lernen uns kennen.

Bis gleich." Dieses „gleich" war dann allerdings mehr als zwei Stunden später gewesen, obwohl er nur zehn Minuten entfernt wohnte. Damals hatte sein Charme sie erreicht und sie hatte die Verspätung als ein Missverständnis verbucht, doch wenn sie ehrlich war, musste sie sich eingestehen, dass Achim wohl nie pünktlich sein würde. Denn wenn er mal vor der Zeit fertig und bereit war, begann er regelmäßig noch irgend etwas zu tun, was ihn dann doch wieder zu spät sein ließ. Termine waren einfach nicht sein Ding.

Und noch eine offene Wurzel

„Schatzi, ich bin ganz bald da, ich will nur eben noch die letzten Berichte schreiben. Morgen ist doch die Messe zu Ende, da kommt bestimmt viel über den Tag." Nina klang beschwichtigend und gleichzeitig überfreundlich – jene Mischung, die Sebastian auf den Tod nicht ausstehen konnte. Er wusste genau, wann „bald" sein würde. Nina würde sämtliche Übersetzungen und Diktate erledigen, die auf ihrem Schreibtisch landeten, und sicherlich erst wieder nach Mitternacht zu Hause sein. Weil die Kollegin ja mit Migräne krank war und Nina natürlich schnell-schnell alles erledigen würde, was ohnehin für zwei Mitarbeiter schon zu viel war. Weil der Chef ja so viel Stress hat. Dass er nicht lachte – schön, dass Nina sich so um Herrn Ohlmüllers Befinden bemühte, dachte er verärgert.

Aber so war es von Anfang an gewesen – wenn es stressig wurde, schaltete Nina den Turbo ein und beschleunigte, um alles fertig zu kriegen. Vor zwei Jahren hatte sie einen Zusammenbruch gehabt, eigentlich 12 Wochen Kur bekommen. Aber da ihre Mutter in der vierten Woche einen Unfall hatte, hatte Nina die Kur abgebrochen, sich um ihre Mutter gekümmert und dann ganz nebenbei wieder weiter gearbeitet. Und ihr Chef war viel zu froh gewesen, sie als seine persönliche Sklavin zurück zu haben, als dass er nachgefragt hätte, wie es ihr geht.

Die offene Milz

„Mama, nicht weggehen." Silas Stimme zitterte. Louise seufzte. Wann würden sie je wieder einen gemütlichen Fernsehabend zusammen erleben? Seit Silas alleine in seinem Zimmer schlafen sollte, reichte das normale Abendritual nie aus, sie musste sich dazu legen, Geschichten erzählen, seine Hand halten; und wehe, sie rückte ein Stückchen ab und versuchte, aufzustehen. Ihr vierjähriger Sohn hatte einen sehr empfindlichen Radar für jede ihrer Bewegungen Richtung Zimmertür. Und nichts half. Wenn Ben sich statt ihrer mal zu dem Kleinen legte, fand er das toll, schließlich konnte man mit Papa ja prima rumtoben. Aber ans Schlafen war nicht zu denken, da musste Mama kommen. Und bleiben. Meist schlief sie dann selber ein, doch das konnte einfach nicht so weitergehen. Egal wie sehr sie ihren Sohn liebte - nur Mama sein war dann doch nicht alles.

„Hej, Fremde, was machst du denn hier in meiner Wohnung", begrüßte Ben sie schmunzelnd beim Frühstück. „Nicht witzig, Ben", seufzte Louise, die wieder einmal neben ihrem Sohn geschlafen hatte. „Er ist jedes Mal, wenn ich aufstehen wollte, wach geworden. Und schließlich bin ich dann auch eingepennt. Aber das geht einfach so nicht mehr. Ich werde nachher mal die Therapeutin von Lara anrufen."

„Richtig massiv wurde es, nachdem wir ihn mal in sein Zimmer geschickt haben", erzählte Louise der Therapeutin, „aber wir wollten nicht schimpfen, wir wollten einfach, dass er nachdenken und sich beruhigen kann." „Ja, nur gerade bei Kindern mit offener Milz kann es zu massiven Verlustängsten kommen. Da ist „alleine wegschicken" leider das Ungünstigste, was Sie tun können. Stellen Sie sich das so vor – er hat einfach nicht diese natürliche Sicherheit, dass die Erde ein guter Ort ist. Aber wenn Sie da sind, wird es besser, da empfindet er Sicherheit. Natürlich liebt er Sie, und das ist ohnehin schön. Aber es schwingt eben dieser mechanische Aspekt mit."

Annika Meierling schmunzelte. „Das ist auch bei erwachsenen Klienten so", erklärte sie. „Wenn jemand mit einer offenen Milz da ist, dauern die Termine einfach immer etwas länger, denn wenn es eigentlich Zeit ist zu gehen, fällt der offenen Milz immer noch eine Frage ein. Was eigentlich nur bedeutet: „Es ist so angenehm, hier in deiner Definition zu sitzen." Da kann ich sogar demonstrativ schon mitten im Raum stehen und Richtung Tür signalisieren, sie bleiben", lachte sie. „Sehen Sie es einfach so: Ihr Sohn streckt seine Arme nach Ihnen aus, wie es ein Schiffbrüchiger tun würde, wenn er ein rettendes Boot sieht. Das ist erst einmal unbewusst und ein Reflex. Doch natürlich können Sie ihm bis zu einem gewissen Grad vermitteln, dass er sicher ist. Dass Sie da sind, dass er Halt hat. Vielleicht ein Teddy mit einem T-Shirt von Ihnen mit im Bett, die offene Tür, das deutlich vermittelte „du bist willkommen und sicher, wir sind da, auch wenn du uns gerade nicht siehst; schau, du kannst ja hören, dass wir nebenan sind" – all das kann helfen, eine gewisse Stabilität zu vermitteln." „Ich kann mir gar nicht vorstellen, wie das für den armen Kerl sein muss", Louise schüttelte erschüttert den Kopf. „Ich dachte einfach, er braucht mal eine klare Grenze und ich bin nur zu schwach, sie zu setzen."

Das offene Selbst

„Manchmal denke ich: Wer ist diese Frau an meiner Seite eigentlich? Einen Pollunder häkeln? Mit dreifarbigem Wollmischgarn?" Annette musste lachen. „Ja, warum denn nicht? Hab ich früher in der Schule während des Unterrichts gemacht, dann kam wenigstens was Sinnvolles bei den Mathestunden raus. Und deine Tante steht halt auf so was." „Trotzdem", Sebastian schüttelte den Kopf, „es ist, als wenn du ganz jemand anderer wirst, je nachdem, wo du gerade bist." Interessanter Gedanke. Irgendwie hatte er recht. „Aber trotzdem bin ich das doch. Ich bin einfach ein anderer Aspekt von mir, je nachdem, wo und mit wem ich mich unterhalte. Und glaub ja nicht, dass ich alles toll finde. Erinnere dich an die Silvesterparty damals." Sebastian grinste. „An die werde ich mich noch mit neunzig erinnern. Vor allem, weil wir uns ja noch gar nicht so lange kannten und ich deine seltsame Reaktion erst gar nicht einordnen konnte." „Aber du warst mein Held, du bist mit mir gegangen", lächelte Annette ihn an und schlang die Arme um ihren Liebsten. Denn das war er seit über zwanzig Jahren schon, der Mann an und auf ihrer Seite.

Die Silvesterfeier 1998/99. Sebastian und Annette hatten sich gerade ein paar Wochen gekannt und er hatte diese Einladung (bei der jeder dreißig D-Mark Essenszuschuss zahlen musste) über mehrere Ecken bekommen und angenommen. Zugesagt war zugesagt, das war klar für Sebastian. Aber frisch verliebt war auch klar, es gab sie nur zu zweit. Gut gelaunt waren sie gegen 20 Uhr aufgebrochen, er erinnerte sich noch, wie vergnügt sie gewesen waren, als er Annette in ihrem winzigen Untermiete-Zimmer bei Frau Kröger abgeholt hatte. Ihr erstes gemeinsames Silvester, das würde toll werden. Eine gemeinsame Zukunft hatte begonnen.

Doch kaum hatten sie die Wohnung der Orthmanns betreten, war etwas mit Annette passiert. Als wäre alles Licht aus ihrem System entwichen, so beschrieb er es später. Sie hatte nur einsilbig auf die Fragen der Leute reagiert und ohnehin hatte niemand sie wirklich beachtet. Okay, die Einrichtung der Wohnung war schon sehr anders als ihrer beider Geschmack, eine schwarze Lackbar mit silbernen Barhockern, überhaupt alle Möbel in schwarz-weissem Schleiflack gehalten, Glas und Nippes überall. Gemütlich war anders. „Aber wen juckt's", dachte Sebastian damals, wenn das Essen gut ist, soll's mich nicht stören, Hauptsache Annette und ich sind zusammen. Doch als er dann hinüber zu Annette schaute, war ihm der Appetit vergangen. Sie saß am Tisch und rührte keinen Bissen an, dabei hatte sie vorher erzählt, dass Fondue ihr Lieblingsessen sei, und ihr waren Tränen die Wangen heruntergelaufen. Erst hatte er gedacht, sie hätte eine Wimper im Auge. Doch dann hatte sie ihm mit erstickter Stimme zugeflüstert: „Kann ich dich bitte mal draußen sprechen?" Um ihm dann auf dem Flur schluchzend mitzuteilen: „Ich kann hier nicht bleiben, es ist so schrecklich. Bitte sag drinnen, dass ich gehen muss."

Natürlich war Sebastian mitgegangen, immer noch besorgt, dass Annette krank geworden war oder ähnliches. Erklären konnte sie es ihm damals nicht. Aber ganz von selbst kam wieder Farbe in ihr Gesicht, als sie einen langen Spaziergang durch ihren Lieblingspark machten. Sie hatten dann mit Pizza und Cola auf die Hand von ihrer Lieblings-Pizzeria gefeiert, und nach und nach war „seine" Annette wieder da gewesen, fröhlich und hell. „Überlebt," seufzte sie schließlich. „Diese Wohnung war die Hölle für mich. Die Energie da, die Leute. Grauenvoll. Ich weiß, du kannst das bestimmt nicht verstehen, ich verstehe es ja selbst nicht wirklich. Ich weiß nur aus Erfahrung, dass es Orte gibt, wo ich nicht sein kann. Dann muss ich da weg, oder ich bin in mir einfach nicht mehr da. Das ist wie in Harry Potter, wenn die Dementoren Harry das ganze Licht aussaugen, so fühle ich mich dann." „Hehe, dann bin ich ab jetzt dein Patronus-Zauber", hatte er gesagt, und das war über Jahre ihr heimlicher Code geworden, wenn Annette ihm signalisieren musste, dass der Ort, an dem sie gerade waren, ihr nicht gut tat.

Und wenn Sebastian ehrlich war, ging es auch ihm seitdem besser; er hatte durch sie gelernt, dass man nicht alles durchhalten muss, sondern gut für sich selbst sorgen darf. Das war seine Baustelle, sinnierte er, aushalten, bis nix mehr geht.

„Wie schön, dass wir uns so gut tun, Süße, sonst wärst du sicher in Chicago gelieben." Chicago war Annettes Lieblingsstadt, und in den ersten Monaten ihrer Beziehung hatte er immer befürchtet, sie würde eines Tages auf und davon sein. Doch offensichtlich gab es für sie beide gute gemeinsame Wege.

Das offene Ego

Susanne war müde. Dieses schön-müde am Freitagabend, in dem Wissen: „Ich leg mich jetzt auf meine Couch, meine Lieblingsserie läuft, und ich hab noch von der Lasagne da, die ich nur warmmachen muss." Sie hatte wirklich übertrieben diese Woche, wollte aber dem neuen Chef natürlich direkt von Anfang an zeigen, dass er in ihr eine wertvolle Assistentin hatte. Herr Siebert, ihr alter Chef, der nun leider in Rente ging, hatte das gewusst und sie sogar manchmal nach Hause geschickt, damit sie nicht zu lange blieb. Aber jetzt kam es eben drauf an. Susanne hatte sich gerade mit einem wohligen Seufzer auf die Couch gelegt, als ihr Handy klingelte. Bettina. Sie seufzte unwillkürlich. „Du, Susi-Schatzi, kannst du mir bitte mal helfen, ich will das Wohnzimmer nach unten räumen und das Arbeitszimmer nach oben", tönte es aus dem Hörer. Andrea, eine Freundin aus ihrer Schulzeit, die sich allerdings nur meldete, wenn sie etwas brauchte, so viel war Susanne klar. Aber nein zu sagen, wenn doch ein anderer ihre Hilfe brauchte, kam nun auch nicht in Frage. Seufzend zog sie sich wieder an und machte sich auf den Weg durch die Stadt.

Letztendlich rückte Susanne Möbel bis kurz vor Mitternacht, wobei am Ende das Wohnzimmer dann doch wieder an seinen alten Platz kam – somit hatten sie die Couch nebst vier schweren Ledersesseln völlig umsonst eine Etage runter und wieder rauf getragen. Mit einem: „Puh, jetzt bin ich aber geschafft!" hatte sich Andrea verabschiedet, nicht ohne Susanne hinterher zu rufen: „Susi-Schatzi, du bringst doch Sonntag für meinen Geburtstag deine wundervolle Schichttorte mit? Danke, du bist ein echtes Schatzi-Susi."

„Schatzi-Susi ... ich könnte kotzen", dachte Susanne einen kurzen Moment. Aber ihre innere Stimme war schnell dabei, sie routiniert zu beruhigen: „Ach komm, das meint sie doch nur nett, und ist doch schön, dass sie Muttis Torte so gerne mag." Nicht, dass Susanne Lust zu backen gehabt hätte. Aber wenn es den anderen solche Freude macht, dachte sie fuhr dann doch Samstags noch einkaufen und verbrachte den Sonntagvormittag mit der Schichttorte in der Küche. Die nahm ihr Elly, die beste Freundin von Andrea, dann allerdings schon an der Tür ab und brachte sie unter großen Ah!- und Oh!-Rufen zum Buffet. Wohl den wenigsten war klar, wer die Torte wirklich gebacken hatte.

Andrea klopfte an ihr Prosecco-Glas und dankte allen für die Unterstützung. Ihr überschwänglicher Dank galt dabei vor allem ihrer Nachbarin, die noch ein Aufbackbrot geholt hatte. Susanne kam nicht vor, weder mit ihrer abendlichen Hilfe beim Möbelschleppen noch mit der von allen so hoch gelobten Schichttorte.

Es wäre schön gewesen, diese Geschichte mit einem Happy End zu erzählen – dass Susanne Human Design kennengelernt hat und etwas über das offene Ego erfahren hat. Dass sie jetzt weiss, dass ihr Wert schon eingebaut ist und sie ihn weder beweisen muss noch kann, sondern immer schauen darf, ob sie als Generatorin auch wirklich „Bock" hat auf das, was getan sein könnte. Aber leider wäre das gelogen. Susanne lässt sich (und ihr inneres Kind) immer wieder außer acht; sie hilft und backt und macht und tut – immer in der Hoffnung, irgendwann dafür gesehen und geliebt zu werden.

Die offene Kehle – und Kanal 13-33 mit Tor 22

„Oh mein Gott, jetzt habe ich glaube ich eine ganze Stunde geredet. Wie geht es denn *dir* überhaupt?" Elise schaute so schuldbewusst, dass Annika lachen musste. „Alles fein. War übrigens nur eine Dreiviertelstunde. Und ich höre dir gerne zu, hör auf, dir Sorgen zu machen." Denn so war es immer – wenn Annika ihre Freundin Elise besuchte, sprudelte erstmal alles aus der heraus, was in den letzten Tagen passiert war, beziehungsweise was Elise beschäftigte. Dann wurde es ruhiger und Elise begann zu essen – Annika war natürlich längst fertig und wandte sich ihrer Freundin zu. „Du weißt doch, ich muss nix erzählen." Annika war eine Manifestorin, und spätestens seit ihrem HD Reading bestärkt darin, dass ihre definierte Kehle zum einen bei der offenen Kehle von Elise dazu führte, dass alles aus ihr herauskam, was sie erzählen wollte. Zum anderen, dass sie ja jederzeit reden konnte, es aber nicht unbedingt musste. Und mit ihrem Kanal 13-33 und Tor 22 im Emotional-Zentrum stand ja ohnehin ein „ich höre dir zu" in ihrem Energiefeld.

Es war schon lustig, wie das Menschen dazu brachte, ihr all ihre tiefsten Geheimnisse anzuvertrauen. Und Annika war verschwiegen, auch das fühlte man. Und so begannen viele ihrer Unterhaltungen mit: „Ich weiß gar nicht, warum ich dir das erzähle, aber irgendwie weiß ich, dass ich dir vertrauen kann ..." Dank ihres Readings hatte sie aber auch gelernt, dass sie sagen durfte, wann es ihr zu viel wurde. So wie bei ihrer Kollegin Erika, die ihr Mitteilungsbedürfnis besonders gern sogar auf die körperlichen Vorgänge auf der Toilette ausdehnte.

Das offene Ajna

„Ich hab's dir doch schon gesagt, du solltest Intervall fasten, dann geht's dir sofort besser, das ist echt die einzig richtige Art zu essen."

Katharina hatte eine neue Wahrheit gefunden – und war nun, für einen begrenzten Zeitraum, zutiefst davon überzeugt. Ines kannte das schon. Im Jahr zuvor war es die vegane Ernährung, davor die Fünf Elemente. „Wenn du nicht so niedlich wärst in deiner Begeisterung, würdest du mir echt auf den Keks gehen", lachte Ines und zog ihre Freundin an sich. „Ich finde es ja toll, dass du so sehr von etwas überzeugt sein kannst. Aber warum muss es denn immer gleich „die eine Wahrheit" sein? Es würde doch reichen, von deinen guten Erfahrungen zu erzählen."

Katharina sah aus, als wollte sie zu einem Protest anheben, schwieg aber dann. „Vielleicht hast du gar nicht unrecht. Ich merke ja selbst, dass ich manchmal übertreibe. Und einfach nicht die Klappe halten kann. Karl hat neulich auch gesagt, ich würde immer seine Sätze vollenden, als wüsste ich, was er sagen will." Sie schmunzelte. „Stimmt ja auch, zumindest für mein Gefühl. Aber er hat da so etwas gesagt, was mir nachzudenken gibt. Er meinte, ich würde mich auf einen vorherigen Gedanken beziehen, er wolle aber oft auf etwas anderes hinaus. Und außerdem finde ich es ätzend, dass ich das tue, ich will ihn doch hören. Und dich nicht nerven mit meiner neuesten Idee", fügte sie schnell hinzu. „Es ist einfach so, dass mir ständig tausend Sachen von anderen Leuten im Kopf rumgehen, zum Beispiel: Maja sucht eine Wohnung – wo könnte ich für sie mal fragen? Oder: Meine Mutter wird immer tüddeliger, sollte ich mit ihr zum Arzt gehen? Soll ich die Katze sterilisieren lassen?"

„Ja, aber du bist auch diejenige, die meditieren kann und den Kopf leer machen kann, das vergisst du gerade." „Stimmt, wenn ich alleine zum Zen sitze, ist alles friedlich. Gott, wie ich das liebe. Aber na ja, das ist doch einfach, da bin ich ja nur bei mir. Schwierig wird's in der Welt." „Bei mir ist es immer schwierig", lachte Ines, „mein Kopf denkt immer, da hilft keine Meditation der Welt." „Aber er ist ja auch sehr klug, Frau Mathe-Professor", grinste Katharina, „bei dir lohnt sich das wenigstens."

Ein Kessel Buntes

Der Projektor-Urlaub – Endlich ohne Rad

Im Kurs. Sarah blickte in die Runde. „Wie sieht's denn aus – habt ihr auf eure Beratungen schon irgendwelche Feedbacks erhalten?" wollte sie von der Gruppe, die nun schon seit einem Jahr mit dem Human Design experimentierte, wissen.

„Gestern", Linda strahlte, „das war so genial. Ich hatte ein Nachgespräch mit meiner früheren Nachbarin Bettina. Sie ist Manifestierende Generatorin, mit nur zwei offenen Zentren, und ihr Mann ein Generator, nur ein Zentrum undefiniert. Ihr elfjähriger Sohn ist ein Projektor, nichts außer Kanal 10-57 ist definiert, also sieben offene Zentren. Sie kamen gerade aus dem Urlaub und Bettina meinte, das wäre der schönste Familienurlaub gewesen, den sie je hatten. Da sie ja nun gewusst hätten, dass ihr Sohn nicht unbedingt für Dauerpower-Sport gemacht ist. Jedes vorherige Jahr hatte es ohne Ende Streit gegeben, weil ihr Junge auf den langen Radtouren, die sie beide liebten (und auch mit ihrem Sohn unternahmen, „weil Jungs so was doch mögen",) ab dem dritten Kilometer nonstop maulte, alles war ihm zu anstrengend. So lief es jedes Jahr und verdarb allen die Laune, aber geändert hatten sie nichts, sie wussten ja auch nicht, woran es lag. Dieses Mal durfte ihr Sohn aussuchen, was sie gemeinsam unternahmen. Spannenderweise war das dann immer für alle schön. Und Vater und Mutter powerten sich ganz nach Bedarf für sich allein aus, während der Junge dann einfach mal chillen konnte."

Aus der Beratung: Komposit und Penta

Sarah konnte ein Lächeln kaum zurückhalten. Das liebte sie so am Human Design, es löste den Schmerz. „Dann hat das echt nichts damit zu tun, dass sie mich nicht dabei haben wollen?" staunte Bernd. Er hatte lange gezögert, bevor er sich auf die Beratung eingelassen hatte, denn eigentlich war so ein „Esoterik-Zeugs" nichts für ihn. Aber als sein Chef neulich von einer geplanten Penta-Beratung für die Firma mit der 64keys-Matrix gesprochen hatte, war ihm die Karte von Sarah Freiland, die er neulich auf dem Kongress kennengelernt hatte, wieder in den Sinn gekommen.

Und jetzt saß er hier bei Sarah und hörte, dass seine Frau und sein Sohn zusammen – einfach rein mechanisch – ein geschlossenes Ganzes wurden und damit erst einmal für ihn, wenn er denn nach einer Dienstreise zurückkam, nicht zugängig waren. Und dass dies nichts damit zu tun hatte, dass sie ihn nicht liebten und sich nicht freuten, ihn zu sehen. Sarah hatte genau gesehen, wie peinlich es dem gestandenen Manager war, überhaupt seine Gefühle auszusprechen, und umso mehr freute es sie, dass er mit der Erklärung so viel anfangen konnte.

„Und als Ausgleich habt ihr doch diese wunderbare 8:1 in eurer Ehe – also gemeinsam acht definierte Zentren und ein offenes. Wenn Elisa und du zusammen seid, bleibt das Kopfzentrum offen und dort trefft ihr euch, im Austausch von Ideen und Gedanken." „Stimmt", strahlte Bernd, „das ist tatsächlich auch immer so geblieben, auch nach elf Jahren. Wir sitzen ganz oft abends am Esszimmertisch und quatschen stundenlang. Aber eines würde ich gern noch wissen: wieso es so anders ist, wenn Nils und ich zusammen etwas machen und dann meine Frau reinkommt. Das ist immer total schön."

Sarah zeigte auf den grafischen Ausdruck vor ihnen. „Schau, wenn du mit deinem Sohn zusammen bist, bleiben diese beiden Zentren offen", sie wies auf das Selbst und die Milz. „Und wenn jetzt Elisa kommt, mit ihrer definierten Milz und dem definierten Selbst, fühlt sich das für euch einfach nur total gut an, weil eine definierte Milz ein Gefühl von Sicherheit und Geborgenheit auslöst." Sarah lachte. „Ich kenne das auch - wenn ich Klienten mit einer offenen Milz habe, bleiben sie im Schnitt bestimmt zwanzig Minuten länger, weil ihnen immer noch etwas einfällt, was sie mich unbedingt fragen wollen. Aber mir ist klar, ihre Milz führt sie und sagt: „Ich bleibe noch bei dir, das tut gut."

Bernd grinste. „Gut, dass du das sagst, so geht's mir tatsächlich morgens oft. So gerne ich auch arbeite, es ist so schön neben meiner Süßen zu liegen, aufstehen ist dann echt hart." Er dachte kurz nach. „Und was macht ihr Selbst mit uns?" wollte er noch wissen.

„Der Effekt ist ein bisschen ähnlich: das offene Selbst sucht ja immer irgendwie nach Liebe und Richtung. Und wenn dann ein geliebter Mensch ein definiertes Selbst hat, dann ist das ein Gefühl von "hier bin ich richtig und zuhause, mit dir kenne ich meinen Weg", ergänzte Sarah.

Bernd schüttelte staunend den Kopf. „Cooles Wissen. Könnte mir vorstellen, dass das nicht nur in Familien hilfreich ist, sondern auch bei der Arbeit nützlich sein könnte. Ist es das, was mein Chef in der Penta-Schulung machen will?"

„Ja, so in der Richtung", antwortete Sarah, „jeder von uns kennt ja so Teams, wo im Grunde alle zusammen weniger schaffen als alleine. Das nennt man dysfunktionale Teams. Hier gibt es eine schwache Produktivität (weniger als die Summe der Einzelleistungen), sie erreichen nur schwer die Ziele, es gibt viele Konflikte, es wird viel Energie verschwendet (Kommunikationsprobleme, dauernde Meetings, bei denen nichts herauskommt - oder das Gegenteil, es wird nichts abgesprochen). Dann gibt es Fun Teams, die haben Spaß miteinander, aber der Kunde „stört" eher. Kennst du bestimmt aus Boutiquen, wenn die Verkäuferinnen gerade im Gespräch sind und man das Gefühl hat, fehl am Platze zu sein. Und natürlich sucht jeder nach den Dream-Teams, wo einfach eine Synergie entsteht, die mehr ist als die Wirkungskraft des Einzelnen. Mithilfe des sogenannten Pentas kann man dann schauen, welchen Beitrag die Teammitglieder mitbringen und vor allem, wo etwas fehlt. Das macht es so genial. Anstatt massenhaft Energie in das Fehlende zu investieren, kann man es einfach „dazukaufen", sprich outsourcen, oder jemanden aus der Firma, der diese Qualität hat, zeitweise dazu holen. Und alles läuft."

„Total spannend, dann entwickelt jedes Penta also so eine Art Eigendynamik?" fragte Bernd. „Ja, genau. Und es kommen Aspekte hinzu, die man an sich gar nicht kennt. Dann sagt man Sachen, die man (individuell, für sich als Einzelwesen) sonst gar nicht meint und nie sagen würde. In einem vollständig ausgefüllten Penta, also wenn alle sechs Kanäle aktiviert sind, werden die persönlichen Aspekte, zum Beispiel auch Ängste, Sehnsüchte und Bedürfnisse der Mitglieder wie „abgeschaltet", denn sie kommen in der Penta-Dynamik nicht vor. [12] Das kann angenehm sein – dann erlebst du dich aufgelöst in einem Ganzen – oder unangenehm, dann fehlt dir etwas von „dir" und du fühlst dich irgendwie wie amputiert. Kennst du sowas?" fragte Sarah Bernd.

„Oh ja, ich kenne da verschiedene Varianten, ich hab ja schon etliche Teams erlebt", erwiderte Bernd. „Da ist zum Beispiel in einer bestimmten Konstellation jemand immer „außen vor", der ansonsten in Einzelkontakten mit Kollegen und auch im Kundenkontakt total präsent und beliebt ist. Und in manchen Meetings kommt man nicht mal ansatzweise dazu, die Tagesordnungspunkte zu besprechen – ich habe mich oft gefragt, wo diese Stimmungen und Themen so plötzlich herkommen, und warum das einfach nicht in den Griff zu kriegen ist. Aber jetzt, wo wir drüber sprechen, erinnere ich mich an ein Team bei Wasa, da war es richtig gut, alles lief völlig mühelos, wie geschmiert, ich habe mich einfach nur wohl gefühlt. Obwohl wir alle total unterschiedlich waren, nicht mal gemeinsame Interessen hatten wir. Ich habe jedenfalls total gern mit diesen Kollegen zusammengearbeitet."

---

[12] Das Spannende an den transpersonalen Feldern ist ja, dass sie sich aus dem menschlichen Feld nur ganz bestimmte Frequenzen „heraussaugen" und sich Menschen in diesen Feldern ganz anders verhalten, als sie es sonst tun würden. Manches fällt einfach weg, anderes wird total übersteuert.

Bernd dachte kurz nach und sah Sarah plötzlich fragend an. „Ist das nicht in Familienzusammenhängen alles ganz ähnlich, je nachdem, wer zusammenkommt? Wenn ich mich zum Beispiel mit meinen Eltern und meinem Bruder treffe und wir etwas organsisieren wollen, läuft es immer auf etwas anderes hinaus. Ist meine Schwester dabei, läuft es reibungslos. Ich habe das nie verstanden, beide Geschwister mag ich total gern, ist also nichts Persönliches."

„Dieses Phänomen ist wirklich schwierig zu begreifen", bestätigte Sarah, „jedenfalls ohne Kenntnisse über die Penta-Dynamik. Ist das Penta nicht vollständig, können andere Themen mit hineinkommen. Im beruflichen Kontext ist das natürlich besonders hinderlich, es kommen persönliche Befindlichkeiten ins Feld, können aber weder gelöst werden – da nicht der richtige Kontext – noch sind sie für das Penta-Materialisierungsfeld dienlich. Und du hast recht, so kann man sich im Grunde jede kleine Gruppe anschauen – nicht mit dem „Problemblick", sondern einfach, weil sonst dort, wo eine Aktivierung fehlt, extrem viel Aufmerksamkeit hinfließt, das kann man dann besser verstehen und berücksichtigen, eventuell irgendwie ausgleichen oder auffangen. Wenn dich das Penta-Thema interessiert, habe ich hier eine Ausarbeitung dazu, ich hatte gestern mit meiner Fortgeschrittenengruppe eine Fortbildung genau zu diesem Thema. Kleinen Moment."

Sarah ging zum Schreibtisch, fuhr den Rechner hoch und wenig später hatte Bernd einen ganzen Ordner mit Lesestoff in der Hand. Bernd öffnete ihn und sein Blick fiel direkt auf folgenden Abschnitt im Skript:

„Das Penta braucht die offene, anziehende Energie der Generatoren. Nur durch ihre Lebenskraft wird das Penta überhaupt kraftvoll. Damit reine Generatoren und MGs (Manifestierende Generatoren) in Gang kommen, braucht es Impulse von Manifestoren oder Projektoren. Der Projektor hat die Aufgabe, wahrzunehmen, ob die

Gruppe „auf Spur" ist, ob die Mitglieder „an Bord" sind, ob der Flow da ist. Der Manifestor ist außerhalb des Pentas. Er initiiert den Prozess – möchte gegebenenfalls ein Ergebnis haben – aber dann ist er nicht am Team-Prozess beteiligt. Der Reflektor braucht mehr Raum, er möchte den Blick fürs Gesamte, nicht nur für ein einzelnes Team."

„Wow, spannend, ich wette, meine Frau Elisa ist Reflektorin", meinte er „sie ist wirklich wie die gute Seele des Konzerns, nicht nur für uns hier, sondern auch für die Abteilung in Mönckeberg, sie hat alles im Blick."

Iris, 37, Rechtsanwältin, Projektorin – Kanal 54-32 (Stamm) als einzige Definition

„Es ist mir egal, was es mich kostet", meinte Iris, „ich will weiterkommen. Mit spätestens vierzig bin ich Partnerin. Und werde dafür sorgen, dass wir doppelt so viele Pro-Bono-Mandate übernehmen und eine Gleichstellungssprechstunde einrichten. Ich bin jemand, der seinen Wert durchs Handeln beweist und ich werde in dieser Kanzlei eine Veränderung in Gang setzen, die alle staunen lässt."

„Wow", meinte Sarah, „das nenn ich mal Power. Okay, Iris, ich vermute, Sie werden sehr erstaunt sein über das, was ich Ihnen jetzt zu Ihrem Chart erzähle …"

Eine Stunde später. Iris schüttelt den Kopf – nicht verneinend, dazu waren die Informationen viel zu treffend, hatten genau den Kern ihrer innersten, nie ausgesprochenen Gefühle und Befürchtungen getroffen. Eher fassungslos. „Ich hab das immer geahnt", seufzte sie. „Habe mir gedacht, das kann nicht sein, dass ich alles immer so anstrengend finde, es mir zu viel ist, wo die anderen einfach so energiegeladen sind. Und habe den Gedanken gleich wieder weggeschoben. Mir wieder ein anderes Vitaminpräparat bestellt, eine Eigenbluttherapie gemacht, Ozonbehandlungen, unzählige Motivations-Coachings und geführte Meditationen absolviert. Nichts hat auch nur ansatzweise geholfen. Also habe ich weitergesucht, gedacht, dass ich nur das richtige Mittel finden muss und es dann endlich klappen wird. Aber wer kommt da denn schon drauf, dass ich wirklich anders bin?" Sie schweigt eine Weile, versunken in all die Informationen.

Sarah hatte sich sehr bemüht, ihr die wirklich beeindruckenden und so kostbaren Gaben des Projektors nahezubringen, gerade weil sie wusste, dass in einer Welt voller Generatoren trotz allem für die sakral Offenen erst einmal ein Gefühl des Mangels, der vermeintlichen Minderwertigkeit entstehen konnte. Sah doch für viele der Prototyp eines erfolgreichen Tages so aus: Morgens eine Runde joggen, Powerfrühstück mit Früchten und selbst geschrotetem Getreide, den Tag über effektiv arbeiten, danach ins Fitness-Studio, dann mit Freunden treffen und nett Essen gehen, und zuhause dann noch die Präsentation für morgen vorbereiten. Sie schmunzelte – alleine von dem Gedanken daran wurde auch sie schon müde. Gottseidank begann sich das Bewusstsein vieler Menschen ja zu verändern.

„Was mache ich denn jetzt?" unterbrach Iris Sarah in ihren Gedanken. „Wenn das alles wirklich so ist – und leider fühlt es sich so unglaublich wahr an, dass ich fürchte, es ist so", sie zögerte, „dann will ich auch etwas ändern. Ich will nicht mit Mitte Vierzig ausgebrannt über'm Zaun hängen. Ich will immer noch etwas in der Welt verändern, aber wie? Wenn ich akzeptiere, dass ich das wohl nicht mit 16-Stunden-Tagen tun kann, wie dann?"

„Warte mal bitte kurz, mir ist gerade was eingefallen." Sarah ging zum Schreibtisch und zog den blauen Ordner vom letzten Projektor-Seminar aus dem Stapel. „Schau mal, diesen Modell-Brief habe ich für den Kurs neulich geschrieben, fühl einfach mal, wie es wäre, so etwas zu bekommen:

Kanzlei Zukunft und Söhne - Wertschätzungsstraße 5 - Chillhausen

Sehr geehrte Frau Projektor,
wir haben nur Gutes über Ihre besonderen Gaben der Wahrnehmung, Führung und Begleitung gehört und würden Sie sehr gern für unsere Kanzlei gewinnen. Mit den Arbeitszeiten richten wir uns gern nach Ihren Wünschen, bitte sagen Sie auch, was Sie brauchen, um Ihnen den Arbeitstag so angenehm wie möglich zu gestalten.
Ihre Aufgabe wäre, uns zu beraten, was wir besser machen können. Und einzuschätzen, wer für welche Aufgaben geeignet ist. Natürlich freuen wir uns jederzeit sehr, Ihre Vorschläge und Ideen zu hören.
Wir gehen von einer Arbeitszeit von 2-3 Stunden täglich aus, 12 Wochen Urlaub im Jahr und einem Monatsgehalt von 8.000 Euro netto.
Wir hoffen sehr, Sie für uns gewinnen zu dürfen, mit tiefer Hochachtung und Wertschätzung, Ihr.....

Iris lachte. „Genial, das wär's!"

Sarah lächelte. „Klingt zwar überzogen, aber vom Prinzip her gar nicht so unwahrscheinlich – wenn du lebst, was du wirklich bist. Du hast mir ja ein paar deiner Ideen für die Kanzlei geschildert; wenn du damit leben kannst, dass du nicht gleichzeitig diejenige sein musst, die das alles eigenhändig stemmt, könnte ich mir vorstellen, dass daraus etwas wirklich Großes werden kann. Denn der vielgerühmte Erfolg des Projektors liegt ja darin, andere (die Generatoren) durch kluge und eingeladene Fragen zum Erfolg zu führen."

Iris nickte. „Klingt grandios. Aber ich will ehrlich sein, da werde ich wohl eine Weile brauchen, bis ich das so kann. Wenn ich alleine an diese endlosen Besprechungen denke, du glaubst gar nicht, wie viel Kraft mich das kostet, überhaupt gehört zu werden", seufzte sie.
„Im Gespräch mit Projektoren nutze ich immer wieder den Bibelspruch: „Wirf keine Perlen vor die Säue", erwiderte Sarah.

„Denn ohne Einladung wollen die meisten Menschen gar nicht hören, welche Kostbarkeiten ein Projektor wahrnimmt. Und das ist nicht persönlich, sondern mechanisch. Probier doch einfach mal zu warten, bis eine Diskussionsrunde fast zu Ende ist (so hat Angela Merkel, auch eine Projektorin, das immer gemacht) und sprich erst dann. Denn dann musst du nicht gegen all die anderen Stimmen, die etwas sagen wollen, ankämpfen, und die Teilnehmer sind offener geworden. Am schönsten wäre natürlich, wenn die Frage kommt: „Frau Meyerling, Sie haben noch gar nichts gesagt, mich würde sehr interessieren, wie Sie die Angelegenheit einschätzen." Oder – der Traum jeder 18-58: „Sehen Sie einen Weg, wie wir das besser machen könnten?" Und wenn du als Projektorin unbedingt etwas sagen möchtest, tu es idealerweise in der Frage-Form. Fragen sollten bitte offen sein, neutral, ohne, dass man schon vorher ein bestimmtes Ergebnis im Kopf hat. Die Frage an deine Freundin "Willst du DAS Kleid zum Empfang anziehen???" ist ja keine echte Frage", grinste Sarah.

„Und denk dran – nicht alles, was da kommt, ist eine echte Einladung für dich. Für eine Einladung muss der andere bereit sein, Energie zu investieren. Und sie sollte dich in deiner Gabe als Projektorin meinen, also sich auf das beziehen, was wirklich deine besondere Projektor-Fähigkeit der Wahrnehmung und Lenkung ist. Stell dir mal vor, eine Innenarchitektin, die genau sieht, was wo wie gut aussehen würde, kauft die Möbel, transportiert sie und schleppt sie dann noch ins Haus. Dann wäre sie vollkommen erschöpft und könnte ihre eigentliche Wirkung, die durch ihre Vorstellungs- und Einfühlungskraft kommt, gar nicht mehr entfalten. Und das kennst du sicher auch, diese vermeintlichen Einladungen wie: „Oh, Iris, du kochst doch so gut und kannst so wunderbare Salate machen, kannst du bitte deinen Kartoffelsalat und deine Suppe zur Party mitbringen, wir sind fünfzig Leute. Das ist keine Einladung!" Iris verdrehte die Augen und seufzte. „Und mit deinem offenen Ego läufst du außerdem Gefahr, deinen Wert beweisen zu wollen, indem du ganz viel für andere tust," fügte Sarah noch hinzu. „Auch wenn du zum

Beispiel in Wahrheit nicht mal besonders gern in der Küche stehen magst … du ahnst, worauf ich hinaus will?" Iris seufzte erneut. „Und ob. Du hast wohl eine Kamera in meiner Wohnung installiert", lächelte sie betroffen. „Genauso war es letzte Woche. Allerdings nicht mit Kartoffelsalat, sondern Mokkatorte, die Stunden in der Küche braucht. Aber was mach ich denn, wenn keine Einladung kommt?"

Sarah strahlte sie an. „Danke. Das ist DIE Projektorfrage schlechthin. Ganz einfach eigentlich: Du sorgst gut für dich. Beschäftigst dich mit Dingen, die dich interessieren. Genießt dein Leben, findest heraus, was du magst und was nicht. Lernst, nein zu sagen, Grenzen zu setzen. Folgst deiner inneren Autorität. Dein Leben ist ja nicht verschoben auf den Moment der Einladung – du brauchst definitiv keine Einladung, du selbst zu sein. Und je besser du für dich sorgst, desto größer wird deine Sichtbarkeit für andere. Und lass dich ruhig unterstützen – du weißt doch, ein Generator, der tut, worauf er Bock hat, findet Befriedigung."

Iris rieb sich die Augen. „Das stimmt wirklich. Als Tom neulich für mich das Bett aufgebaut hat, war er danach total happy. Ich wäre danach, egal ob erfolgreich oder nicht, einfach nur platt gewesen. Echt, ich hasse so was."

Sarah lächelte innerlich. Das sind die Momente, die sie so liebte, wenn klar wurde, dass der andere wirklich und zutiefst etwas verstanden hat. „Lassen wir's gut sein für heute", sagte sie, „wir treffen uns einfach in zwei Wochen wieder und schauen, was sich bis dahin tut."

Wie auf Knopfdruck

Renate, 48, und ihre Tochter Senna, 19, nahmen gemeinsam am Human Design Grundkurs teil. Sie hatten viel gemeinsam – beide Generatorinnen, bei beiden sind fünf von neun Zentren definiert, also eingefärbt (vertraut, verlässlich, wirkend, so „bin" ich). Beide emotional offen, also eigentlich, wenn sie alleine sind, auf gute Weise „gechillt", entspannt, kühl.

Aber: Renate hat Tor 55, das Tor der Fülle, der Geisteshaltung. Ihre Tochter die gegenüberliegende 39, das Tor der Provokation und auch der emotionalen Befreiung. Und das bedeutet, dass, wenn sie beide zusammen kommen, sich der Kanal 39-55 schließt, einer der intensivsten in der Körpergrafik. Es geht um das Provozieren und Freisetzen von Gefühlen. Zusammen definierte sich so ihr Emotional-Zentrum.

Sarah hatte dann mal gefragt, wie es bei ihnen so lief, als Senna in der Pubertät war. Renate meinte nur trocken: „Ich war kurz davor, sie rauszuschmeißen." Senna grinste. „Na ja, ihr beide seid echt toll, dass ihr offensichtlich einen gemeinsamen Weg gefunden habt, damit umzugehen", lächelte Sarah. „Zum einen habt ihr diese Elektromagnetik – so nennt man das, wenn sich in zwei Menschen zwei gegenüberliegende Tore begegnen und damit dann beide Zentren im Zusammensein definiert werden. Das bringt immer eine Menge Bewegung rein, wie ein Blitzschlag halt. Aber auch sehr faszinierend, wieder mal je nachdem, wie man damit umgeht. Und was bei euch beiden passiert, geht noch darüber hinaus. Denn Sennas Tor 39 in der 2. Linie („Konfrontation - Hindernisse werden direkt und instinktiv angegangen") wird durch dich, Renate, getriggert, es heißt dann: „Die Direktheit des Angriffs provoziert."

Renate schüttelte verblüfft den Kopf, „Ja, genau so war das immer. Senna passte etwas nicht, und bums, kam die Breitseite." Ein Blick auf Sennas Gesicht brachte Sarah dazu, schnell etwas klarzustellen:

270

„Ganz wichtig, ihr beiden, Triggering ist weder böse gemeint noch absichtlich. Es entsteht durch die Wirkung der Planeten – auch wenn das natürlich für manche ein bissl zu esoterisch klingt, aber man kann es ja nachprüfen. Und so ist diese Reaktion von Senna nicht gegen dich gewesen, es passiert einfach. Und umgekehrt genauso: du, Renate, hast Tor 55 in der vierten Linie. Normalerweise ist das Thema hier: „Emotionale Wahrnehmung und Energie in Balance.“ Aber durch Senna landest du, rein mechanisch „geschaltet“ in der Anspannung dieser Linie – das sieht man immer an den kleinen schwarzen Dreiecken neben den Angaben zu den Planeteneinflüssen, die dann mit der Spitze nach unten zeigen – im Schatten: „Ungestüme Energie, die nicht auf die emotionale Ausgeglichenheit achtet und dadurch die Geisteshaltung untergräbt.“ Senna lachte. „Yes, genau so war das. Wie ein Raketenstart manchmal.“

„Immerhin seid ihr beide jetzt zusammen hier. Was hat sich geändert?“ fragte Sarah interessiert. „Das kam, als Mama einmal völlig unten war. Sie hat aufgehört, pädagogisch zu sein und ist stattdessen einfach in Tränen ausgebrochen. Hat mir erzählt, wie sehr sie mich liebt und wie traurig es sie macht, wenn wir uns streiten. Und dass ich das Allerwichtigste in ihrem Leben bin und immer sein werde.“ Senna wischte sich rasch die Wimperntusche unter dem Auge weg. „Und das war so echt, da konnte ich nicht anders als auch echt sein und habe ihr eigentlich genau das gleiche gesagt.“ „Und seitdem ist alles irgendwie anders“, bestätigte Renate, „wir sind auf einer Seite, oder vielleicht schlucken wir einfach die Köder nicht mehr, die die andere auswirft. Meistens jedenfalls“, fügte sie lachend hinzu.

„Auf jeden Fall bist du die coolste Mutter, die man haben kann“, lächelte Senna und legte den Arm um ihre Mutter. Renate strahlte ihre Tochter an und drückte sie kurz an sich. „Und du die wundervollste, mich wahnsinnig machende Tochter, die es gibt.“ Beide lachten.

Einfach oder gespalten – wie bist du definiert?

Eine Stunde vor Ende des Wochenendseminars schaute Sarah in die Runde: „Noch Fragen?" Nach einer kurzen Stille nutzte Mia die Gelegenheit: „Könntest du nochmal was zu den Definitionen sagen, ich versteh nicht wirklich den Unterschied zwischen einfacher und gespaltener Definition." „Weil du nicht zugehört hast", neckte Claudia sie, der natürlich immer sofort auffiel, wenn Mia im Glauben, unbeobachtet zu sein, auf ihr Handy schaute.

Sarah grinste. „Gute Idee, wiederholen schadet ja nie. Wie wäre es, wenn ich euch ein paar Klientenbeispiele erzähle, daran lassen sich die Auswirkungen immer am besten erkären. Einfache Definition, das ist auch einfach zu erklären. Alle definierten Zentren sind dann „irgendwie" miteinander verbunden. Natürlich nicht jedes mit jedem, aber so, dass man zwischen den Kanälen ohne Unterbrechung hin und her wandern kann."

„Hier nehme ich Nathan als Beispiel", fuhr Sarah fort, „wann immer er eine Entscheidung treffen musste, hat er sich ein paar Tage in die Wildnis zurückgezogen. Denn weil alle seine Zentren verbunden sind, hat er auch zu allem in sich (also zu seinen definierten Zentren) einen direkten Zugang, und kann so alleine eine für ihn stimmige Entscheidung treffen. Für seine Frau Anja war das nicht ganz so stimmig – sie fühlte sich von ihm komplett ausgeschlossen. Anja hat eine sogenannte einfache Spaltung, das heißt, es fehlt ihr ein bestimmtes Tor zur Überbrückung der durchgehenden Verbindung ihrer Energiekanäle. Und für sie war es tatsächlich Nathan, der ihr das „Brückentor", das die Verbindung herstellt, brachte. Mit ihm fühlte sie sich vollständig, im Flow, viel verbundener als alleine. Und war daher doppelt verletzt, dass es für ihn offensichtlich anders war. Es hat geholfen, ihr die Dynamik mit dem Human Design zu erklären, aber ich glaube, sie tut sich dennoch schwer damit. Ist ja auch irgendwie gemein – der eine fühlt sich endlich komplett, wenn der andere da ist und hat ein Gefühl von „mit dir bin ich endlich ganz".

Und der andere macht am liebsten alles mit sich alleine aus, wenn es um Entscheidungen für sich selbst geht. Aber zu wissen, dass es nichts mit Liebe und Vertrauen zu tun hat, hat ihr schon geholfen.

Für Anja ist es wichtig, dass sie ihr Brückentor kennt, also das Tor, oder vielleicht auch die Tore, falls es mehrere gibt, die diese Lücken zwischen den definierten Zentren schließen. Denn dann weiß sie, was ihre Verlockungen sind, die sie glauben machen, sie wäre erst richtig, wenn sie genau diese Gabe, Fähigkeit oder Qualität hat. Ra hat immer gesagt, Beziehungen seien für Generatoren mit Spaltung das Allerwichtigste – dann zieht man das zu sich, was zu fehlen scheint und lernt dadurch. Für Anja war die Lektion, mit Nathan zu lernen, dass ihr nichts fehlt. Dass sie alles in sich trägt und sich für ihre Entscheidungen einfach unter Leute begeben darf, da diese dann auch – energetisch – diese Brückentore mitbringen. Diese Überbrückung passiert übrigens allein über die Auren der Anwesenden im Raum, ein faszinierendes Phänomen. Seit sie das weiß, geht Anja immer auswärts essen, wenn Nathan mal wieder auf Tour ist. Und soweit ich weiß, geht es beiden gut damit."

Sarah fiel direkt noch eine weitere Geschichte dazu ein: „Total niedlich ist das Beispiel von Vladimir und Simone. Simone hat eine so genannte weite Spaltung, da würde es mehr als ein paar Tore brauchen, um zum Beispiel Kopf-Ajna und Wurzel-Emotion zu verbinden. Und da kann es passieren, dass man glaubt sicher zu sein, dass einfach nur das Gegenüber ein Problem hat. Die beiden haben eine Art Reise in Vladimirs Vergangenheit gemacht, sie sind über Kasachstan nach Russland gereist. Und weil für Simone sehr wichtig ist, niemandem zur Last zu fallen, bestand sie darauf, in ein Hotel zu gehen - sie wollte auch keine Kosten für seine Familie verursachen, da sie ja beide wussten, in welch ärmlichen Verhältnissen die Verwandten lebten. Und das nur wenige Parallelstraßen von der großen Prachtmeile in Astana entfernt, kein fließendes Wasser, nur hin und wieder Strom.

Als sie dann bei Vladimirs Verwandten (Großonkel, Tante und Cousins) zu Besuch waren, waren diese zu ihr eher reserviert; man bot ihr zwar von allem an, aber die Freundlichkeit blieb eher kühl und mechanisch. Simone fühlte sich vollkommen unerwünscht. Gerade weil sie gelernt hatte, dass doch in russischen und kasachischen Familien eine enorme Gastfreundschaft herrscht. In jedem Gespräch, das sie nicht mit einbezog, jeder Geste, sah Simone nun die Ablehnung ihrer Person. Und begann, sich entsprechend ablehnend zu verhalten, bis sie am dritten Tag gar nicht mehr mit auf Besuch ging.

Gottseidank hat sich das Missverständnis dann aufgeklärt, denn es stellte sich heraus, dass wiederum Vladimirs Familie dachte, sie würde sie ablehnen und auf sie herabschauen, weil sie nicht bei ihnen wohnen wollte. Zum Glück hatte Vladimir einfach nachgefragt. Denn da er in Dänemark und später Deutschland aufgewachsen war, war auch er mit den landestypischen Sitten nicht wirklich vertraut. Aber mit seinem Inkarnationskreuz der Liebe, also seinem Lebensthema und dem Sonnentor 25, der Unschuld, fiel es ihm wesentlich leichter als der scheuen Simone, einfach nachzufragen, wenn etwas seltsam erschien."

„Das kann ich nur jeder weiten Spaltung empfehlen", meinte Sarah lächelnd, „man spart sich und anderen so viel Schmerz. Kommen wir zur dreifachen Spaltung. Wie der Name schon sagt, gibt es drei Bereiche, die untereinander nicht verbunden sind. Wer in Mathe aufgepasst hat, weiß, dass es damit auf jeden Fall sechs definierte Zentren geben muss. Das sind Menschen, die Abwechslung brauchen. So wie Timo. Er ist ein Einzelkind und war von Kindheit an eigentlich ständig unterwegs, bei Freunden oder in der Jugendgruppe oder beim Sport. Bei ihm sind das Ego-Herz-Willenszentrum und das Selbst offen. Somit erleben ihn alle natürlich immer sehr unterschiedlich, je nachdem, mit wem er zusammen ist. Aber vor allem ist er fast besessen davon, seinen Wert zu beweisen. Dauernd nimmt er an Wettkämpfen teil, vor allem das Free Climbing hat es ihm angetan. Sein Job passt super, er ist Fotograf und kann daher mit den Aufnahmen seiner spektakulären Touren Geld verdienen."

„Also geht's bei der dreifachen Spaltung mehr darum, was in den offenen Zentren liegt, beziehungsweise um das Nicht-Selbst?" fragte Tina interessiert. „Kann man so sagen, ja, da sind es weniger die Brückentore, die eine Wirkung haben, und es geht viel mehr um die Themen der offenen Zentren. Und natürlich der Weisheit, die es da zu entfalten gilt", nickte Sarah.

„Anders als bei der total seltenen vierfachen Spaltung, da müssen mindestens acht von den neun Zentren definiert sein. Und es gibt halt diese vier einzelnen Bereiche. Das macht es ganz schön herausfordernd. Weil man eben sehr lange braucht, Entscheidungen zu treffen, die für alle Aspekte stimmig sind. Die Chancen stehen ja außerdem sehr hoch, dass es eine emotionale Definition gibt. Daher braucht dieser Mensch viel Zeit. Und wird, je nachdem, mit wem er zusammen ist, durch das Umfeld beeinflusst, weil andere Brücken entstehen. Mein Vater ist so eine vierfache Spaltung, ich sag euch, das hätte ich wirklich früher wissen mögen", sagte Sarah. „Ich weiß noch, wie komisch ich das fand, wenn ich andere über ihn reden hörte – es war, als würden sie von einem völlig anderen Menschen reden. Für die einen war er ein Denker, ein sehr inspirierender, logischer Mensch (das sind diejenigen, in deren Gegenwart bei ihm Kopf und Ajna mit der Kehle verbunden wird). Das fand ich so befremdlich, weil ich ihn so überhaupt nicht wahrgenommen habe. (Kein Wunder, in unserem Familien-Chart blieb diese Verbindung offen). Er konnte manchmal extrem dogmatisch sein, aber normalerweise war er eher total emotional und spontan bis hin zu dramatisch. Gott, konnte der explodieren", sie grinste bei der Erinnerung. „Einmal hat er die Glastür zum Balkon wohl nicht gesehen, das heisst er dachte, sie wäre offen, Mama hatte sie aber zugemacht. Und dann ist er mit dem vollen Teller Essen dagegen gelaufen. Und unten stand sofort unser Hund parat und hat den

Braten gefressen. Mit der Faust gegen den Türrahmen hat er geschlagen, alle Mittelhandknochen waren gebrochen. Und dass wir gelacht haben, hat es nur noch schlimmer gemacht."

Alle im Raum grinsten und Sarah erzählte weiter: „Heute weiß ich, dass bei meinem Vater durch mich seine Emotionen zur Kehle verbunden wurden, sowohl durch Kanal 35-36 als auch 12-22. Und gleichzeitig hab ich ja Tor 57 – er die 34. Kein Wunder, dass es so oft geknallt hat mit uns. Ihm war seine Emotionalität überhaupt nicht bewusst." Sarah lachte. „Ein anderes Mal hat er einem Bekannten erzählt, er wäre ein sehr ruhiger und beherrschter Mensch, nur seine Tochter würde ihn so aufregen. So kann man's auch drehen, aber klar, sein Emotionalzentrum war ihm eben total unbewusst, alles auf der Design-Seite. Tor 36, 55, 30 und 49 sind ja nicht ohne – und wenn die dann explodieren, weil der Fluss zwischen Wurzel und Kehle durch das Töchterchen in Gang kommt – einfach gut zu wissen. Heute ist das easy mit uns, einfach weil ich es ja weiß. Und er ist mit seinen 87 Jahren auch ein wenig entspannter geworden", grinste sie.

„Also wichtig zu merken für Menschen mit vierfacher Spaltung wäre, dass sie eben einerseits sehr definiert sind, sehr in der Wirkung - vielleicht auch ein bisschen zu festgelegt wirken, andererseits aber sehr viel Zeit für Entscheidungen brauchen, weil sie ja so unterschiedliche Verbindungen in sich aktivieren müssen", erklärte Sarah. „Denn nur der Denker oder nur der Intuitive oder der Fühlende zu sein, oder der unter Druck Stehende ist ja keine ausreichende Entscheidungshilfe."

Sarah lachte. „Ich hatte mal so einen Klienten, der auf die Frage, wie es ihm denn mit Entscheidungen geht, antwortete: „Oh, das ist ganz leicht, schließlich weiß ich ja, was richtig ist". Da war also der Kopf Chef, was ja nicht gut funktionieren kann. Und da es in Liebesangelegenheiten immer sehr problematisch war, hatte dieser Klient sich dann doch mal drauf eingelassen, zu üben, die anderen

Aspekte seiner selbst mal zu Wort kommen lassen. Und ich war echt beeindruckt – als Nachwirkung der Beratung hat er dann ein Sabbatical genommen und ist den Jakobsweg gewandert. Und hat seine jetzige Partnerin dort kennengelernt, ein gemeinsamer Weg sozusagen. Sie hat alle seine Brückentore, so etwas habe ich noch nie gesehen. Er hat seitdem das Gefühl, mehr bei sich zu sein und interessiert sich für spirituelle Themen, wie es auch sein Inkarnationskreuz der Sphinx, noch dazu mit Persönlichkeitsprofil 6/3, nahelegt. Echt ein Geschenk für ihn, diese Begegnung. Und er ist seitdem allgemein viel ausgeglichener, das hat ihm neulich auch seine Sekretärin bestätigt."

„Du sprichst immer wieder mal vom Inkarnationskreuz, Sarah, und hast gesagt, das wäre so das Lebensthema. Kannst du das vielleicht kurz erläutern?" fragte Tina.

Sarah nickte. „Na klar, danke für den Hinweis, Tina. Also das ist, ihr ahnt es schon, wieder ein großer Themenbereich. Ganz praktisch setzt sich das Inkarnationskreuz aus den Toren in Sonne und Erde auf der bewussten und unbewussten Seite zusammen. Somit gehört natürlich auch das Profil untrennbar dazu. Es ist nichts, was wir wirklich beeinflussen können oder gar wechseln, es ist eher ein Weg, der sich im Laufe des Lebens entfaltet. Bei jungen Menschen ist es meist noch nicht wirklich sichtbar. Aber spätestens Richtung fünfzig wird es dann sehr deutlich. Übrigens hat Ra die Informationen zu den Inkarnationskreuzen anfangs nur sehr zögernd veröffentlicht, weil er befürchtete, die Menschen würden entweder denken, die Information darin wäre etwas, worauf sie einen Anspruch hätten oder etwas schicksalhaft Unvermeidliches, egal wie sie ihr Leben führen. Das ist natürlich nicht so. Es ist eher so, dass dieser Sinn sich im Laufe unseres Lebens zeigt, als vollster Ausdruck unseres Bewusstseinspotentials und unseres Prozesses, ein waches Leben gemäß unserer Einzigartigkeit zu führen. Und wer es noch genauer wissen möchte: Es gibt drei verschiedene Arten von Inkarnationskreuzen: mit einem rechten Winkel – dann ist es persönlich, hier geht es um den eigenen Weg, das ganz persönliche Leben. Dann gibt es die sehr seltene Juxtapostion - hier ist der Mensch sehr auf seinem eigenen Weg fixiert, fast als gäbe es einen Plan, dem er folgt. Gleichzeitig wirkt er stark auf die Menschen in seinem Umfeld. Die Juxtaposition bildet eine Brücke hin zum linken Winkel, dem Transpersonalen, wo das „Du", der Andere, die Welt, eine wichtige Rolle spielen und eine Wirkung auf das eigene Leben haben."

#Tiramisu (und die kombinierte Supergabe von Tor 57 und Ton 1 – riechen)

Tina und Frank waren endlich einmal wieder essen. So richtig, im Restaurant, mit Vorspeise, Hauptgang und Nachtisch. Und vor allem – ohne Kinder. Doch wie bei allem, was über lange Zeit so sehr herbeigesehnt wurde und eine so große Bedeutung hat, war es dann doch nicht ganz so romantisch, wie es sich die Eltern der neun Monate alten Zwillinge in ihrer „Zeit-zu-Zweit"- Fantasie ausgemalt hatten. „Ihr" Tisch war nicht frei gewesen, überhaupt war das Restaurant, in dem sie zu Beginn ihrer Beziehung die schönsten Liebesabende verbracht hatten, nicht mehr ganz so schön wie damals. Lauter, hektischer, die Atmosphäre irgendwie angespannter (genau wie sie).

Auch den Speisen fehlte der erhoffte Pepp. Aber: es gab Tiramisu. Ihrer beider Lieblingsnachtisch, der dann natürlich bestellt wurde. Es sah wundervoll aus, aber irgendetwas war komisch, fand Tina. Sie roch daran, alles okay. Aber das merkwürdige Gefühl blieb. „Also ich ess das lieber nicht", sagte sie zu Frank, der aber schon den ersten Bissen im Mund hatte und verzückt die Augen verdrehte. „Mmmh, Gottseidank, das ist noch genauso gut wie früher", schwärmte er und meinte nur: „Ich glaube, du übertreibst, Schatzi, es schmeckt genauso wie es sein sollte". Doch Tina blieb standhaft, sie hatte gelernt, ihrem „Riecher" zu vertrauen, auch wenn es scheinbar keinen Grund dafür gab und sie bedauerte, das geliebte Dessert zu verpassen. (Riechen ist der erste Ton, der eine Art Supergabe mit sich bringen kann, wenn der Mensch seinem PHS – Primary Health System - also in diesem Zusammenhang der für ihn stimmigen Ernährung- folgt.)

Acht Stunden später. Tina und Frank sind in der Notaufnahme. Frank ist entsetzlich schlecht, er hat Magenkrämpfe. „Na, Sie sind aber flott", konstatiert der diensthabende Arzt, „die meisten kommen erst viel später, wenn die Symptome ganz massiv werden." „Meine Frau hatte wohl doch den richtigen Riecher", stöhnt Frank. „Wie immer, irgendwann lerne ich es noch".

Kinder, Kinder

Susanne staunte. Nie im Leben hätte sie erwartet, dass ihr Klassenarbeitsthema eine so begeisterte Resonanz bei den Kindern finden würde. Tatsächlich war das Thema eher aus der Not geboren, denn seit sie sich mit Matthias traf, hatte ihre Arbeitsmoral ein wenig gelitten. Sie schmunzelte - wo war nur die übermotivierte Lehrerin geblieben, die solchen Wert auf innovativen Unterricht legte? Sie waren viel zu spät aufgestanden und erst da war ihr eingefallen, dass sie noch kein Thema für die Klassenarbeit hatte. Und so hatte sie in ihrer Not auf ein Aufsatzthema aus ihrer eigenen Kindheit zurückgegriffen: „Mein schönster Tag". Wenigstens war ihr noch ein Zusatz eingefallen: „Und mein bester Vorschlag für die Welt". Und was sie hier las, klang sehr nach einer Vorlage für ihre Freundin Sarah und das Human Design.

Zum Beispiel Nina, 8 Jahre:

„Mein schönster Tag ist, wenn ich einfach machen kann, worauf ich Bock habe. Wie in den Ferien bei Omalisa. Da muss man nämlich gar nichts, aber es gibt soo viel Tolles zu tun. Omalisa fragt mich immer: Nina, hast du Lust, Donatello seinen Hafer zu geben? Nina, magst du mir helfen, Donatello zu striegeln? Und dann spür ich dieses Flattern in meinem Bauch, das mir sofort zeigt: Ja, Ja, Ja, da hab ich Lust zu. Wenn das so ist, macht mir alles viel mehr Spaß. Und letzten Monat war Heuernte und da hab ich den ganzen Tag mitgeholfen. Das war cool und hat so lecker gerochen. Und meine Cousine Leah war schon mittags müde, obwohl sie doch ein Jahr älter ist als ich. Ich durfte abends sogar noch mit zum Lagerfeuer für die Helfer. Allerdings bin ich dann einfach auf einem Strohballen eingeschlafen, aber auch das war super. Mein Vorschlag für die Welt ist, dass wir immer machen dürfen, worauf wir Lust haben. Weil es dann viel mehr Freude macht und sich so schön innen drin anfühlt, so zufrieden. Und all die doofen Sachen machen doch eh keinen Sinn."

Susanne schmunzelte. Wenn Nina keine Generatorin war, würde sie den sprichwörtlichen Besen fressen.

Der nächste Aufsatz stammte von Regula, der kleinen Schweizerin, die erst wenige Wochen in ihrer Klasse war:

„Mein schönster Tag wäre immer so, wie ich mich gerade fühle", schrieb sie. „Alles wäre immer möglich (denn ich weiß vorher nicht, ob ich wirklich Lust auf etwas haben werde oder nicht, daher ist es nicht schön, wenn ich mich festlegen muss). An meinem schönsten Tag hätten meine Freundinnen Zeit, wenn ich Lust zum Spielen habe, und wären nicht beleidigt, wenn ich gerade nicht mag. Außerdem hätte ich einen ganz großen Kleiderschank, in dem alle möglichen Anziehsachen sind, je nachdem, was ich gerade schön finde. Wir würden mitten im Wald wohnen, auf einer riesengroßen Wiese, und ganz viele andere nette Leute auch. Abends würden wir alle zusammen am Feuer sitzen. Mein Wunsch für die Welt wäre, dass alle glücklich sind und Freude am Zusammensein haben. Und jeder machen darf, was ihm Freude macht."

Das ist sicher eine Reflektorin, dachte Susanne, fest entschlossen, sich die Geburtsdaten der Kinder zu besorgen. Beeindruckend, wie tief das Wissen um ihr wahres Wesen in diesen Kindern verankert war. Es wäre so schade, wenn wir das alles herauskonditionieren. Beschwingt griff sie nach dem nächsten Aufsatz.

Nils Bodhe, las sie - ah, der andere Neuzugang. Nils tat sich offensichtlich ein wenig schwer, in die Klassengemeinschaft zu finden. Er war ein stiller, sehr höflicher Junge, aber irgend etwas Besonderes schwang bei ihm mit. Das fiel wohl auch den Mädels auf, sie warfen ihm lange Blicke zu, tuschelten und kicherten und wurden ganz verlegen, wenn er an ihnen vorbeiging. Anzusprechen wagten sie ihn wohl nicht, denn Nils blieb allein. Vielleicht sollte ich darüber mal mit ihm reden, dachte Susanne.

Nils schrieb: „Mein schönster Tag wäre, wenn ich immer bei meinem Opa sein könnte. Der wohnt oben auf dem Berg und ich kann den ganzen Tag machen, was ich mag. Neulich zum Beispiel hat er abends gesagt, dass das Gatter oben an der Weide kaputt ist. Und da hab ich mir morgens ganz früh das Werkzeug genommen und bin hoch und hab den Zaun repariert. Opa hat gesagt, dass ihn das so gefreut hat und dass es ihm geholfen hat. Weil er doch nicht mehr so gut zu Fuß ist. Und dann hat er gesagt, dass er mir vertraut und ich ihm einfach nur bitte Bescheid sagen soll, wenn ich mal etwas außerhalb vom Hof unternehme. Wenn immer mein schönster Tag wäre, dann würde ich meinen Eltern morgens sagen, dass ich erstmal eine Weile in meinem Zimmer sein will, ohne dass sie mich unterbrechen. Weil dann kann ich in Ruhe Lego bauen oder spielen. Wenn sie nämlich reinkommen und mich fragen, was ich denn mache, ist das schöne Gefühl in mir weg (sein Flow). Und dann würde ich ihnen sagen, dass ich abends wieder zuhause bin und sie sich keine Sorgen machen müssen. Und dann wäre ich frei, zum Fluss zu gehen oder auf den Skateplatz. Mein bester Vorschlag für die Welt wäre: Lasst den Leuten ihre Freiheit."

Susanne grinste. Herr Manifestor, wie er im Buche steht.

Sie griff zum nächsten Heft. Mia Meinhard. Sie seufzte. Mia war anstrengend. Ein kluges Mädchen, ohne Frage. Aber schwer zu bändigen, sie machte stets am liebsten drei Dinge gleichzeitig und tat sich schwer, wenn nicht alles sofort geschah, was natürlich in einer so großen Schulklasse oft unvermeidlich war.

Mia schrieb: „Mein schönster Tag wäre, wenn ich mit Mama und Papa ohne meinen kleinen Bruder eine Radtour mache, so wie neulich in den Ferien. Und wenn wir dann irgend etwas Schönes sehen, einfach anhalten können. Auf dem Spielplatz am Fluss und in der Eisdiele in dem kleinen Dorf. Und wenn wir dann an dem Sommereislaufplatz vorbekommen, halten wir wieder an und ich kann Eislaufen. An meinem schönsten Tag würde ich nur machen, wozu ich gerade Lust habe, und den Satz „Mia, mach doch erstmal zu Ende, was du gerade angefangen hast" würde niemand kennen. An meinem nächsten schönsten Tag würde ich im Forschercamp sein, so wie in dem letzten Herbstprogramm von der Gemeinde. Da wäre ich in allen Teams und würde..."

Susanne musste schon beim Lesen lachen. Typisch Mia, ein schönster Tag reichte diesem Mädchen nicht, sie beschrieb direkt den nächsten. Sie las weiter bis zu Mias Vorschlag für die Welt:

„Alles steht einem immer offen, man muss sich nicht festlegen. Und niemand kritisiert andere dafür, dass sie mit etwas aufhören und etwas anderes lieber machen wollen. Und die Menschen sind alle ehrlich und sagen immer, worum es wirklich geht. (Nicht wie Mama, die immer fragt „Mia, magst du mit zu Oma kommen?" und dann gehen wir vorher stundenlang einkaufen „weil es doch auf dem Weg liegt". Das hasse ich!)

Eine „Manifestierende Generatorin", wettete Susanne mit sich selbst und griff nach dem nächsten Heft.

In sehr ordentlicher Handschrift wies es Greti Seitlinger, 4 B, Grundschule Echoer Straße 42-46 in Gürtelsbach aus. Donnerwetter, dachte Susanne, an ihr könnte ja auch ich mir ein Beispiel nehmen.

Für Greti war der schönste Tag erfüllt vom Erforschen neuer Dinge – bei denen sie in der Begleitung eines weisen Professors durch die Welt ging. Susanne schmunzelte; was für ein ungewöhnlicher Wunsch für eine Neunjährige. Aber ihr war schon aufgefallen, dass Greti es schätzte, wenn alle Informationen Hand und Fuß hatten, überprüft werden konnten. Sicherheit schien ihr ein großes Bedürfnis zu sein. Im Klassenverband war ihr Greti manchmal aufgefallen, weil sie sehr genau wissen wollte, wie die Hintergründe einer Information waren. Zum Beispiel hatte sie so lange gebohrt, bis Susanne ihr fast gegen ihren Willen mitgeteilt hatte, dass Frau Mühlbacher schwanger war und liegen musste und deshalb den Kunstunterricht abgegeben hatte – dabei hatte sie diese Information eigentlich gar nicht an die Schülerschaft weitergeben wollen. Seit diesem Fauxpas achtete sie darauf, dass sie Greti gegenüber klare Informationen herausgab, um nicht noch einmal eine „Befragung" zu erleben.

Gretis Wunsch für die Welt war, dass alle Menschen ehrlich und vertrauenswürdig miteinander wären. Dass jeder ein sicheres Zuhause hätte und alle Informationen zugängig wären, die man sucht. Spannend, dachte Susanne, da muss ich Sarah fragen, ob das auch einem Human Design Aspekt in Greti zuzuordnen ist. (Ja, Greti ist im Profil eine 1/3. Der ersten Linie ist das Thema Sicherheit zugeordnet, sie mag und muss sich auskennen und sicher sein, und bohrt und forscht solange, bis sie alles geprüft hat).

Aus dem Alltag - Victor Hannes Müller

„Du bist der Gangster, Julian. Und du, Liam, kannst der Streifenpolizist sein. Ich bin dann der Kommissar und verhafte dich.

Und lasst die Lia mitspielen, sie ist meine Assistentin". Annette schüttelte den Kopf - sie hatte Victor doch erklärt, dass er im Zusammenspiel auch mal diplomatisch sein sollte und den anderen eine Chance geben, sich ihre Rolle selbst auszusuchen. Doch wenn er nicht Chef sein konnte, war Victor am Zusammenspielen nicht interessiert. Dann ging er lieber in den Werkraum und baute etwas. Alleine. Hier musste sie zugeben, dass es sehr beeindruckend war, was er da aus den Holzresten zusammensetzte. Fast künstlerisch, vielleicht sollte sie das mal seinen Eltern … doch da wurde Annette durch ein Krachen abrupt aus ihren Gedanken gerissen. Victor hatte das Holzregal von der Wand gerissen und umgekippt. „Ihr könnt mich alle mal, dann spielt euer blödes Spiel doch alleine!" schrie er und rannte in den Garten.

Nachdem sie sich vergewissert hatte, dass außer den Kisten im Regal niemand zu Schaden gekommen war, fragte Annette die Kinder: „Was war denn los? Habt ihr euch gestritten?" Die Jungs schwiegen, aber Fiona, kommunikativ wie immer, erzählte nur allzu bereitwillig. Sie liebte es, den anderen zuzuschauen und war deshalb immer bestens im Bilde (eine Projektorin). „Also der Victor, der hat wieder nur kommandiert. Mach dies und mach das. Und dann ist der Liam sauer geworden und hat gesagt, Victor sei einfach zu blöd, um Kommissar zu sein, und er hätte ihm gar nichts zu sagen und hat gemeint, Victor sei doch nicht ihr Bestimmer und seine Spiele wären eh immer doof, und sie würden auch nicht mit Mädchen spielen wollen, und dann hat der Victor gesagt, dass das doch egal wäre und Lia wäre eine prima Assistentin. Weil die hat ja mal …"

„Danke dir, Fiona, dann weiß ich Bescheid", nickte Annette. Aus Erfahrung wusste sie, dass Fiona, wenn sie denn einmal anfing zu erzählen, nicht so leicht ein Ende fand. (Fiona hat eine offene Kehle. Da braucht es sehr präzise Fragen, sonst kann sie leicht ins „Blubbern" kommen in dem Versuch, wirklich jeden einzelnen Aspekt in seiner Gänze mitzuerzählen.)

Zum Glück war heute Tina, ihre Auszubildende, im Kindergarten, und so konnte Annette ihre Gruppe kurz in deren Obhut lassen und mit Victor reden. Sie fand ihn im hintersten Teil des Geländes, auf dem Baumhaus. „Darf ich hochkommen?" fragte sie und wartete unten auf seine Antwort. Das hatte sie gelernt - Victor war eigentlich ein sehr freundlicher, höflicher Junge und reagierte am besten auf einen respektvollen Umgangston. „Das mit dem Regal tut mir leid, das wollte ich nicht", sagte er, noch bevor sie oben angekommen war. „Ich kann das bestimmt reparieren." Nicht zum ersten Mal staunte Annette über dieses Kind. Einerseits war Victor extrem willensstark, es gab *seinen* Weg oder keinen. Aber anderseits verfügte er über große kommunikative Kompetenz und trat oft als Beschützer für jüngere Kinder ein, wie heute für Lia.

„Was hat euren Streit denn ausgelöst?" fragte sie behutsam. Victor schaute sie an und erklärte bereitwillig: „Ich find's halt blöd, wenn die Jungs immer nur untereinander spielen. Weil Lia ist lustig, das macht Spaß mit ihr zusammen. Und ich wollte, dass jeder eine gute Rolle hat." Annette schmunzelte. „Wobei du schon der Chef sein wolltest, oder?" „Natürlich bin ich der Chef", entgegnete Victor ganz und gar ohne jeden Selbstzweifel, „ich kann das. Wenn Leon oder Liam ein Spiel vorschlagen, ist das nie gut, weil sie immer nur mit den gleichen Kindern spielen." Annette hätte am liebsten gelächelt. Der Ernst, mit dem dieser sechsjährige Ego-Manifestor mit Kanal 21-45 und mit dem Führungskanal 31-7 seine Führungsqualitäten lebte, war schon beeindruckend. Aber lächeln war gerade nicht dienlich, das hatte sie in früheren Unterredungen mit Victor gelernt, er fühlte sich dann nicht ernst genommen und machte verletzt dicht.

„Weißt du, Victor, es ist ganz richtig, dass du dich für Lia eingesetzt hast, ich finde das super. Und ich finde auch, dass du einen sehr guten Blick dafür hast, wie man gut zusammenspielen könnte. Aber nicht jeder versteht, warum du das tust. Daher ist es wichtig, den anderen Bescheid zu sagen, also zu sagen, warum du etwas möchtest. Nicht nur, dass es so zu sein hat, das verstehst du vielleicht?" Victor nickte.

Manifestor-Mama 2/ 4 und zwei Generator-Kinder mit offener Milz

„Jetzt seid doch mal leiser!" brüllte Tina völlig entnervt die Treppe herauf. Ihre Söhne Moritz und Falk, fünf und sieben Jahre, waren wieder einmal in Höchstform. Was bedeutete, dass nicht nur die beiden Jungs-Zimmer, sondern auch das Elternschlafzimmer Schauplatz der Verbrecherjagt wurden. Klar mussten Kinder spielen, da hatte sie ja auch nichts gegen. Aber warum musste es immer nur so laut sein? Und von draußen ertönten seit einer halben Stunde die schrillen Schreie der drei Nachbarsmädchen, die im Wendehammer vor ihrem Haus auf ihren Fahrrädern fuhren – so hoch, dass sie schon fürchtete, nicht nur ihre Ohren, sondern auch die Gläser im Schrank würden platzen.

„Atmen, ich wähle Frieden, ich wähle Zuversicht", begann ihr inneres Mantra, dass sie seit ein paar Wochen praktizierte. Aber heute funktionierte auch das nicht. „Scheiße, kann man denn hier nie seine Ruhe haben, ich halt das nicht mehr aus", platzte sie heraus, nur um sich gleich schuldig zu fühlen, denn jetzt kamen ihre Jungs doch tatsächlich angelaufen. Sie hatten beide – trotz aller Lautstärke – einen untrüglichen Radar dafür, wenn ihre Mama „am Rande" war, wie sie es nannten. Denn „am Rande" war sie schon mal gewesen, so sehr, dass sie für eine Weile fort gemusst hatte, in eine Burnout-Klinik, in der sie – zunächst fast zerfressen von Schuldgefühlen – dann aber gelernt hatte, dass auch sie wichtig war und sich um sich selbst kümmern musste. Dass es okay war, alleine sein zu wollen und überhaupt eigene Bedürfnisse zu haben, auch wenn man seine Kinder über alles liebt.

Geholfen hatte ihr damals die Bekanntschaft mit Reinhard, dem es ganz ähnlich ging. Auch er war ein Manifestor – er liebte seine

Familie über alles, wollte nach der Arbeit natürlich auch seinen Teil am Vater-sein erfüllen – und doch brachte ihn sein inneres Bedürfnis nach Rückzug und Ruhe und der Chance, mal wieder „sein eigenes Ding" zu machen, oft an den Rand der Verzweiflung. So hatte sie sich nicht ganz so falsch und schlecht gefühlt, und die langen Unterhaltungen im Klinikgarten hatten bei beiden ein größeres Verständnis und auch Mitgefühl für sich selbst entstehen lassen.

Und eigentlich klappte das seit der Kur auch schon ganz gut. Sie und Bernhard teilten sich seitdem die Zeit am Nachmittag mit den Kindern. Bernhard ging dafür abends dann noch einmal in sein Büro (da er eh eine Nachteule war, passte ihm das prima), und so hatte Tina jeden Tag auch mal Zeit für sich. Anfangs hatte sie versucht, in dieser Zeit den Haushalt zu machen, hatte sich aber an die Lektion aus der Klinik erinnert, dass es gerade die „nichts-tu" Zeit war, die sie so dringend brauchte. Und so saß sie oft einfach auf der Couch in ihrem Zimmer (noch so eine Neuerung, ein eigener Raum, nur für sie, das war der Himmel). Aber an Tagen wie heute reichte das alles nicht aus. Na ja, dachte sie, Schritt für Schritt.

Mama macht

„So Süße, heute bringt dich mal der Papa ins Bett." „Neeeeiiiin, Mama macht!" kam es, wie befürchtet, von ihrer Tochter. Ricarda seufzte. Warum war das so? Isabell liebte doch ihren Vater heiß und innig. Warum also durfte dann nicht einfach mal er sie ins Bett bringen – und die Mama hätte mal Zeit, ohne einzuschlafen einen Film zu schauen, zu baden oder all die anderen Dinge zu tun, die sie, seit sie Mutter geworden war, schmerzlich vermisste.

Ein paar Tage später kam Ricarda beim Kinderturnen mit einer der „neueren" Mütter ins Gespräch – Mia Walters war erst vor kurzem nach Wuppertal gezogen. Und beim Austausch erzählte sie von dem „Mama macht" - Problem beim Zubettbringen. Fasziniert hörte sie

Mias Theorie, dass ihre Tochter vielleicht eine offene Milz haben könnte und sie, Ricarda, eine definierte, während der Papa auch offen wäre.

„Ich weiß, dass das merkwürdig klingt", lächelte Mia, „ich erinnere mich noch, wie ich selbst reagiert habe, als meine Tante Sarah mir unser Human Design erklärt hat. Aber dann hat sie für mich und meine Familie ein Reading gemacht und ist gerade bei den Kids auch auf das PHS – das ist das sogenannte Primary Health System, der Gesundheitsbereich im Human Design – eingegangen, und das hat Welten für uns verändert. Mein größerer Sohn Marvin – jetzt ist er schon 12 und geht aufs Gymnasium – hat uns, als er klein war, echt Sorgen gemacht. Er hat sich ausschließlich von Äpfeln (Gala und Pink Lady aus Bioanbau), Vanilleeis, Keksen aller Art und Ravioli ernährt. Nichts anderes ging rein, wir konnten uns auf den Kopf stellen. Wir sind von Arzt zu Arzt, bis ich durch ein Interview auf Mystica TV etwas über das Human Design gehört habe. Irgendwas in mir hat darauf reagiert, auch wenn ich die Strohhalme der Verzweiflung eigentlich leid war. Und dann zog meine Tante in unsere Nähe und ich bekam durch Zufall mit, dass sie Human Design macht und – tada! - Marvin hat die Ernährungsform „Geschmack geschlossen", und diese Menschen essen echt nur, was für sie passt. Das führt bei ihnen aber nicht zu einem Mangel, sondern im Gegenteil zur Gesundheit und Widerstandskraft. Und das kann ich echt bestätigen. Heute isst Marvin auch andere Dinge – ich glaube vor allem, weil wir ihm die Auswahl überlassen. Und er ist fast nie krank, also muss da auch etwas dran sein. Ich hab zwar mit der Ausbildung angefangen, aber ich würde dir einfach raten: Wende dich doch an Sarah und hol dir ein Reading. Ich könnte mir denken, dass euer Schlafthema sich dadurch entspannt."

Liebe Leser, liebe Begleiter,

hier nun ein Zwischen-Ende, denn das Human Design ist viel zu vielseitig, als dass ich nicht schon ein neues Projekt dazu im Sinn hätte, das ich gerne bald mit euch teilen mag.

Genau wie unsere Hauptfigur Sarah Freiland biete ich Ausbildungen und einzelne Seminare im Human Design an – sowohl live als auch online oder auch per Aufzeichnung, denn auch ich mag Freiheit und Individualität sehr und bemühe mich daher, jedem „das Seine" anbieten. Mehr dazu auf meiner Homepage www.christianetietze.de oder per mail an spirit-touch@posteo.de. Und natürlich biete ich mit größter Freude auch Einzelberatungen und Coachings an.

Wer das Human Design System genauer kennen lernen möchte, kann z.B. gern die pdf meines Buches "Spirit und Design" zum Sonderpreis von € 10 (in Kombination mit dem Kauf von "Fünf hoch X") bei mir beziehen – dort sind die Grundlagen und einzelnen Elemente sehr viel umfassender beschrieben. Oder natürlich auch das gedruckte Buch, erhältlich bei Amazon oder direkt bei mir, siehe https://www.christianetietze.de/publikationen/buecher-und-cd

Ich schließe mit einem herzlichen Dank an all meine wundervollen Begleiter auf dieser Reise, meine Klienten und Teilnehmer – ohne euch hätte ich dieses Buch nie geschrieben.

Von Herzen danke ich meinem Sohn Nick für den stetigen Austausch im lebendigen Design-Experiment und seine wunderbaren Inspirationen.

Tausend Dank an meine Freundin Anja für ihre Unterstützung im konstruktiven und liebevollen Korrekturlesen – sie hat die Gabe, sich so genial einzuschwingen und jede Verbesserung so positiv anzubringen, dass man sich einfach nur freut. Ohne dich wäre das

Buch längst nicht so schön geworden! (Wer mal eine Buch-Fee braucht: anjawallraff@web.de)

Und natürlich herzlichen Dank an alle Wegbereiter dieser wunderbaren Methode, sich selbst und andere besser zu verstehen, allen voran natürlich Ra Uru Hu, Richard Rudd, Peter Schoeber, C. Parkyn, Nicole und Andreas Ebhart und all die vielen anderen.

Und danke für all die Erfahrungen meines Lebens und allen, die daran Anteil hatten und haben, in der physischen und in der Geistigen Welt. Ich genieße die Reise.

Es versteht sich von selbst, dass alle Figuren in diesem Buch fiktional sind, natürlich inspiriert durch das Leben und meine wundervollen Klienten und Begleiter. Jede Ähnlichkeit mit echten Personen wäre rein zufällig.